［改訂版］

開発経済を学ぶ

福井清一・三輪加奈・高篠仁奈 ［著］

創 成 社

改訂版まえがき

　本書の初版を刊行してから4年ほどが経ちました。刊行された2019年に「世界の貧困削減に向けた実験的手法」を確立したとして，Michael Kremer, Esther Duflo, Abhijit Banerjeeの3氏がノーベル経済学賞を受賞するという，開発経済学にとって大きな出来事がありました。受賞理由となった実験的手法であるランダム化比較実験（RCT）は本書の第6章で取り上げています。また，他の実験的手法（フィールド実験）についても第7章で紹介しており，行動経済学的視点を据えていることも本書の特色といえます。ぜひ関連する章をご確認ください。

　2020年に入ってからはそれまでの日常が一変し，新型コロナウイルス感染症（Covid-19）の世界的な拡大により，ステイホーム，ソーシャルディスタンス，テレワーク，オンラインが合言葉となりました。大学教員である著者は，「オンライン授業を実施せよ」という大学側からの要請に対し，急ごしらえのオンライン授業の提供を余儀なくされました。当初は学生からの不満の声も聞こえましたが，デジタルネイティブ世代の学生は適応力が高く，現在ではむしろオンライン授業の方が好まれているという印象さえ持っています。

　改訂版に関する著者間の打ち合わせも，オンラインのテレビ会議で実施しました。そこでは，開発経済学において，初版で取り上げた内容はいずれも依然として重要であるとの共通認識のもと，各章の構成は変更しないと決めました。また，今回は大幅な改訂は行わず，図表のデータを出来るだけ最新のものに変更する（または最新年まで含める）ことと，文章の推敲に留めるという方針のもとで改訂作業を進めました。そのためCovid-19の他にも2019年以降は米中貿易戦争の激化，2022年2月からつづくロシアのウクライナ侵攻など，途上国経済に大きな影響をおよぼす出来事が次々と起きていますが，これらの出来事と関連したトピックスについては紙幅を割くことができていません。米中

対立については第4章コラムに加筆しましたが，その他の詳細な記述については今後の課題とさせていただきます。

　改訂版では，本書を教科書として使っていただける先生方に向けて，講義用スライド（パワーポイントファイル）の提供をすることとしました。創成社ホームページにあるダウンロードサイトより入手ください。なおファイルを開くためのパスワードは創成社または著者までお問い合わせください。ご活用いただけると幸いです。

　2022年12月

著者一同

まえがき

本書のねらい

　本書は，学部 2 ～ 3 年生レベルの開発経済学の教科書です。開発経済学とは，一言で表現するなら，発展途上国の経済学ということができるでしょう。今日，世界の人口に占める発展途上国の人口は 83％（2017 年）を占めており，この割合は 90 年代から大きく変化していません。経済学は，英国や米国といった欧米先進国経済の実態を強く反映した学問であり，地理的条件，文化，制度が明らかに異質で多様な発展途上国の経済を説明するには限界がありました。第二次大戦後，先進諸国が発展途上国の経済開発を支援するという目的で開発援助を本格的に始動させましたが，それにともない，発展途上国経済を，より良く説明し分析できる学問が必要とされ体系化されてきた経済学の一分野が開発経済学なのです。

　開発経済学は経済学の方法論を基礎としますが，発展途上国という個性豊かな対象を研究する学問なので，方法論的個人主義（自己の利益のみに関心がある経済主体を仮定する）や経済合理性を仮定するという経済学的方法論にはこだわらず，文化人類学，社会心理学，国際政治学，国際関係論などの他分野での知見を貪欲に取り入れ進化してきました。

　また，21 世紀に入り，多くの貧困国が経済成長を遂げ，最貧国の数，人口が急速に減少するのにともない，貧困線（それ以上貧しいと最低限の生活すらできない所得水準）以下の貧しい人々の数は減少したのですが，貧困線以上ではあるが依然として貧しい生活をしている人々の人口は逆に増加しています。そして，このような人々が自発的に生活を改善してゆくことを支援するためのプロジェクトや政策に関心が集まっているのです。

　さらに，多くの途上国が急速な経済成長を遂げた結果，賃金が上昇しました。今後さらに所得水準を先進国水準にまで上昇させるには産業構造の変化が必要ですが，このような途上国の多くは，産業構造のさらなる高度化に行き詰まっており，新しい通商産業政策のあり方も開発経済学の重要なテーマとなっています。

　このように，発展途上国自体の変化，および，それを取り巻く環境の変化にともない，発展途上国が取り組むべき新たな課題が生まれ多様化しつつあります。

　今後，少子・高齢化が急速に進展することが確実な日本は，海外，特に，目覚ましい経済成長を遂げつつある発展途上国との交流を深めていかざるを得ないでしょう。そのためには，相手の国を理解することから始めることが肝要です。

　本書が対象とする読者は，大学生のみならず，途上国を相手にしたビジネスに関係する一般社会人，公務員，開発援助に関連した職業に携わる人々など広範にわたります。開発経済を体系的に学習したことがなく数学の知識が不十分な読者でも，発展途上国の経済の仕組みを理解し，途上国の課題を解きほぐし，対策を立案・評価する方法を知ることによって，自身で途上国を考える力を育ててもらいたい，そのために，途上国の新しい動向を踏まえた最新の開発経済学における成果を，できる限りわかりやすく伝えようというのが，本書のねらいです。

本書の構成

　本書は，以上のような目的を念頭に置き，第1章から第7章で，経済発展を理解するための基礎的事実と理論，現在の開発経済学を理解するために不可欠な数量分析の手法，および，行動経済学的手法について説明しています。

　第1章は，第二次世界大戦後における発展途上国の経済発展をデータにより概観し，経済成長の源泉としての，資本，労働，技術進歩，および，より根本的な要素であると考えられている国家の制度・統治環境と経済成長の関係につ

いて解説しています。

　続く第2章は，経済発展による構造変化や植民地体制下における資源や農地所有権の不平等な分配などに起因する所得格差の問題について説明します。経済発展による構造変化は，在来部門である農業部門の相対的縮小をもたらします。

　第3章では，まず，経済全体の持続的発展のために農業部門の成長が不可欠な要件であるという農業発展パラダイムについて，歴史的事実と理論モデルを用いて解説します。そして，近年，鉱物資源の輸出により農業発展なき経済成長を遂げているサハラ以南のアフリカ諸国について，農業発展パラダイムが当てはまるかを検討します。

　持続的な経済発展のためには近代的産業の発展が必要で，そのためには，貿易・産業政策が必要です。第4章では，第2次世界大戦後に関心を集めた一次産品輸出型開発戦略に始まり，輸入代替工業化戦略，輸出志向型工業化への転換，および，近年の地域経済統合による貿易・投資の自由化の順に，途上国の通商産業政策について展望します。

　途上国の経済発展のために先進国は莫大な資金を投入してきました。第5章では，主として途上国に対する政府開発援助を中心に，1950年代後半から21世紀の現在に至るまでの，潮流について解説し，はたして政府開発援助は途上国の経済発展に貢献したのかという疑問について考えます。

　近年の経済学は，インターネットの普及やデータ解析技術の発展，および膨大なデータが利用可能になってきたことで，数量分析の水準が飛躍的に向上しています。開発経済学も例外ではなく，開発政策やプロジェクトの効果を科学的に評価することが要求されるようになってきています。第6章は，そのようなインパクト評価の分析手法（回帰分析，ランダム化比較実験，傾向スコアマッチング）についてわかりやすく解説しています。

　他の開発経済学の教科書と比べた本書の特色は，人間を合理的経済人とは考えない行動経済学的視点を据えた研究を数多く紹介していることです。これは，先に述べたように，途上国の経済をミクロのレベルで考える場合に，方法論的個人主義を前提にしていたのでは理解できない事実が多く観察されるた

め，自分の利益だけではなく他人の幸せや社会の評判も考慮して経済活動を行う人間を想定し分析することが必要となるからです。第7章では，開発経済学の分野で頻繁に用いられる行動経済学的概念のうち，利他性，信頼，および，プロスペクト理論について解説します。

　開発経済学が取り組む課題は多様で，これらの課題を限られた紙幅で網羅することはできません。そこで，本書では，過去10年ほどの間に主要な学術誌に掲載された論文のテーマのうち，関心の高いテーマを選択し第8章から第14章において解説しています。

　第8章では，先進国とは大きく異なる環境に置かれ，経済的取引のシステムが異質な途上国農村に焦点を当てます。そこでは，先進国のような市場環境の下では存続が困難と考えられる3つの重要な経済取引のための制度（農地制度，インフォーマルな金融，保険制度）が存在する要因を，人々の個人的な人間関係や村社会の共同性に求め，これらの要素が，情報の非対称性（取引相手同士で保有している情報が異なること）と，人間の機会主義による市場の失敗を補完し取引を円滑化するメカニズムについて説明します。

　教育や保健の改善は人的資本を向上させることになり，途上国の経済発展に貢献する有効な施策といえます。しかし，サハラ以南のアフリカ地域などでは，多くの資金が投入されたにもかかわらず，依然として，教育水準，保健・栄養の水準ともに期待されたほど改善されていません。第9章では，このような実態を数量的データを用いて説明し，なぜ，教育や保健・栄養水準は地域によって改善されないのか，改善のために試みられているプロジェクトとその評価について解説します。

　近年，海外出稼ぎ労働者からの送金は途上国の経済発展，貧困削減に貢献していることが報告され，労働移動に関心が集まっています。また，途上国における都市への人口集中にともなう，都市の貧困問題，環境問題も重要な政策課題です。第10章では，国内の農村から都市に移動しても生活が改善されるわけでもないのに，なぜ移動するのかを説明する古典的なモデルを紹介したのち，出稼ぎ労働が出身家計の生活に与える貧困削減への影響について，実証研究の成果を踏まえ説明します。

　第8章では，市場の失敗を補完するインフォーマルな制度の役割について説明しますが，これらの制度によって，貧しい人々が，必要な資金を確保し予測不可能なショックによる損失を補填することが十分できているわけではありません。第11章，第12章では，貧困層が直面する信用制約やリスクの影響を緩和するために考案された，マイクロ・ファイナンスとマイクロ・インシュランスについて解説します。前者については，第11章で，代表的なマイクロ・ファイナンスである回転型貯蓄信用組合，連帯責任制のもとでのグループ融資，および，自己資金（貯蓄）を元手とした小口融資制度について概要を解説し，これらによって，いかに逆選択やモラルハザードによる市場の失敗を克服しうるのかを説明します。後者については，第12章で，気象インデックス基準の農業保険，貧困層向け医療保険に焦点を当て，これらの保険制度の普及を阻害する諸要因，特に，現在バイアスや損失回避性向といった行動経済学的要因に着目し説明します。

　第3章でも説明したように，農業部門の発展は，少なくとも発展初期の段階においては，経済全体の発展のために必要な条件と考えられます。しかし，近年では，農業開発を軽視したために食料自給率が低下し食料不足が懸念される途上国も出現してきています。このような事態に対処するため，生産性や収益性の高い新技術の普及が試みられていますが，期待したほどの成果は得られていません。第13章では，農業新技術の普及を規定する諸要因について，既往研究のサーベイを参考にしつつ行動経済学的要因（曖昧さ回避性向，現在バイアス，損失回避性向）にも着目しながら解説します。

　21世紀に入ってからの十数年の間，多くの発展途上国が目覚ましい経済発展を遂げたことは，第1章で説明したとおりです。しかし，一方で，これらの国々における経済発展の過程で，環境や自然資源の劣化が深刻化しています。第14章では，経済発展と環境・資源の劣化について，その根本的要因を，フリーライダー問題と外部性・取引費用に求め，これらの要素と途上国における環境・資源の劣化，および，地球温暖化に関する国際的協定締結の困難との関係について説明します。

本書の利用方法

　以上のような内容ですが，本書は，半期 15 回の授業で使用することを念頭に執筆された教科書です。ただし，個別のトピックスについて本書で学びたいという読者については，前半の開発経済学の基礎的な部分を通読し，後半の第 8 章からの章は，各自の興味にしたがって読み進めるという利用の方法も可能です。たとえば，マイクロ・ファイナンスやマイクロ・インシュランスに興味のある読者なら，まず，第 8 章の信用市場や保険市場の失敗についての解説を読み，その後，第 11 章，第 12 章に進む，などです。

謝　辞

　本書は，3 人の著者による共同執筆です。本書の内容は，私たちが学生時代から今日に至るまで，お世話になった先生方から学んできたものを基礎としています。開発経済学の基礎および研究の厳しさを教えていただいた，原洋之介（故人），丸山義晧，安場保吉（故人），米倉等，松尾昌宏，中西訓嗣，Alain de Janvry, Elizabeth Sadoulet の諸先生方に感謝の意を表します。

　最後になりましたが，創成社の西田徹氏には，本書の企画，校正，完成に至るまで，忍耐強く，お世話いただきました。そのご尽力に心からの謝意を表します。

　本書を通じて，少しでも多くの方々に発展途上国に知的な興味を抱いていただき，少子・高齢化の時代における発展途上国の人々との交流，日本の国際協力，あるいは，上級の開発経済学への橋渡しとして役立てていただけるなら，著者として，至福の喜びです。

　2019 年 1 月

　　　　　　　　　　　　　　　　　　　　　　　　　　　　著者一同

目　次

第1部　開発経済学の基礎

───── 第 **1** 章 ─────

途上国の経済成長
─戦後の軌跡と成長の源泉─

　第二次世界大戦までは，多くの途上国が先進諸国の植民地でした。大戦が終了し，これら旧植民地であった国・地域を含めた途上国は，経済的に非常に貧しい状態から出発し経済開発に力を入れてきました。経済開発をめぐり，体系化された学問が生まれたのも，第二次世界大戦後のことでした。

　第二次世界大戦後，ラテン・アメリカ，東アジア，南アジア，アフリカの多くの国々は，国家の建設と産業の育成を目指し，**輸入代替工業化政策**（第4章で詳しく解説）を実施しました。そしてこの政策は，一部の国・地域を除き，**幼稚産業**段階にあった自国の工業部門の育成に貢献したのです。

　しかし，この輸入代替工業化は，やがて行き詰まりを見せ頓挫してしまいます。

　これに対して，1960年代に輸入代替工業化政策から**輸出志向工業化政策**への転換に成功した，**アジア新興工業国群**（韓国，台湾，香港，シンガポール）は順調に発展を遂げてゆきました。

　一方，**輸出志向工業化政策**への転換ができなかった国々は，1970年代の石油ショックによる影響で，対外債務の累積，財政赤字，物価上昇により経済が停滞してしまいます。この時，世界銀行や国際通貨基金（IMF）が途上国を救済するために実施した**構造調整融資政策**（第5章で解説）も，サハラ以南のアフリカ諸国やラテン・アメリカ諸国では効果がありませんでした。

この間，1980年代から，政府主導の比較的自由な経済システムへの転換に成功したチリ，インドネシア，マレーシア，タイなどの国々は高い経済成長率を達成することに成功し，1990年代には，ラテン・アメリカ諸国やインドを含むアジア諸国で経済自由化にともない経済成長が促進されるようになりました。また，旧社会主義国で市場経済化を推進した中国，ベトナムなどの国々も高い成長率を達成するようになります。

さらに，1980年代から1990年代まで，世界で最も経済成長が停滞しているといわれたサハラ以南のアフリカ諸国の中で，豊富なエネルギー・鉱物資源を輸出することにより急速に経済成長を遂げる国々（アンゴラ，ナイジェリア，赤道ギニアなど）が出現しました。

このように，戦後70年以上を経て多くの途上国が目覚ましい経済成長を遂げる一方，依然として経済が停滞する国も存在し続けています。

発展途上国における経済成長のパフォーマンスは多様ですが，本章では，まず，第二次大戦後の経済成長過程を概観したうえで，なぜ，ある国は成長し，ある国はしないのかという問題を考えます。そのために，経済成長論の分野で，経済成長の源泉と考えられている，物的資本，人的資本，および，技術進歩，そして，より基本的な経済成長の要因である，**制度・統治環境**と経済成長との関係について，データにもとづき説明します。

1　戦後における経済成長の軌跡

表1-1と図1-1は，1962年から現在に至るまでの，地域別に見た発展途上国の所得水準の変化を示したものです。

これによると，東アジア・太平洋地域，南アジア地域，サハラ以南のアフリカ地域における発展途上国の所得水準は，1960年代初頭に，先進国（ここではOECD諸国）の15分の1から20分の1でした。その後，東アジア・太平洋地域は1990年ごろまで，南アジア地域は1995年頃まで，サハラ以南のアフリカ地域は2000年頃まで，先進国との所得格差が拡大し，その後，所得格差は縮小しています。ここに示されていない発展途上地域もおおむね同様の発展パ

表 1 - 1　発展途上地域における所得水準の推移（1962 ～ 2020 年）：一人当たり GNI（Atlas 法：US$）

年\地域	1962	1970	1975	1980	1985	1990	1995	2000	2005	2015	2020
東アジア太平洋	73	122	294	347	422	704	910	1,634	3,750	6,432	8,324
	1	1.68	4.05	4.78	5.81	9.70	12.54	22.51	51.68	88.63	114.70
南アジア	87	118	267	289	375	375	445	688	1,147	1,526	1,835
	1	1.36	3.08	3.33	4.33	4.32	5.14	7.94	13.24	17.60	21.17
サハラ以南のアフリカ	121	191	624	588	627	601	580	952	1,492	1,750	1,506
	1	1.59	5.18	4.88	5.20	4.99	4.81	7.89	12.37	14.52	12.49
OECD 諸国	1,446	2,587	9,071	9,255	16,665	21,609	23,137	30,988	35,470	37,342	38,596
	1	1.79	6.27	6.40	11.52	14.94	16.00	21.43	24.53	25.82	26.69

（注）下段は，1962 年を 1 とした場合の各年における一人当たり GNI の比率を示す。
出所：World Bank, *World Development Indicators* の各年データより筆者作成。

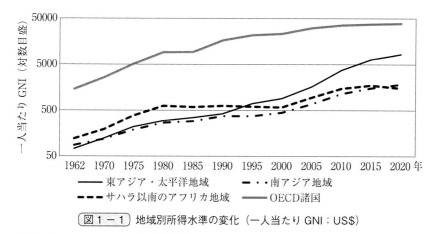

図 1 - 1　地域別所得水準の変化（一人当たり GNI：US$）

出所：表 1 - 1 のデータより筆者作成。

ターンを辿っており，21 世紀に入り，発展途上国と先進国との間の所得格差が縮小しつつあります。これは，かつて所得水準が低かった多くの国々において非常に高い経済成長率を達成した国々が出現したためです。

このように，多くの発展途上国において急速な経済成長が達成された結果，**貧困線**（人びとが生活する社会において人間らしい生活ができるために最低限必要な所得，あるいは，消費額の水準）以下の人口の割合も大幅に低下し，世界の貧困は削減されました（図 1 - 2 参照）。

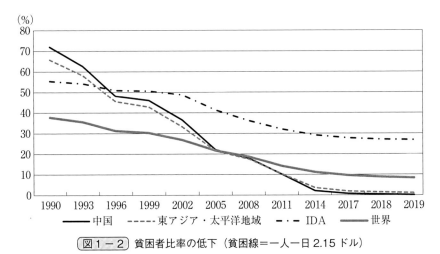

（%）

図1-2 貧困者比率の低下（貧困線＝一人一日 2.15 ドル）

凡例：—— 中国　----- 東アジア・太平洋地域　-・- IDA　—— 世界

（注）世界銀行は 2022 年 9 月に，国際貧困線を新たに「2017 年 PPP ドルでみた一人一日 2.15 ドル」と定めました。
　　　1990 年：世界 37.8％，IDA55.4％，東アジア・太平洋 65.8％，中国 72.0％
　　　2019 年：世界 8.4％，IDA26.9％，東アジア・太平洋 1.1 ％，中国 0.1％
　　　IDA とは，世界銀行の国際協力協会（International Development Association）の援助対象国（主に最貧困国）を意味します。
出所：World Bank, *World Development Indicators* より筆者作成。

2　経済成長と資本蓄積，人的資源，技術進歩
　—成長理論による定式化

　1節で紹介したように，諸国間で経済成長が異なるのは，どのような要因によるのでしょうか。ここでは，伝統的な**新古典派経済成長理論**にしたがい，物的資本，人的資本，および，技術進歩を経済成長の源泉と捉え，これらと経済成長との関係について説明します。

1）物的資本蓄積，投資とそれを支える貯蓄
　古典派経済学の時代から現代の成長理論に至るまで，共通して成長の源泉として重視されてきたのが，資本ストックの蓄積であり，フロー概念としての投資です。図1 - 3は，投資と経済成長との関係を見るために，投資率と経済成

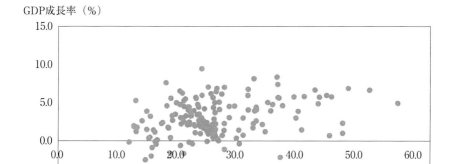

$$\boxed{\text{図 1 − 3}}\ \text{成長率と投資率（2019 年）}$$

出所：World Bank, *World Development Indicators* より筆者作成。

長率の関係を横断面データで国際比較したものです。これによると，投資率の
みで経済成長を完全に説明できるわけではありませんが，投資率が高いほど成
長率も高くなる傾向があることがわかります。

　しかし，経済成長とは，そもそも一国や地域の動態的な経済状態の変化を時
系列的に見るべきものです。そこで，成長率と投資率との関係について国ごと
に時系列データを用いて検討してみると，必ずしも経済成長率と投資率との間
に恒常的な正の関係が認められるわけではないことがわかります。この点は，
経済成長率（$\Delta Y/Y$）を，投資率（I/Y）と資本の限界生産力（$\Delta Y/\Delta K$）[1] とに分
解することによって理解できます（ここで，Y：産出，I：投資，K：資本ストック，
Δ：各変量の増分）。

$$\frac{\Delta Y}{Y} = \frac{I}{Y} \times \frac{\Delta Y}{\Delta K}$$

　もし，資本の限界生産力が一定なら，投資率と成長率は正の関係にあるとい
えますが，資本の限界生産力が低下した場合には，資本 1 単位当たりの生産力
が下がるということなので，投資率が高くても成長率が上昇するとは必ずしも
いえません。アジア新興工業国群のうち韓国と香港，台湾は，80 年代から 90

年代にかけて，投資率が上昇しているにもかかわらず経済成長率が低下しました し，アジア通貨危機で大きなダメージを負ったタイについても，90年代に 入って同様の現象が起きました。これらはいずれも，資本の限界生産力の低下 によるものと考えられます（原［2001］，第1章参照）。

ただし，資本の限界生産力が高いからといって，成長率が高いとは限りませ ん。投資のリスクが大きい場合には，資本の限界生産力，あるいは，金利が高 く海外との金利格差が大きくても投資の増加は限定的であるといわれています （白井［2005］，第1章）。しかし，投資の期待収益率が高く，投資率の高い高度 成長期には，投資の収益率が低い先進国からの資本流入が増える傾向があるこ とも事実です。実際，アジア経済危機以前に経済発展を謳歌しつつあったアジ ア**新興経済国**への民間資本の流入額は，年平均で900億ドルであったのに対し， 当時，対照的に，金利は高くても投資リスクが大きかったアフリカ諸国への民 間資本流入は，40億ドルと低い水準にとどまり，成長率も低い水準で推移し ていました（IMF［2006］）。

いずれにせよ，旺盛な投資を賄うのに国内貯蓄では不足する場合，海外から の資本流入に依存せざるを得ないのですが，長期的には，国内貯蓄が増加しな ければ持続的な投資や生産の増大も保証されません。

ところで，国内の潜在的な余剰資金を生産的な投資に向かわせるには，銀行 など，貸し手と借り手の仲介機能をもつ金融仲介業の発展が不可欠です。金融 仲介業の発展の度合いを示す指標として利用されるのが，**マーシャルのk2**（貨 幣供給量M2のGDP比＝（通貨・要求払い預金などの流動性の高い銀行信用に，定期 性・貯蓄性預金，外貨通貨性預金，譲渡性預金，債権再購入預金といった流動性の低い 銀行信用を加えた銀行信用の額）÷（GDP））という概念ですが，この比率は，国内 余剰資金がより長期的に金融化される度合いを示しているため，銀行業の発展 度合い（預金者による銀行業への信用の度合い）を測る指標としてしばしば用いら れます。**マーシャルのk2**は，一人当たり所得水準の上昇とともに上昇する傾 向があり，このことは，金融仲介業の発展が経済発展にとって不可欠な要件で あることを示唆しています。

2)　労働力の増加と人的資本の蓄積

　経済発展の過程において，生産された財の市場を提供したり，生産のための十分な労働力を供給したりするためには，ある程度の人口・労働力の規模は必要です。ローマーによる**内生的成長理論**は，人口規模が大きいほど経済成長率は高いと結論づけていますが，ソローによる**新古典派経済成長論**によれば，人口増加率は一人当たり所得水準に負の影響をおよぼすことになります。また，ジョーンズは，人口規模ではなく人口増加率が経済成長率を決定するとして，ローマーの仮説を否定しています[2]。

　いずれにせよ，人口・労働力と経済成長との間には，何らかの関係があるといえそうです。ここでは，発展途上国における人口動態に関する統計にもとづき，近年の動向を概観しておきます。

　発展途上国における人口増加率は，今日の先進国が歴史的に経験した人口増加率（最高で1%前後）に比べ格段に高い水準となっています（図1 − 4）。これは，先進国で開発された医療，保健，衛生に関する技術や知識が援助等を通じて導入され，公衆衛生が改善され死亡率が大幅に低下したことによるところが大きいと考えられます。その発展途上国における死亡率の低下の速度は，先進国が歴史的発展過程で経験したものよりもかなり速く，それにともなう人口増加率の高さが経済成長を阻害することが懸念されてきました。

　経済発展とともに人口増加率が上昇する現象は先進国でも観察され，人口転換仮説と呼ばれています。ただし，先進国の場合は，多産多死の時期は人口増加が緩やかで，その後，死亡率の低下が先行し人口増加率が上昇する時代を経て，所得水準の上昇とともに出生率が低下し少産少死に変わり人口増加率も低下してゆく，という共通のパターンが観察されています。

　高い人口増加率を記録していた発展途上国ですが，図1 − 4によると，ほとんどの地域において，死亡率の低下と出生率の低下がすでに起こっています[3]。人口増加率が低下し始めた時期は，東アジアでは1960年代後半，南アジアでは70年代です。サハラ以南のアフリカでも80年代に2.9%近くの増加率を記録して以降，人口増加率の低下がみられます。このように，今日の発展途上国の多くで，経済発展のかなり早い段階で人口転換が生じています。ただし，

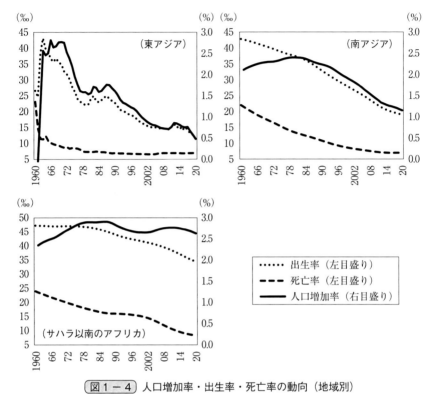

図1－4 人口増加率・出生率・死亡率の動向（地域別）

出所：World Bank, *World Development Indicators* 各年データより筆者作成。

HIV/AIDS の蔓延などの要因もあり，一時人口増加率が急速に低下したものの，いまだ 2.5％をこえる高い水準にあるサハラ以南のアフリカをはじめ，北アフリカ，南アジア，ラテン・アメリカの低所得国では依然として人口増加率は高く，先進国が経験した人口転換のプロセスはまだ完結していません。

　他方，一部の中所得国（たとえば，中国）では，人口増加率が高所得国と同程度に低下している国もあります。人口増加率の低下は，被扶養家族の数を相対的に減少させることにより貯蓄率を上昇させ，当面は一人当たり所得の向上には貢献するでしょう。人口転換により，人口増加率が高い時期に生まれた人口が労働市場に現れる時期に人口の増加率が低下し，人口構成が変化すると，扶養人口（生産年齢人口）に比べて被扶養人口の割合が低下します。この場合，

雇用機会を増大させる適切な産業化政策が実施されれば，雇用の拡大と貯蓄率
の上昇を同時に達成し経済発展を促進する効果をもたらすことになります。こ
のように，生産年齢人口比率の上昇が経済成長にプラスの影響をもたらすこ
とは「人口ボーナス」と呼ばれています（Mason [1997]）。しかし，中国の場合，
人口増加率の低下（少子化）により，経済が成熟する以前の社会保障制度が十分
整備されない段階で高齢化社会が到来してしまう可能性が懸念されています。

　以上のように，産業化を梃子とした経済成長のためには，人口構成の変化の
みならず，人的資本の質の充実も重要な要素となります。人的資本投資の手段
としての教育や職場訓練などは，単に労働の効率性を高めるのみならず，技術
移転の際の知識吸収能力の向上，一般教育の普及による経済取引や企業組織内
部の組織行動などにおけるコミュニケーション費用の削減，高等教育の普及に
よる新しいアイデア，技術の発明とそれらのスピル・オーバーによる外部効果
などにより，産業の発展に貢献すると考えられます。第9章で詳しく説明する
ように，人的資本の代理変数としての教育水準と所得水準との関係をデータで
見ると，正の関係を示していることがわかります。

3）技術進歩

　技術が変化しなければ，物的・人的資本の限界生産力は低下するものと考え
られ，やがて一人当たり所得水準の上昇も頭打ちになると予測されるのです
が，実際にはこのようなことは起こっていません。したがって，何らかの技術
進歩が所得水準を向上させる源泉であると考えられます。

　技術の水準あるいは技術進歩の速度を示す指標として，しばしば採用される
のが，**全要素生産性**指標です。

　全要素生産性の定義は，全産出量（たとえばGDP）を全要素投入量（資本と労
働）で除したものですが，単位をどのように取るかが問題となるため，変化率
で推計される場合が多いのです。ここでは，一般的に用いられる**成長会計分析**
による**全要素生産性**の成長率を用いて，技術進歩と経済成長の関係について説
明します。なお，成長会計分析とは，技術水準と資本ストック，労働力がそれ
ぞれGDP成長率にどのくらい貢献したのかを計測する手法です。

　いま，国レベルの生産量（GDP）は，技術水準と資本ストック，労働力によって説明され，以下のように表すことができると仮定します。

　　GDP ＝技術水準×（資本ストック）$^{\alpha}$ ×（労働人口）$^{1-\alpha}$

ここで，α は $0 < \alpha < 1$ の制約を満たすパラメータとします。
　これより，

　　GDP 成長率＝**技術進歩率**＋ α（資本ストックの増加率）
　　　　　　　　＋（$1-\alpha$）（労働人口の増加率）

という関係を導くことができます。GDP 成長率は，**技術進歩率**と資本ストックの増加率，労働人口の増加率とに要因分解できるので，経済成長に対する**技術進歩率**は，

　　技術進歩率＝ GDP 成長率－｛α（資本ストックの増加率）
　　　　　　　　＋（$1-\alpha$）（労働人口の増加率）｝

と表すことができます。
　全要素生産性成長率は，ここでは技術進歩率に等しいので，

　　全要素生産性＝ GDP ／｛（資本ストック）$^{\alpha}$ ×（労働人口）$^{1-\alpha}$｝

となります。
　技術進歩については，GDP や資本ストック，労働人口のように，政府が作成した統計データが存在するわけではありませんので，このような**成長会計分析**により，各国の**技術進歩率**を推計することになります。
　全要素生産性成長率を実際に推計した結果は，欧米先進国の経済成長率は新興途上国に比べて低いのですが，**技術進歩率**は相対的に高いため，技術進歩の経済成長への寄与率は高いということを示しています（Jones and Vollrath［2013］, Ch.2）。
　発展途上国の場合には，先進国の先進技術を模倣できる条件が整っている度合いに応じて**技術進歩率**は高くなりますが，成長率が高い場合，資本蓄積や労

働力の増加による貢献が相対的に大きくなる傾向にあります。たとえば，東アジア諸国の経済成長率が高かった 1960 年代から 90 年代にかけて，シンガポールを除く東アジア（日本，韓国，台湾，香港）における全要素生産性成長率（技術進歩率）の絶対的水準は欧米並みに高かったのですが，経済成長率への寄与率という視点から見ると，資本蓄積の貢献が技術進歩のそれをはるかに上回る大きさでした（Young［1995］）。

　クルーグマンが，80 年代から 90 年代にかけての東アジアにおける高度成長を支えたのは，資本や労働の大量投入であり，技術進歩による貢献は小さかったと主張したのは，まさにこの点に着目してのことであったといえるでしょう（Krugman［1994］）。

　以上の事例からもわかるように，**技術進歩率**のレベルは，先進国の方が必ずしも高いとは限りません。この点を確認するために，**イノベーション能力**の指標として，Nationmaster.com 作成のイノベーション能力指標を用い，**全要素生産性**の変化率との相関をみたのが，図 1 − 5 です。この図は先進国ほど**イノベーション能力**が高いことを示していますが，それは，**全要素生産性**で測った技術進歩率を 20％程度しか説明していません。これは，発展途上国においても，直接投資企業による発展途上国企業への技術のスピル・オーバー効果などにより先進国の高い技術が越境して普及する可能性があること，現在までの技術革新により，将来の技術進歩がますます難しくなる可能性があること，**イノベーション能力**が高く，発明・発見が多くなされても，それらが重複する場合には技術進歩の成果が縮減されることなどによるものと考えられます。

3　経済成長と途上国の制度・統治環境
　　─新しい成長理論

　2 節で説明したように，資本蓄積，労働力の供給，技術進歩が，国と国との間の経済成長の差を説明する近接的な要因であることが，経済成長論の分野の研究によって明らかにされてきています。しかしこれらの研究は，では，なぜ，ある国は物的・人的資本の蓄積や技術進歩に成功し，ある国はしないのか，言

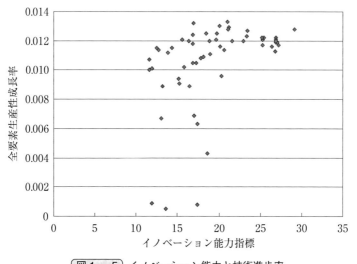

イノベーション能力と技術進歩率

（注）線形回帰分析の結果は，以下のとおりである。
  Y = 0.005576 + 0.000259X, R^2 = 0.176
  X：**イノベーション能力**指標，Y：**全要素生産性**成長率
出所：イノベーション能力指標；http://www.nationmaster.com/graph-T/eco-inn，全要素生産性成長率；Alemu, Roe and Smith［2006］よりダウンロード。

い換えると，より根本的な要因は何かという疑問に答えてはいません。

　ところで，近年，経済開発が停滞している国々の共通点として，政治的不安定さ，官僚・政治家による汚職・賄賂の横行，官僚テクノクラートによる適切なマクロ経済政策や開発政策の欠如，国内の治安の悪さ，経済的取引に際してのルールの未確立などの特徴が明らかにされ，発展途上国における制度や国家による統治環境の差が経済発展のパフォーマンスにかなり大きな影響をおよぼす，ということが認識されてきています。

　いずれも，ある国固有の政治制度，官僚制度，所有権制度などの「制度」に関連するものです。

　ここでは，ノース［1990］と青木［2001］による制度の定義を援用し，制度を，「ある社会で生活を営む人々が，同じ社会で生活する他の人々と社会経済的交流（経済的取引，個人的付き合い，社会的活動など広い範囲での交流を含む）を行うに際し，相手も従うだろうと信じ，自らも進んで従おうとするルール」と

定義することにします。

　ある国で一般に受け入れられている社会的・経済的制度は，公的な法制度と同じではありません。たとえば，税関で輸入・輸出手続きを行う際に税関の官吏に賄賂を支払えば手続きが円滑に進められるとすれば，賄賂の部分は一種の関税となり，貿易の妨げになります。

　また，私的財産権制度が確立していない場合，経済に対してマイナスの影響をおよぼすことがあります。たとえば，農地の使用権・所有権制度が確立していない，あるいは，確立していても，使用権・所有権確定の手続きが行われていない場合，通常使用している農地を他人に略奪されても，使用権・所有権を主張することは困難です。このように，農地の使用権・所有権が法的に保障されていない状況では，農民による生産性向上への投資誘因が抑制されてしまいます。私的財産権制度の未確立が生産にマイナスの影響をおよぼす例は，一般的なビジネス投資についても多く見られます。商法など商業的取引における契約履行の制度や違反行為が起こった場合にそれを裁定する司法制度の未確立も，経済活動を停滞させる要因となります。

　さらに，政治家が経済テクノクラートに経済政策を任せず，自分や取り巻き連の利益のために不適切な経済政策を実施するような場合には，経済発展が停滞してしまうという事態に陥りがちです。

　以上のような仮説は，アセモグルら［2001］やロドリクら［2003］の研究によって実証が試みられています。

　アセモグルらは，各国の所有権制度が，どの程度確立されているかの指標として，外国企業の資産が国有化される可能性に関する指標を用い，これと各国の所得水準との関係を検証しました。その結果は外国企業の資産が保護されている国ほど所得水準は高くなることを示しています。

　また，ロドリクらは，法・秩序の維持履行，汚職の度合い，国民の政治的自由度・政府の説明責任の達成度，公共サービス・官僚の質，政治的安定の程度，政府による市場介入の程度などについて，カウフマンら［2005］によって作成された**制度・統治環境**に関する指標と経済成長との関係について検討しました。これによると，経済成長の成否は，政府のより良い統治を実現する制度環境で

あるほど，所得，生産性，技術，人的資本の水準は高くなる傾向があります。

　以上の研究は**制度・統治環境**が経済成長に影響することを示唆しているのですが，国民の政治への参加の度合（政治制度が民主主義的か独裁的か）が経済成長におよぼす影響については，必ずしも明白ではありません（ワイル［2010］）。スハルト大統領時代のインドネシアや赤道ギニアなど，独裁的な政治体制のもとで高い成長率を達成している例は多くあります。

　この点について，アセモグルら［2012］は，民主的な政治制度と自由な経済制度が結合するか，独裁的な政治制度と独裁者がその権限を利用して国民から富を収奪するかのいずれかの場合，経済が安定し，経済成長には有利に働くと主張していますが，中国のように共産党一党独裁のもとで市場経済化を進め，目覚ましい経済成長を達成した事例を説明するのは困難です。

　仮に，国が国民のために政治や行政を取り行えるような**制度・統治環境**が整っているほど，経済成長を促進するとして，では，なぜ，ある国はそのような**制度・統治環境**が整い，ある国は整わないのでしょう。

　この点に関連して，アセモグルら［2002］は，現在の**制度・統治環境**が決定されたのは歴史的経緯に依存する（**歴史的経路依存性**）という考え方にもとづき，植民地化以前の人口密度や都市化の状況が，その後の所有権保護の程度を決定したと考え，これらの，より基本的な要因と経済成長との関係が重要であると主張しています。

　さらに，ワイル［2010］が指摘するように，文化（勤勉性，社会関係資本，節約志向）も制度環境や経済成長に影響すると考えられますし，地理的環境（エネルギーや鉱物等の天然資源の賦存条件，内陸部に位置するか沿岸部に位置するか，あるいは熱帯に位置するか温帯に位置するか）や宗教・民族の異質性などは，文化環境，制度環境を通して経済成長に影響する可能性があります。

　制度環境に関連した一連の研究は，ダグラス・ノースらを嚆矢とする**新制度派経済学**の考え方に依拠するものです。開発政策に対する政策的含意としては，国家は，適切なマクロ経済政策・開発政策を実施し，財産権や契約履行を保障する法体系を備える強力な統治機構を持った国家であると同時に，民間部門の発言の自由と経済活動の自由を保障し，権力の行使は限定的な自己抑制的

国家に進化するよう自己改革が求められるということになります。

　しかし，非アングロサクソン社会で発展のパフォーマンスが良かった国においては，必ずしも開発途上において伝統的な制度や統治機構が，このような方向に進化したとはいえません（バーダン・ウドリー［2001］）。たとえば，第二次大戦後の日本や韓国では，政府主導の選択的産業政策が産業の発展に貢献したといわれていますし，目覚しい経済成長を遂げてきた中国の場合，経済の自由化は進展してきましたが，政治については共産党一党独裁による収奪的制度が維持されたままです。また，同じ欧米でも，「経済界と癒着し，脆弱で汚職に満ちた」政府があるイタリアで，驚異の経済成長が達成されたことは，上記の含意に対する一つの反例を示しているのではないでしょうか。これらのケースでは，国家が民主的で経済的自由を保障しない場合でも，あるいは，国民による強力な政府統治機構を有する国家でない場合でも，発展は可能であるということが示されており，少なくとも経済発展のある局面においては，政府による強力な干渉が必要なケースも存在するし，強力な政府統治機構がなくても発展は可能です。

　以上のように，**制度・統治環境**と経済成長との関係は非常に頑強であるように見えるものの，この抽象的な政策的含意を一般化し，個性ある個々の発展途上国に適用するのには注意が必要でしょう。

4　まとめ

1) 第二次世界大戦後の発展途上国は，工業化戦略や自国の保有する資源輸出戦略により目覚ましい経済発展を遂げる国が現われ，欧米や日本などの先進国との所得格差は縮小しつつある。また，この間，貧困者比率は急速に低下した。しかし，依然として低所得水準にあり経済発展が停滞している国もある。
2) 経済成長を決定する近接的な要因としては，資本蓄積，人的資本の蓄積，技術進歩が重要である。資本蓄積が経済成長率におよぼす影響は，投資効率如何によっては低下することもある。生産年齢人口が相対的に多い人口構成であれば経済成長に有利に働く。**技術進歩率**は，先進国ほど経済成長

率に対する相対的貢献度が高く，発展途上国の場合は低い。潜在的な**技術進歩率**は先進国の方が高いと考えられるが，実際には，**イノベーション能力**に比例して高くなるわけではない。

3）経済成長を決定するより基本的な要因として，**制度・統治環境**や文化，地理的環境，宗教・民族の異質性などが重要である。これらの異質性については，**歴史的経路依存性**によるところが大きい。政治制度（民主主義的か独裁的か）が経済成長におよぼす効果については，明白な証拠が示されていない。非アングロサクソン系の国々の経験によれば，必ずしもアングロサクソン的制度環境が経済成長を促進したとはいえない。

【注】

1）資本の限界生産力とは，資本を追加的に一単位投入する際に生産がどれだけ増加するかを示したものです。資本を借り入れる場合には利子を支払うので，競争的な市場で利潤最大化を目的とした生産者は，資本を追加的に投入するために金融市場で借り入れを行う際，資本の限界生産力と利子率が一致する水準まで資本を投入すると考えます。

2）この点について，詳しくは，戸堂［2021］の第3章を参照してください。

3）今日の発展途上国の場合，先進国に比べてかなり早い段階で死亡率の低下が起きています。バードサルによれば，インドの場合，1982年の一人当たり所得が300ドル未満であるのに，平均寿命は55年でした（Birdsall［1988]）。これに対して，1900年における，イギリス，スウェーデン，アメリカの一人当たり所得は1,000ドルを超えているにもかかわらず，平均寿命は50年であったといわれています。

引用文献

Acemoglu, D., and Robinson, J. A. [2012] *WHY NATIONS FAIL: The origins of power, prosperity, and poverty*, New York: Crown Business. （アセモグル・ダロン，ロビンソン・A・ジェイムズ／鬼澤忍訳 [2013]『国家はなぜ衰退するのか（上）（下）』早川書房）

Acemoglu, D., Johnson, S., and Robinson, J. A. [2002] "Reversal of Fortune: Geography and Institutions in the Making of the Modern World Income Distribution" *Quarterly Journal of Economics*, 117(4), 1231-1294.

Acemoglu, D., Johnson, S., and Robinson, J. A. [2001] "The Colonial Origins of Comparative Development: An Empirical Investigation" *American Economic Review*, 91(5), 1369-1401.

Alemu, A., Roe, T., and Smith, R. B. W. [2006] "Impact of HIV on Total Factor Productivity", mimeo. AgEcon Search, University of the Free State.

Bardhan, P., and Udry, C. [1999] *Development Microeconomics*, Oxford New York: Oxford University Press.（バーダン・プラナブ，ウドリー・クリストファー／福井清一・不破信彦・松下敬一郎訳 [2001]『開発のミクロ経済学』東洋経済新報社）

Birdsall, N. [1988] "Economic Approaches to Population Growth" in H. R. Chenery and T. N. Srinivasan, eds., *Handbook of Development Economics, vol.1*, Amsterdam: North-Holland.

International Monetary Fund [2006] *World Development Outlook*.

Jones, C. I. and Vollarath, D. [2013] *Introduction to Economic Growth. Third Edition*, New York, London: W. W. Norton & Company.

Kaufmann, D., Kraay, A., and Mastruzzi, M. [2005] "Governance Matters IV: Governance Indicators for 1996-2004" *World Bank Policy Research Working Paper*, 3630.

Krugman, P. [1994] *The Myth of Asian Miracle*, Foreign Affairs, Nov./Dec.

Mason, A. [1997] "Population and the Asian Economic Miracle" *Asia-Pacific Population & Policy*, No.43, East-West Center.

North, D. C. [1990] *Institutions, Institutional Change, and Economic Performance*, Cambridge: Cambridge University Press.

Rodrik, D. and Subramanian, A. [2003] "The Primacy of Institutions" *Finance and Development*, June: 31-34.

Young, A. [1995] "The Tyranny of Numbers: Confronting the Statistical Realities of the East Asian Growth Experience" *Quarterly Journal of Economics*, 110(3), 641-680.

青木昌彦 [2001]『比較制度分析に向けて』NTT 出版.
白井早由合 [2005]『マクロ開発経済学—対外援助の新潮流』有斐閣.
戸堂康之 [2021]『開発経済学入門　第 2 版』新世社.
原洋之介編著 [2001]『アジア経済論　新版』NTT 出版.
ワイル・N・デイビッド／早見弘・早見均訳 [2010]『経済成長　第 2 版』ピアソン.

📖 学生に読むことをお勧めしたい参考文献

Johnes, C. I., and Vollarath, D. [2013] *Introduction to Economic Growth. Third Edition*, New York, London: W. W. Norton & Company.
アセモグル・ダロン，ロビンソン・A・ジェイムズ／鬼澤忍訳 [2013]『国家はなぜ衰退するのか（上）（下）』早川書房.
原洋之介 [2000]『アジア型経済システム　グローバリズムに抗して』中公新書.
ワイル・N・デイビッド／早見弘・早見均訳 [2010]『経済成長　第 2 版』ピアソン.

--- 第 2 章 ---

経済発展と格差
―何が格差を生むのか―

　世界銀行の『世界開発指標（World Development Indicators）』のデータによると，1962年時点で（データの示されている国のうち）一人当たり GNI が最も低かったのはルワンダで40ドル，最も高かったのがアメリカで3,280ドルでした。そこには，実に82倍の差があります。時を経て，各国での経済発展が進むにつれ，最貧国と先進国との所得格差が縮小しているかというと，そうとはならず，2021年時点で一人当たり GNI が最も低いブルンジ（240ドル）とスイス（90,360ドル）では，380倍近い差が生じていて，むしろ格差は拡大しているようです。

　ちなみに，マディソンによると，18世紀半ば（産業革命の始まりの頃で，イギリスがインドの植民地支配を本格化させた時期）における当時の最先進国イギリスと，インドの所得格差は2.7倍であったとされています（マディソン［2015］）。また，ヨーロッパで産業革命がある程度進展した1900年の時点では，最も高いイギリスの所得水準が4,492ドルであったのに対し，地域の平均所得が最も低いアフリカでは601ドルであり，格差は7.5倍程度でした[1]。

　別の視点から，世界の1％の富裕層の所得が，世界所得に占める割合は，1970年では15.6％でしたが，2020年には20.6％となっている一方，世界で所得の低い50％が占める所得の割合は，同期間で5.9％から7.1％の伸びにとどまっています（ちなみに中間層はその割合を減らしています（WIL［2021］））。日本でも経済書としては異例のヒットとなったトマ・ピケティの『21世紀の資本』は，上位1％の所得階層への富の集中化が進んでいることを大量のデータから

示し，世界に衝撃を与えました。なお，保有資産についてはさらに富の集中が
進んでおり，2017 年の 1 年間に生み出された富（保有資産の増加分）の 82％を
世界人口の 1％の超富裕層が独占しているとされています（Oxfam［2017］）。ま
た，2020 年からの新型コロナウイルス感染症（Covid-19）の世界的な感染拡大
により，世界の 99％の人々の所得が低下したにもかかわらず，10 人の最富裕
層の資産はその間で 2 倍になり，その 10 人の資産が貧しい 31 億人の総資産よ
りも多いという報告もされています（Oxfam［2022］）。

　このような世界的な不平等（global inequality）に加え，国家間での不平等（in-
equality between countries）と国家内での不平等（inequality within country）も問
題となっていて，特に後者の重みが増しています。

　後述のように，経済発展の過程で所得が不平等化し，格差が生じるのは必然
であり，またその不平等は成長にとって望ましいとも考えられてきました。そ
れは，富裕層は貧困層よりも多くの貯蓄をするため，その貯蓄を投資として利
用することで経済成長が加速し，最終的には成長の恩恵をみんなが受けられる
と解釈されたためです。しかし，今日では徐々にそれを否定するような，格差
は経済にも人々にとっても望ましくないものという見解がとられるようになっ
てきています。ちなみに，Ferreira［2007］は不平等をコレステロールに例え，
その影響について，「コレステロールと同じように良く（善玉）も悪く（悪玉）
もある」としています。この解釈として，ミラノヴィッチは，「善玉」の不平
等は「人々のやる気をかき立てて，勉学や勤勉，リスクをともなう起業に向か
わせるために必要」としています（ミラノヴィッチ［2012］）。なぜなら，これら
の行動はいずれも，何らかの不平等をもたらさずに実行することが出来ないか
らです。一方，「不平等が抜きん出ようとするインセンティブを与えるのので
なく，既得の地位を維持するための手段を与える」とき，不平等は「悪玉」と
なります。つまり，資産や所得の不平等が，特権階級に有利となるような政治
や制度を維持するように働きかけたり，富裕層だけが教育を受け，よりよい仕
事に就けるようにする，言い換えると，貧困層が自身の潜在能力を高めたり，
自分の可能性を広げるために投資することを阻止する（消極的にさせる）という
ことです。

　本章では，経済発展と所得格差の関係，そして格差が経済発展に与える影響
について説明をしていきます。まず，1節でどのようにして格差が生まれるの
かを，経済発展にともなう構造変化に着目して説明していきます。次に2節で
は，経済発展と所得格差についての経験則であるクズネッツ仮説と，所得分配
が不平等化するメカニズムを理論的に示している二重構造的経済発展モデルに
ついて解説し，3節で不平等を生み出す要因についてまとめます。

1　経済発展と構造変化，所得分配の不平等化

　経済発展の初期の段階では，多くの国で伝統部門の農林水産業がその国の経
済の重要な地位を占めています。経済発展の過程においては，一般に，近代的
な産業の勃興とその発展にともない産業構造が変化し，所得分配が不平等化す
る傾向があることが指摘されています。

　一国の産業は，第1次産業（農林水産業）と第2次産業（工業，鉱業も含む），
そして第3次産業（サービス業）の3つから構成されています。経済発展にと
もなう一国の産業構造の変化として，第1次産業の相対的比重（一国の総生産
額に占める当該産業の生産額の比率や，総就業者に占める当該産業の就業者比率）が低
下し，それに代わって第2次産業の比重が高まり，つづいて第3次産業の比重
が高まる傾向にあります。このような経済構造の変化の一般的傾向は，「**ペテ
ィ＝クラークの法則**」と呼ばれています（図2−1）。

　このような産業構造の変化が起こる要因としては，経済発展により一人当た
り所得水準が上昇することで，人々が需要する財やサービスの内容が変化する
ことが一つ考えられます。人が生きていくために最も重要な財は食糧で，低所
得水準の状態では，人々はお腹を満たすために所得のほとんどを食糧購入にあ
てます。しかし，所得水準が高まり必要な食糧を購入してもまだ所得に余裕が
でると，工業製品の購入にあてるようになり，さらに所得水準が上昇すると，
教育や医療，娯楽などのサービスの需要が増えるのです。一国レベルでもそう
ですし，個人レベルでもこれがあてはまり，家計所得の低い人々の家計所得に
占める食糧費支出の比率は高く，所得水準が高くなるほど同比率が低下するこ

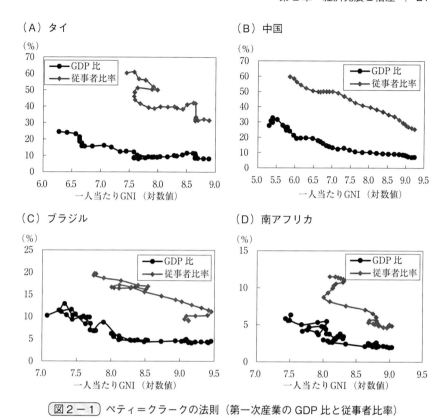

図 2 － 1 ペティ＝クラークの法則（第一次産業の GDP 比と従事者比率）

(注) 第一次産業の対 GDP 比は付加価値ベースで測ったもので 1978 ～ 2019 年のデータ
を，従事者比率は 1991 ～ 2019 年のデータを用いている。
出所：World Bank, *World Development Indicators* のデータより筆者作成。

とを，「エンゲルの法則」といいます。

　そう考えると，低所得国では国民が最も多く需要する食糧の生産に多くの労
働力を配分する必要がありますが，所得水準が上昇するとともに非農産物への
需要が相対的に増加するので，労働を配分するべき産業は第 2 次産業，さらに
は第 3 次産業へとシフトしていくことになります。しかし，一国の総就業人口
に占める第 1 次産業の比率の低下速度は，付加価値ベースで測った場合の低下
速度より遅く，経済発展にともない農業部門の相対的地位が低下しているにも
関わらず，多くの労働者が第 1 次産業に従事し続けるという現象が見られます。

実際，図2−1を見ても，第1次産業の対GDP比率よりも農業従事者比率の方が各国とも高くなっています。

　このことは，第1次産業と製造業に代表される近代部門との労働生産性の格差拡大を生じさせます。これは主として，農業部門から近代部門への労働や資本などの資源移動が，さまざまな摩擦があるためにスムースに行われないことが原因です。そして，労働生産性の格差拡大は，両部門間の所得格差の主要因となり得ます。

2　クズネッツ仮説とルイス型・二重構造的経済発展モデル

　経済発展と所得格差・不平等の関係については，開発経済学のなかでも多くの議論がなされてきました。その中でも広く知られ，かつ開発政策にも影響を与えたのが「**クズネッツの逆U字仮説**」です。この仮説は，経済発展が始まる前の低所得段階においては，みんなが貧しく所得格差は小さいが，経済発展につれて格差が拡大し，その後はまた所得分配が均等化していくというものです。経済発展が進むことで，所得格差が縮小していく理由としては，近代部門の発展により労働需要が高まると，労働力が都市部に移動することで，農業部門での労働力が不足し始め，近代部門での賃金が上昇する段階になると従来低かった農業部門の所得も上昇するためと考えられます。この仮説は，格差を測る不平等度の指標である**ジニ係数**と所得水準との間に逆U字の関係が見いだせることから，逆U字仮説と呼ばれています（ジニ係数について，詳しくは章末の補論を参照してください）。

　世界銀行の国際横断面的なデータ（クロス・カントリー・データ）を用いて，ジニ係数と所得との関係を示したのが，図2−2です。クロス・カントリー分析を行った場合には，逆U字型の関係が見いだせます。

　その後，一国の長期間のデータやより多くの国で不平等に関する統計データが得られるようになると，各国の時系列データやクロス・カントリー・データを用いて逆U字仮説を詳細に検証する研究がなされるようになりました。そ

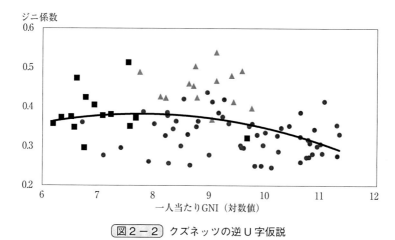

<figure>

ジニ係数

一人当たりGNI（対数値）

図２－２ クズネッツの逆 U 字仮説
</figure>

（注）■はサハラ以南のアフリカ諸国，▲はラテン・アメリカ諸国の値を示す。
出所：World Bank, *World Development Indicators* の 2018 年のデータより筆者作成。

　れらの多くの研究結果は，逆 U 字仮説を必ずしも支持しておらず，インドで
の時系列データを用いた分析結果を例にとると，インドでは経済成長による不
平等の拡大はみられないようです。世界銀行の報告書（世界銀行［2006, 第 2 章］）
でも，所得格差が経済発展とともに不平等化しその後は平等化していくという
仮説は，一般法則として当てはまらず，経済発展と所得分配の関係は国ごとで
それぞれ異なると指摘され，それが通説となっていました。しかしその後，多
くの途上国の経済が発展し，アジアやラテン・アメリカではクズネッツ仮説と
整合的な事例も見られるようになっており，現時点でも逆 U 字が成り立つか
どうかの結論ははっきりとしていないといえます。
　図 2 － 3 は，1970 年代から現在までの所得水準とジニ係数で測った不平等
度の変化を，いくつかの国について示したものです。これを見ても，経済発展
と所得分配の関係は一様ではないことがわかります。
　クズネッツ仮説では，豊かな国では不平等は縮小すると考えられています
が，現状を見ると，アメリカやイギリス，日本などでは，一時期縮小傾向にあ
った不平等度が一転拡大傾向にあり，それはデータにはっきりと表れていま
す（図 2 － 3 も参照）。これは，先進諸国が先進技術や資本設備，通信・保険・

(A) 低・中所得国

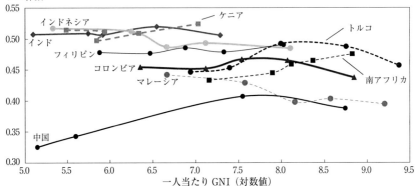

(B) 高所得国

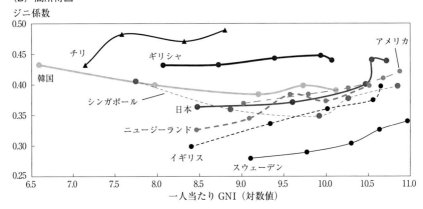

(図2-3) ジニ係数の推移（1970 年代〜 2015 年）

(注) 1970 年代，80 年代，90 年代，2000 年代，2010 〜 15 年の5期について，各国の平均のジニ係数と一人当たり GNI の推移を示している。ケニアの 80 年代から 90 年代の減少は例外として，各国の一人当たり GNI は年代を追うごとに上昇しているため，右に行くほど最新のデータとなっている。所得層の分類は，2015 年時点のものによる。

出所：テキサス大学・不平等プロジェクト「推定された家計調査の不平等データセット（EHII）」および World Bank, *World Development Indicators* のデータより筆者作成。

金融などのサービスを主導するようになっており，その所得は先進的な部門で高い賃金を得ている少数の人たちにまずは流れているためと考えられます（ガルブレイス［2017，第7章]）。不平等度が拡大 → 縮小 → 拡大（不平等度を縦軸に

とった図では不平等を表す曲線が上昇 → 下降 → 上昇）する様子は，「**拡張クズネッ
ツ曲線**」として紹介されています（ガルブレイス［2017, 図 7 − 1]）[2]。

　所得分配の不平等は，所得水準によっても異なりますが，異なる経済構造を
持つ地域ごとに比較しても大きな差があります。図 2 − 2 で，■がサハラ以南
のアフリカ諸国，▲がラテン・アメリカ諸国の値を示していますが，これらの
地域での所得分配の不平等は，同じ所得水準では●で示した東アジア諸国や南
アジア諸国，また高所得国（OECD 諸国）と比べると大きくなっていることが
わかります。

　クズネッツの逆 U 字仮説は経験則ですが，その理論的根拠を提供しているの
が，ルイスの**二重構造的経済発展モデル**（ルイス・モデル）です（Lewis［1954]）。
ルイス・モデルは，経済が農業部門（伝統部門）と工業部門（近代部門）の二部
門から構成されているとし，その二部門間での労働移動の観点から，経済発展
と経済構造の変化の関係を説明しています。

　経済発展の初期の段階では，農業部門のみが存在し，人々は機械や化学肥料
といったものは使わず，土地と労働力を生産要素として農作物を生産してい
ます。労働力に頼った生産活動ですので，生産性は低いといえます。またル
イス・モデルでは，農業部門は**限界生産性**がゼロの**余剰労働**（redundant labor）
を大量に抱えていると仮定しています。

　限界生産性とは，追加的な労働投入に対してどれだけ生産量が増えたかを示
すものです。たとえば，1ha の土地を 4 人で耕したとき 2t の米が収穫できる
としましょう。そこにもう 1 人働く人を増やし 5 人で耕すと，手入れがさらに
行き届くようになり，2.5t の米が収穫できるようになります。この場合，労働
者を 1 人追加したことで 0.5t 分の収穫の増加があったということになり，これ
が限界生産性です。では，「限界生産性がゼロ」とはどういうことでしょうか。

　今度は，さらに 1 人を追加して，6 人で 1ha を耕すことを考えてみましょう。
5 人ですでにこれ以上ないくらい効率的な生産が出来ている状況だとすると，
6 人目を投入しても生産量はほとんど増えず，2.5t のままになるでしょう。そ
うすると，この 6 人目の労働力はいてもいなくても生産量は変わらないことに
なります。7 人目や 8 人目を投入しても，同様のことが起きると考えられます。

このように，追加的に労働者を増やしても生産量が増加しない状況のことを，限界生産性がゼロの状態といいます。また，いてもいなくても生産量に影響を与えないような（生産には不要な）労働者のことを，**偽装失業**（生産への貢献がなくても働いてはいるので，失業状態が偽装され雇用状態にみえる）の状態ともいいます。

　また，農業部門では農村共同体の中で，みんなで助け合いながら生活を営んでいて，全員の生存維持は保障されています。その生存を維持するのがやっとという生存水準の所得のことを，生存賃金（subsistence wage）と呼びます。生存賃金が平等に保障されるので貧富の格差は生じませんが，次期の生産拡大のための余剰もないので，同じ生産過程が繰り返されるだけで，農業部門のみしか一国に存在しない場合には，その国の経済発展は見込めないということになります。

　そのような国が経済発展をするためには，近代部門の創成とその拡大が必要となります。人間が生きていくためには，食糧だけでなく，たとえば衣服などの製造業品も必要でしょう。そうすると，（特に都市部で）衣服生産など，小さく工業部門が創出されます。工業部門は，資本と労働を用いて利潤最大化を図りながら製造業品を生産し，獲得した利潤は次期の生産活動に投資するものと仮定します。工業部門では生産拡大を進める過程で，より多くの労働者が必要となりますが，農村部には余剰労働力が大量に存在していますので，農業部門での所得水準（生存賃金）を上回る賃金を提示することで，必要なだけの労働力を確保できるのです。つまり近代部門は，農業部門から供給される低賃金労働力を大いに活用しながら，工業生産を拡大し，利潤を手にできる（さらなる拡大を続けられる）ということです。

　工業部門での雇用が拡大していくと，いずれは農業部門での余剰労働力が枯渇することになり，農業部門と工業部門間で労働者の獲得競争が生じることになります。労働力確保のためには，工業部門はより高い賃金をオファーし，農業部門でも農業生産に従事する労働力の不足が生じることで，賃金が上昇するでしょう。これは**ルイスの転換点**と呼ばれます。転換点を迎えると，工業部門はこれまでの豊富な低賃金労働力に依存した生産拡大ではなく，より高い賃金を支払ってもなお自部門が拡大できるような生産構造の高度化や技術革新が必

要となり，農業部門では労働力の流出による農作物の生産減少を補うだけの生
産性の向上，農業機械などを導入した農業部門の近代化が求められることにな
ります[3]。

　このルイス・モデルと関連づけて一国の所得分配について考えてみると，次
のような説明になります。

　経済発展の当初は，農業部門において生存賃金で生活する（多くの）農業労
働者と，創出された工業部門で生存賃金よりは高い賃金で働く（少数の）労働
者，それに，工業部門に資本を提供する（一握りの）企業家も存在します。図
2 - 4 の右表の第 1 期のような状態です。所得分配を図で表すものに，**ローレ
ンツ曲線**がありますが，この場合のローレンツ曲線は図 2 - 4 の①のようにな
ります（ローレンツ曲線について詳しくは章末の補論を参照してください）。その後，
工業部門が農業部門の労働者を吸収しながら発展し，工業部門の労働者が増
え，企業家の所得も増加することになります。一方で，農業部門ではこれまで
と同様の生産過程がみられ，生存賃金のような低い所得水準が依然として維持
されていれば（表の第 2 期），ローレンツ曲線は②のようになります。ローレン

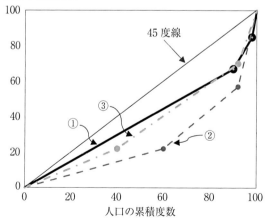

	賃　金	人口シェア
第 1 期		
農　　民	1	90%
工 業 労 働	3	8%
企 業 家	10	2%
第 2 期		
農　　民	1	60%
工 業 労 働	3	32%
企 業 家	15	8%
第 3 期		
農　　民	3	40%
工 業 労 働	5	52%
企 業 家	20	8%

（注）賃金は第 1 期における農民
　　の賃金を 1 とした場合の相
　　対賃金。

（図 2 - 4）ルイス・モデルと所得分配の不平等度（逆 U 字型のケース）
出所：高橋・福井 [2008] の表 2 - 1 および図 2 - 3 をもとに筆者作成。

ツ曲線は，45度線から離れるほど（底辺と右辺に近づくほど）不平等が大きいことを意味していますので，この段階で不平等は拡大することになります。やがて転換点を過ぎると，工業部門での所得上昇に加え，農業部門では農業の近代化などが起こることで賃金が上昇し始め，農工間の賃金相対比率で見た賃金格差が縮小すると（第3期），ローレンツ曲線は③のようになり不平等度は低下します。こうなると，クズネッツ仮説と整合的です。

　ただし，クズネッツ仮説が支持されないのと同様に，各部門の生産構造や需要構造，成長率（資本蓄積の速さ，技術進歩率，労働人口増加率），部門間の賃金格差の大きさ，各部門内における所得と分配の不平等の大きさなどにより，経済発展にともなう所得分配の変化の様子も異なる可能性があります。

3　所得分配不平等化の要因

　前節で取り上げたルイス・モデルは，経済的二重構造の存在が所得分配の不平等に影響を与えるということを示唆するものでしたが，それ以外にも所得分配に影響を与える要因としては，次のようなものが指摘されています[4]。

　はじめに，不平等に影響を与える要因としてよく取り上げられるのが，「グローバリゼーション」です。国際貿易に関する古典的な理論である，ヘクシャー＝オリーン・モデルでは，グローバリゼーションによる貿易の拡大により先進国では不平等が拡大し，途上国では縮小すると予測されています。もう少し詳しく説明をすると，ヘクシャー＝オリーン・モデルでは，生産要素として資本と労働，高技能・知識労働者と低技能・単純労働者など2種類の生産要素が想定されています。先進国のような資本が豊富な国と，途上国のような労働が豊富な国で貿易がなされた場合，それぞれが国内に豊富に存在する生産要素を用いて生産する財（産業）に比較優位があるとし，貿易により，資本が豊富な国は資本集約的な財を生産・輸出することに特化し，労働が豊富な国は労働集約的な財を生産・輸出することに特化することになります。また，知識労働者が豊富な先進国では知識集約的な財を輸出し，単純労働者が豊富な途上国では単純労働的な財を輸出すると予測します。その結果，知識集約的な財を輸出

している先進国では知識労働者の相対賃金が上昇することで，賃金（所得）格差が拡大する一方，単純労働的な財を輸出している途上国では単純労働者の相対賃金が上昇するために所得格差は縮小するということになります（これはヘクシャー＝オリーン・モデルから導出される定理で，ストルパー＝サミュエルソン定理といいます）。

　しかし，このヘクシャー＝オリーン・モデルはその後の多くの実証研究により，現実の世界とは整合的ではないと批判されることになります。現代の貿易理論においても，グローバリゼーションがもたらす影響については明確ではなく，グローバリゼーションが富裕層のみの利益を増加させるとするものや，富裕層と低所得層（最下層）に利益をもたらすが中間層には恩恵をもたらさないとするものなどがあり，実証研究においても国や地域により異なる結果が得られるなど，見解は一致しているとはいえません。

　次に，どのような経済体制であるかも所得分配を規定する要因とされています。具体的には，社会主義的経済体制を採用している国，あるいはごく最近まで採用していた国ほど，所得分配は平等となる傾向があります。市場経済化を推進しながらも社会主義的経済システムを維持している東南アジアのラオスでは，周辺国と比べるとまだ所得格差は低いといえます。同様のベトナムもかつてはそうでしたが，急速な経済成長の陰で民族間・地域間，また都市内（移住者と非移住者）での格差の拡大傾向が見られています（国際協力機構 [2012] など）。

　また，「制度」と不平等の関連性も指摘されています。2 節で，サハラ以南のアフリカとラテン・アメリカ地域では，他の地域と比べ不平等度が大きいと述べました。これらの地域では，ヨーロッパ諸国による植民地支配時代に，一部のエリート（特権階級）に資するような不平等な制度が形成されたり（たとえば，土地や鉱山資源の所有権の不平等な分配），人種差別制度により政治・経済参加や教育へのアクセスの機会が不平等となるような制度が形成されたりするという特徴があります。それらの植民地支配下で形成された制度の特徴が，現在の制度にも引き継がれているため，不平等が大きいとされています。なお，植民地時代の不平等な制度の形成は，初期（ヨーロッパ諸国が進出する以前）の不平等度の高さと関連しているといわれています（湊 [2015]）。

　さらに，信用市場（金融市場）の不完全性，特に信用制約の存在と所得分配の不平等との関係も指摘されています。一般に貧困層は，担保となるような資産を持たず返済不履行の可能性が高いとみなされていて，起業や農業の生産性を高めるための新たな投資（高収量品種への切り替えや肥料の利用など），教育や健康といった人的資本への投資のための資金を借り入れることが難しい傾向にあります（これが信用制約です）。一方，自己資金を持ち，担保能力も高い富裕層は信用制約を受けにくく，資金へのアクセスが容易です。その結果，信用制約を受ける貧困層と，受けない富裕層との間に所得格差が生じることになります。なお，信用市場の発達は，低所得層の所得を上昇させ，所得格差を減少させるという議論もあり，そこでは貧困層向けの金融システムの重要性が強調されています（Beck et al.［2007］）。

　これとも関連しますが，教育水準が高い方が低い場合より収入（賃金）が高い傾向にあります。言い換えると，より多くの教育を受けた子どもの方が，そうでない子どもと比べて成人後の収入が高くなるということです。裕福な世帯は，教育費を捻出することができ，また必要に応じて資金を借り入れることも容易ですので，子どもにより高い適切な教育を受けさせることが可能です。他方で，貧しい世帯は金銭的負担の大きさや信用制約のために子どもに対する教育投資を継続的に行うことが難しく，そこに教育格差，ひいては所得格差の拡大が生じます。また，貧困世帯の子どもの栄養状態は悪くなりがちで，幼少期での栄養状態が悪いと，身体の発達のみならず，認知・学習能力と学歴，そして成人後の収入にもマイナスの影響があることも多くの研究で指摘されているところです。なお，教育や健康については，信用制約だけでなく，貧しい世帯の経済危機や自然災害，干ばつ・洪水などのショックに対する脆弱さも，大きなかつ長期的な影響を与えることがわかっています。このように，所得分配と人的資本とは関連しているといえるでしょう。

　その他にも，生産構造や経済全体に占める農作物や鉱山資源などの一次産品輸出の割合の高さ，学歴による労働市場の分断や女性などの特定グループを差別するような労働市場の制度や規制の存在，政治の不安定性などが，所得分配の不平等を決定づける要因として挙げられています。さらに，都市化の進展に

より，都市部と農村部で所得格差が拡大することも指摘されています。一方で，より所得の高い人に重い税を課す累進課税，高い水準の最低賃金，労働組合の高い組織率，社会保険の整備などは，不平等を低下させるのに一役買っているようです（ガルブレイス［2017］）。

4　まとめ

1) 世界的に見ると所得格差・不平等は拡大傾向にある。特に一握りの富裕層への富の集中が加速している。かつては，経済発展の過程で格差が生じるのは必然で，成長にとって望ましいとも考えられてきたが，今日ではそれを否定するような見解がとられるようになってきている。

2) 所得分配が不平等化していく背景には，経済発展とそれにともなう経済構造の変化があるといわれている。これまでは，クズネッツの逆 U 字仮説のように，経済の発展段階により所得格差は縮小 → 拡大 → 縮小すると考えられていたが，多くの実証研究において，現実世界では必ずしもそうとはなっていないことが明らかとなっている。また，経済の二重構造（農業部門と製造業に代表される近代部門）の存在も不平等に影響を与えうる。

3) それ以外にも，グローバリゼーションと経済体制，制度，信用市場の不完全性，人的資本の格差など，所得分配の不平等化の要因は実に様々である。

4) 本章での議論を踏まえ，発展途上国における格差是正の政策としては，豊富な労働力を生かした労働集約的な農業や軽工業の発展の支援，土地や鉱山資源の所有権の再分配，マイクロ・ファイナンスなどの貧困層向けの融資事業の拡大，貧困層を対象とした教育普及や保健サービスの提供などが考えられるだろう。

補論：不平等度の指標─ジニ係数

　所得格差を測る単純な方法として，ある社会で所得が最も高い人と最も低い人とで，所得の差をとることが考えられます。しかしこの方法では，その 2 人

以外のすべての人々（の所得）は無視されていますので，社会でみられる不平等を正確に測ることはできないでしょう。そこで，すべての人々の所得の差の平均をとることで所得格差を測ろうとするのが，ジニ係数です。

　ジニ係数は，ある社会の可能な2人ペアについて，所得差（の絶対値）を求め，その平均値（平均差）をその社会の平均所得で割ることで求められます。ジニ係数は0から1の間の値をとり，0の場合に「完全平等」（すべての人が平均所得を得ていて不平等がない状態），1の場合には「完全不平等」（最も裕福な人がすべての所得を得ている状態）となります。つまり，ジニ係数の値が1に近いほど不平等度が高いといえます。

　上記の説明では直感的にわかりづらいので，図を使って説明をしてみます。図2－A1は，縦軸は所得の最も低い人から所得を順に並べていった際の「所得の累積度数（％）」，横軸は「人口の累積度数（％）」となっています。ここでは，所得階層を5階層に分類していて，所得が下位の20％の累積所得が全体の何％を占めているか，下位40％ではどのくらいか，下位60％では…というように，それぞれプロットしています。そして，それらを結んでできる曲線のことを「ローレンツ曲線」といいます。もしこの社会が完全に平等であれば，所得の下位20％の人は総所得の20％を得ていることになりますし，下位40％

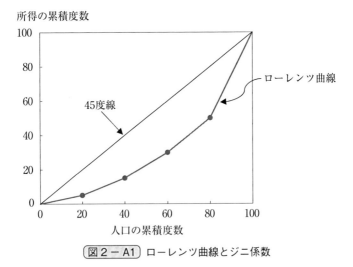

（図2－A1）ローレンツ曲線とジニ係数

では 40％となり，図 2 - A1 で示した 45 度線上にローレンツ曲線が描けるはずです。他方で，曲線が右下に張り出し 45 度線から遠くなるほど（底辺と右辺に近づくほど），この社会は不平等であるといえます。なお，ジニ係数は，45 度線とローレンツ曲線で囲まれた面積を 2 倍にしたものと等しくなります。

米国テキサス大学の不平等プロジェクト（同大学教授のジェームス・ガルブレイスが主宰）が発表している「推定された家計調査の不平等データセット (Estimated Household Income Inequality Data Set：EHII)」は，ここで説明をしたジニ係数と同じく格差指標の一つであるタイル指標の 154 ヵ国の推計値が得られ（2018 年 12 月現在），不平等の研究データの一つとして有用でしょう。

【注】
1） これらの数値は，アンガス・マディソンのホームページに掲載されているものを参考にしています (https://www.rug.nl/ggdc/historicaldevelopment/maddison/ にアーカイブされています)。
2） なお，ミラノヴィッチ［2017, 第 2 章］は，過去 500 年の不平等の変化は，クズネッツ仮説を拡張した，「クズネッツ波形（Kuznets waves）」で説明できるとし，それを提案しています。
3） これがアジアでの農業の技術革新，「緑の革命」につながったといえます（詳しくは，第 3 章を参照してください）。
4） 本節の内容は，Atkinson and Bourguignon［2015］やラヴァリオン［2018, 第 7・8章］の内容などを参考にしています。

引用文献
Atkinson, A. B., and Bourguignon, F.（eds）［2015］*Handbook of Income Distribution, Volume 2A & 2B*, North-Holland.

Beck, T., Demirgüç-Kunt, A., and Levine, R.［2007］"Finance, Inequality and the Poor" *Journal of Economic Growth*, 12(1), 27-49.

Ferreira, F. H. G.［2007］"Inequality as Cholesterol" *Poverty in Focus*, International Poverty Centre, Blasilia.

Galbraith, J. K.［2016］*Inequality: What Everyone Needs to Know*, Oxford University Press.（ジェームス・K・ガルブレイス／塚原康博・馬場正弘・加藤篤行・鑓田亨・鈴木賢志訳［2017］『不平等―誰もが知っておくべきこと』明石書店）

Lewis, W. A.［1954］"Economic Development with Unlimited Supplies of Labor" *The Manchester School of Economics and Social Studies*, 22, 139-181.

Maddison, A.［2007］*Contours of the World Economy, 1-2030 AD*, Oxford University Press.（アンガス・マディソン／政治経済研究所監訳［2015］『世界経済概観　紀元 1 年〜 2013 年』岩波書店）

Milanovic, B.［2011］*The Haves and the Have-Nots: A Brief and Idiosyncratic History of Global Inequality*, Basic Books.（ブランコ・ミラノヴィッチ／村上彩訳［2012］『不平等について―経済学と統計が語る 26 の話し』みすず書房）

Milanovic, B.［2016］*Global Inequality: A New Approach for the Age of Globalization*, Harvard University Press.（ブランコ・ミラノヴィッチ／立木勝訳［2017］『大不平等―エレファントカーブが予測する未来』みすず書房）

Oxfam［2017］*Reward Work, Not Wealth*, Oxfam International.

Oxfam［2022］*Inequality Kills*, Oxfam International.

Piketty, T.［2014］*Capital in the Twenty-First Century*, Harvard University Press.（トマ・ピケティ／山形治生・守岡桜・森本正史訳［2014］『21 世紀の資本』みすず書房）

Ravallion, M.［2016］*The Economics of Poverty: History, Measurement, and Policy*, Oxford University Press.（マーティン・ラヴァリオン／柳原透監訳［2018］『貧困の経済学　上下』日本評論社）

World Bank［2005］*World Development Report 2006: Equality and Development*, World Bank and Oxford University Press.（世界銀行／田村勝省訳［2006］『世界開発報告 2006：経済開発と成長における公平性の役割』一灯社）

World Inequality Lab（WIL）［2021］*World Inequality Report 2022*.

国際協力機構（JICA）［2012］『貧困プロファイル　ベトナム』独立行政法人国際協力機構.

高橋基樹・福井清一編［2008］『経済開発論　研究と実践のフロンティア』勁草書房.

湊一樹［2015］「制度」，ジェトロ・アジア経済研究所・黒岩郁雄・高橋和志・山形辰文編『テキストブック開発経済学［第 3 版］』，第 9 章，有斐閣ブックス.

📖 **学生に読むことをお勧めしたい参考文献**

アビジット・V・バナジー，エステル・デュフロ／村井章子訳［2020］『絶望を希望に変える経済学：社会の重大問題をどう解決するか』第 7 章，日本経済新聞出版.

世界銀行／田村勝省訳［2006］『世界開発報告 2006：経済開発と成長における公平性の役割』一灯社.

ファクンド・アルヴァレド，ルカ・シャンセル，トマ・ピケティ，エマニュエル・サエズ，ガブリエル・ズックマン編／徳永優子・西村美由紀訳［2018］『世界不平等レポート 2018』みすず書房.

安場保吉［1980］『経済成長論』筑摩書房.

第3章

経済発展と農業の役割

　農業は，食料を供給するだけでなく，環境保全においても緑地保全や防災の機能を持ち，私たちの生活に欠かすことのできない重要な産業部門です。特に経済発展の初期段階では，農業の生産性が高まり十分な食料を供給することが，貧困問題の解決に必要です。また，農村部から供給される労働力は工業の発展に必要とされ，農業部門で蓄積した貯蓄や，農産品輸出を通じて得た外貨により工業化に必要な資本を供給することもあります。

　第2章で紹介した**ペティ＝クラークの法則**によれば，経済発展にともない，工業部門の重要性が高まり，農業部門の GDP に占めるシェアは低下します。したがって，経済発展における農業の重要性や役割は，その国の発展段階によって異なると考えられます。図3－1は，世界各国の農林水産業における生産が，国内総生産（GDP）に占める割合を示しています。この図のうち，色が濃い国では経済活動全体に占める農業などの第1次産業の割合が高く，色が薄い国ではその割合が低くなっています。アフリカやアジアなどの発展途上国で農業が経済全体に占める割合が高く，経済が発展した北米や日本などの先進国では低くなっていることがわかります。

　経済発展にともない，農業部門の生産が一国全体の生産に占める割合は低下し，農業従事者の割合も減少します。工業・サービス部門での就業を求めて都市への人口移動が起こり，農村部に居住する人も少なくなります。世界開発指標（World Development Indicators）によると，世界全体では，農村部に居住する人口の割合は1960年の66.4％から2021年には43.5％に減少しています。所得グループごとに見ると，その割合は低所得国グループで最も高く，2021年時点で65.6％を占めており，高所得国グループでは18.5％と最も低くなってい

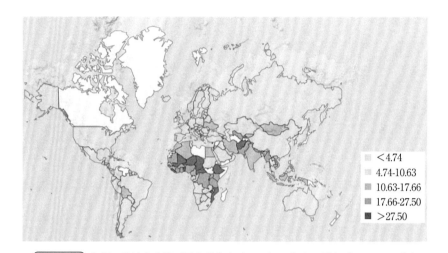

(図３−１) 各国の農林水産業が国内総生産（GDP）に占める割合（%，2021 年）

出所：World Bank national accounts data and OECD National Accounts data files より
　　　筆者作成。

ます。

　このように，経済発展にともない農業セクターが一国全体の経済に占める比
重は低下してゆきますが，そのことは同時に農業の重要性も低下することを意
味するのでしょうか。農業部門は，経済成長の足枷なのでしょうか。あるいは，
農業の生産性の向上は経済発展に欠かせないのでしょうか。

　この章では，発展途上国における農業の生産性の向上が経済発展に与える影
響について説明します。産業革命期のヨーロッパでは，農業の発展が先行ある
いは並行し，工業化の進展に貢献しました。このような歴史的事実を念頭に置
き，経済発展や近代化には農業の生産性が向上する必要があるという考え方を
「農業発展パラダイム」と呼ぶことにしましょう。

　以下では，農業発展パラダイムがあてはまる，日本，西欧，アジア中所得国
の事例を紹介します。まず，実際に農業部門が果たした役割に関する歴史的経
験を紹介します。そして，農業生産性の向上が経済発展に与える影響について
理論モデルを用いて説明します。最後に，過去 10 数年の劇的な変化（資源輸出
型成長を遂げる国の出現，低所得国の減少，中所得国の増加など）を踏まえて，21 世

紀における農業発展パラダイムの現代的意義を説明します。

1　日本，西欧，アジア中所得国の経験

1）近代経済成長初期の段階における農業成長の役割

　今日，先進国と呼ばれる国において，近代的な経済成長の初期段階に**農業成長**は重要な役割を果たしました。日本やイギリス，フランスなどの今日の先進国の場合，近代的産業の発展の同時期に農業の生産性上昇率も高く，**農業成長**が産業化を促進したと考えられています。例えば，日本の場合は「老農技術」と呼ばれる品種改良，新農法の普及が食料供給の増大に貢献しました。イギリスの場合は，ノーフォーク輪栽と呼ばれる，穀物を中心とする輪作に飼料作物などを組み込むことで地力の維持と耕地の高度利用をはかる農法が普及し，囲い込み運動を中心とする農業革命が食料供給増をもたらしました。この食料供給増が，経済成長によって増大する食料需要を賄い，工業化の停滞を回避することにつながりました。日本の米騒動や，イギリス産業革命初期における農産物価格の上昇は，海外からの安い食料の移入・輸入によって抑制されました。

　また，農業部門の成長は，貿易を通じて外貨を獲得し，工業部門への資本を供給することを可能としました。日本の場合は特に，1870 − 90 年代の生糸，茶，水産物の輸出が外貨獲得に貢献しました。例えば養蚕業の場合，技術進歩により，繭単位当たり生糸の生産量が増加し，桑の収容量が増加，夏秋蚕の普及によって農閑期の遊休労働力の利用が可能になるなど，生産技術の向上を通じて生産量が増大しました。

　さらに日本では，農業余剰が地租（税金）と貯蓄を通じて工業化の原資となりました。日本の工業化においては，外国資本の流入はごく僅かで，国内で工業化の原資を調達することが可能でした。また，都市部など保有農地のある農村外に住む不在地主による商工業への投資や，預金などが非農業に使用されました。農業の税負担は非農業より重く，政府補助金の多くは非一次産業に交付されるなど，財政政策を通じての農業部門から近代部門への資金流出が進められました。

　そして，農村部の労働力は近代部門に供給され，工業化の進展に貢献しました。以上のように，近代的産業の発展期における農業成長は，日本やイギリスなどの先進国で工業部門の産業化と経済全体の発展を促進しました。

2) リカードの成長の罠：インドの経験

　農業部門での停滞は，経済にどのような影響を与えるでしょうか。農業部門では，土地などの資源の制約から，生産性が向上しない場合には食料生産の増加に限界があります。経済が順調に発展すると，近代部門の賃金が上昇し，都市部での食料需要が増加します。しかし，農業部門が停滞し，近代部門の食料需要増に応じた供給ができなくなると，食料輸入が増大し外貨が不足することとなります。このように，農業部門での制約から近代部門の発展の停滞を招くことを**リカードの成長の罠**と呼びます（図3−2）。

　インドでは，経済発展の過程において，**リカードの成長の罠**により，「失われた10年」と呼ぶべき工業部門の成長停滞を経験しました。インドでは，2世紀にわたる植民地支配から1947年に独立し，「自助」を経済政策の理念とした輸入代替工業化戦略が進められました。インドが輸入していた工業製品を自国で生産するため，農業部門よりも重工業部門を優先した開発戦略が採用されました。また，当時の与党は，地主や富農層によって構成されており，工業化の原資を農業部門に求めることが困難な政治経済的状況でした。さらに，「自助」を経済政策の理念としていたことにより，海外からの直接投資の受け入れを忌避したため，資金制約（外貨制約，財政制約）に陥りました。

　農業開発を軽視し，工業化を重視したため，インドでの**農業成長**は停滞し，人口増加による食料需要の増加に応じた十分な供給が国内の生産では賄えなく

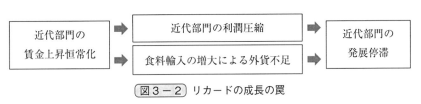

〔図3−2〕 リカードの成長の罠

出所：筆者作成。

なり，食料輸入が増大しました。加えて，1965 年，1966 年の大干ばつのため
食料輸入が急増し，外貨が不足し工業部門の成長が停滞しました。

3) 中国，ベトナムの農業改革と経済発展

　中国やベトナムでは，農業部門における生産システムを改革することで，農
業生産性が高まり，工業部門の発展の基礎を築きました。中国では，1978 年
から鄧小平を中心として改革開放経済政策が実施されました。これ以前は，**人
民公社**による集団農業制度の下，個々の農家は生産額に関わらず収入は一定で
したが，1980 年代には，個別農家による家族営農請負制（**生産責任制**）への改
革が推進され，農家は生産努力に比例して収入が増加することとなりました。
この制度改革が農民の生産意欲を刺激し，農業における生産性の上昇に貢献し
ました。農業部門における余剰は，政府が市場価格より安い価格で農民から強
制的に農産物を徴収する農産物の供出制度を通じて，その後の経済成長に寄与
したと考えられます。

　ベトナムにおいても，1986 年に始まったドイモイ改革政策（刷新）の下，市
場経済が導入され，**合作社**による集団農業から個別農家の**生産請負制**へと，中
国と同様の制度変化が起きました。これにより，農業生産性の向上により余剰
が生まれ，その後の工業部門の発展に寄与しました。

4) インドネシア，フィリピンにおける「緑の革命」

　インドネシアやフィリピンなど，農村の貧困問題を抱えていた発展途上国に
おいて，コメ，小麦，トウモロコシなどの農業新技術の普及による生産性向上
（**緑の革命**）は，農村における貧困問題の解決につながり，食料安全保障の問題
を深刻化させることなく経済を発展させました。1950 年代から 1960 年代にか
けて，途上国では人口増加が急速に進んだ一方，農業生産性は大きく増加しな
かったため，一人当たりの食料が減少し，農村での貧困問題が深刻化しました。
東西の冷戦下での農村社会における政治不安を経て，国際稲作研究所を中心と
した「高収量品種」の研究開発と新技術の普及が始まりました。灌漑の開発や，
肥料への補助金，農民への融資の提供により，収量水準が大幅に上昇し，農村

の貧困問題を緩和しました。

2　経済発展と農業の役割

　次に，Matsuyama［1992］の理論モデルを使って，農業の生産性向上が経済発展に与える影響を経済学的に説明します。このモデルでは，**ルイス・モデル**と同様に，農業と工業の2部門を想定します。財の供給面と需要面から労働力の配分を考え，貿易のない自給自足的な閉鎖経済では農業の生産性向上が経済成長に貢献するが，開放経済ではまったく逆の結論が導かれるということが示されます[1]。以下では，閉鎖経済のケースの労働力配分決定と農業生産性向上の効果を示してから，開放経済のケースについて説明します。

　まず財の供給面から労働力の配分を考えます。図3-3のように，両部門の生産関数は収穫逓減を想定します。工業部門の企業は，ある賃金水準のもとで利潤を最大化するため，賃金と限界生産力が一致するまで労働力を雇用します。一方，農業部門でも同じように，利潤最大化のために，賃金と限界生産力が一致するまで労働力を雇用します[2]。労働市場では，二部門間で労働者の雇用が競争的に行われ，労働生産性が等しくなる点で労働力の分配が決定されます（図3-3下図のA点）。この時，限界生産力は，農業財の価格を基準とした価格比で計る点に注意が必要です。

　マツヤマ・モデルでは，農業部門の生産性は一定とし，工業部門では生産活動を通じた学習効果により，毎年，生産性が上昇し続けると仮定します。図3-3の下図を見ると，農業部門の生産関数は時間を通じて変化しないため，農業労働の限界生産力曲線は変化がありません。一方，工業部門は，生産をすればするほど，試行錯誤を通じて技術の改良が進み，生産関数が上方に拡大し限界生産力が時間を通じて上がっていく状況を考えます。図のように，供給面だけを考え価格比が一定とすると，技術進歩のある工業部門で労働力需要が高まり続け，高い賃金を提示する工業部門に労働力が移動するように思えます。しかし，需要の増加とそれに応じた価格比の変化も考慮すると，そのような結果にはなりません。

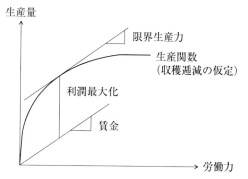

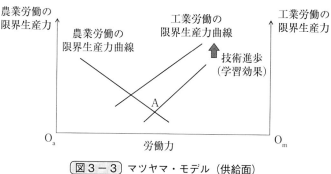

図３－３ マツヤマ・モデル（供給面）

（注）O_a は農業部門の原点，O_m は工業部門の原点を示す。
出所：Matsuyama［1992］を参考に筆者作成。

　需要面について消費者行動を考えましょう。図３－４（A）のように，消費者は予算制約と価格（ここでは農業財と工業財の価格比）に応じて，効用を最大化するように最適な農業財と工業財の消費量を決定します。最適な消費配分は，価格比と限界代替率が一致する点，図では効用曲線の接線が予算制約線の傾きと一致する点になります。その際，農業財は価格変化に対する需要の増減があまりない必需品であり，需要の弾力性が１より小さいと想定します（図３－４（B）[3]）。

　経済全体では，供給側と需要側の最適条件を満たし，かつ，需給が均衡している状態がパレート最適の状態（資源配分の上で最適）となります。図３－５の，横軸に農業財の供給量と消費量，縦軸に工業財の供給量と消費量を示す，２人・２財経済のボックスダイアグラムを用いて，経済全体での最適な資源配

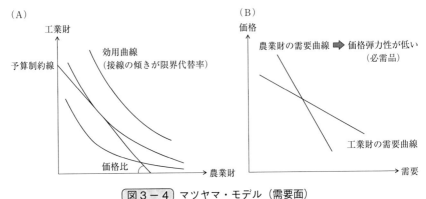

図3－4 マツヤマ・モデル（需要面）

出所：筆者作成。

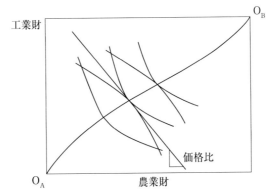

図3－5 マツヤマ・モデル（需給均衡と価格比の調整）

(注) この図は，2人（AさんとBさん）・2財（農業財と工
業財）の場合の経済全体の均衡を示すボックスダイア
グラムであり，原点 O_A はAさんのeffect用関数の原点，
原点 O_B はBさんの効用関数の原点を示す。
出所：筆者作成。

分を考えます。AさんとBさんの効用曲線の接線が限界代替率と一致する点
では，2人の農業財・工業財の消費量の合計と，2財の供給量（横軸・縦軸の長
さ）が等しくなり，需給が均衡しています。したがって，この点で供給側の雇
用も均衡するように労働力分配が決定されることになり，供給面だけを考慮し
た図3－3下図のように工業部門に労働力が移動し続けるということにはなり

ません。均衡状態から労働力の増加や生産性の向上により供給量が増えた場合には，ボックスが拡大し，消費者の最適化行動による価格の変化と，価格変化に応じた雇用量の調整が起きます。その結果，閉鎖経済の均衡では，労働力の比率は時間を通じて変化せず一定となり，工業部門の労働比率は農業の生産性に比例することが知られています。

　閉鎖経済の均衡状態から，農業生産性が上昇した場合どうなるでしょうか。労働力が変わらないまま生産性が上がると，農業財の生産量が増えます。しかし，農業財は必需品なので，それほど需要が増えないため超過供給となり，工業財への需要が相対的に高まり生産量の調整が起きます。これにより，労働者は高い賃金を提示する工業部門に移動することになります。農業部門では生産性が上がっていますから，少ない労働力でもこれまで通りに食料消費ができます。工業部門は技術進歩しているので，工業部門への労働配分が増えるということは，経済全体の生産性が高まるということになります。このように，農業成長は工業部門への労働配分を増やすことで，経済全体の成長率に貢献することが示されます。

　以上の議論は，イギリスが近代化による経済発展を遂げた時代を念頭においているため，貿易のない自給自足的な閉鎖経済を想定しています。しかし，現代の発展途上国が直面するような，国際市場で価格比が決定される開放経済を想定した場合には，農業成長の効果についてまったく逆の結果が導かれます。開放経済を想定すると，自国の財を輸出することが可能となり，農業財と工業財の価格比は自国内の需給均衡から決まるのではなく，国際市場での価格比に従うこととなります（このような仮定を小国の仮定と呼びます）。そのため，農業部門で生産性が上昇した場合には，国内の狭い市場での需要制約がなくなり農業財を輸出することができるようになります。その結果，工業部門への労働配分が増えるのではなく，むしろ生産性が上昇して高い賃金を提示する農業部門に労働力が移動することとなり，農業部門に労働力を吸収された工業部門は停滞することとなります[4]。

　この理論分析があてはまるとすれば，サハラ以南のアフリカ諸国やアジア，ラテン・アメリカの低所得国は，自由貿易が行われるグローバル化の中で農業

成長を実現しても工業化は進展せず，自立的に産業を育成し発展することは困難となります。そのため，政府は市場開放度や幼稚産業保護政策について，慎重に検討する必要があるでしょう。

3　農業発展パラダイムの現代的意義

　一方，近年では，サハラ以南のアフリカなど，多くの資源富裕国がエネルギー・鉱物などの資源を輸出することにより目覚ましい経済成長を達成しています（**資源輸出型成長戦略**）。アフリカでは多くの国が資源輸出国となっており，新興国の成長にともなう資源への需要増大を背景に，2000年代前半から資源価格が高騰し，資源の生産ならびにその輸出増が，サハラ以南のアフリカの成長を支えています。アフリカ諸国では，このような経済成長を実現する以前の時期において，農業開発投資には消極的で，**農業成長**は停滞していました。**資源輸出型成長戦略**により急成長した国々において，低所得国は農業部門の成長なくして中長期的な経済発展を達成できないという，古典的な**農業発展パラダイム**には当てはまらないのでしょうか。

　図3－6は，アフリカにおける主要国の，2005年から2020年にかけての国内総生産（GDP）成長率を示しています。アンゴラは，石油やダイヤモンド等の鉱物資源に恵まれる，アフリカ最大の産油国で，**資源輸出型成長戦略**により高いGDP成長率を達成しました。ナイジェリアも，アンゴラに並ぶ産油国であり，天然ガスや鉱物資源が豊富で近年の成長が著しい国です。また，チャドでも石油資源の開発が進み，2003年には隣国カメルーンの港に至る石油パイプラインが通り，その輸出により高い成長率を実現しています。これらの資源依存国では，資源価格の影響を強く受けやすく，価格下落の影響により成長率が低下傾向にあります。これに対して，資源依存度がそれほど高くないエチオピアやルワンダでは，主産業は農業であり，堅調な成長率を維持していることがわかります。

　アフリカの多くの国では，農業開発のための投資が十分に行われず農業は停滞しました。図3－7は，2000年から2020年にかけての，一人当たり国民

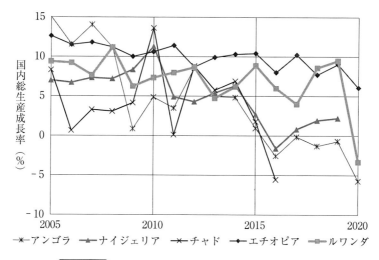

図3-6　アフリカ主要国の国内総生産（GDP）成長率

出所：IMF, World Economic Outlook Database, October 2022 をもとに筆者作成。

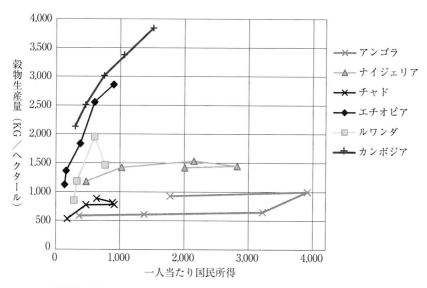

図3-7　一人当たり国民所得とヘクタール当たり穀物生産量の関係

出所：World Bank, *World Development Indicators* をもとに筆者作成。

所得（横軸）とヘクタール当たりの穀物生産量（縦軸）の推移を示しています。これは表3－1の，一人当たり国民所得および穀物生産量の2000年の値を始点とし，2020年までの5年ごとの推移を散布図にしたものです。図の右側に行くほど一人当たり所得水準が高く，上方に行くほど穀物生産量が高い値となります。図3－6で示したサハラ以南のアフリカ5ヵ国に加えて，比較対象としてアジアで同程度の所得水準にあるカンボジアの変化も示しています。天然資源豊富国であるアンゴラ，ナイジェリアやチャドでは所得水準が高まり，右方向へ線が伸びています。しかし，同期間に上方に向かって農業の生産性が増加したカンボジアと比較すると，ナイジェリアやチャドの推移線は水平に近く，農業成長がそれほど起きていないにも関わらず所得が上昇したことがわかります。この事実は，一見，低所得国は農業部門の成長なくして中長期的な経済発展（所得水準の上昇を含めた多角的な厚生水準の向上）を達成できないという，古典的な**農業発展パラダイム**を否定しているように見えます。

　しかし，図3－7をよく見ると，アンゴラ，チャド，ナイジェリアについては，2020年の一人当たり所得が2015年のそれに比べて低下しています。さらに，**農業発展パラダイム**の枠組みにおける経済発展は，一人当たり所得のみで計れるものではなく，農村部の貧困削減や，保健・医療，教育水準の向上を含めた多角的な厚生水準を指します。サハラ以南のアフリカでは，食料問題が解決しておらず，栄養が十分でない人が存在しています（コラム参照）。**資源輸出型成長戦略**により成長した国々において，多角的な厚生水準はどの程度向上しているのでしょうか。例として，表3－1は，上述の5ヵ国の**平均余命**と**乳幼児死亡率**について，2000年と2020年の値と，年平均成長率を示しています。資源輸出型の成長を実現したアンゴラ，ナイジェリアとチャドにおいて，2020年における**平均余命**の値はそれぞれ約62歳，55歳，55歳であり，資源依存度の低いエチオピアやルワンダ，カンボジア（67歳以上）と比べて低い水準であることがわかります。**乳幼児死亡率**は，値が小さい方が良い指標ですが，アンゴラ，ナイジェリア，チャドでは，エチオピア，ルワンダ，カンボジアよりも高い値となっています。**平均余命**と**乳幼児死亡率**の20年間の成長率を見ても，資源豊富な3ヵ国ではGDP成長に見合うだけの改善はなされていないことが

表3－1　一人当たり国民所得と農業成長，多角的な厚生水準の向上

	一人当たり国民所得 （US ドル）			穀物生産量 （kg／ha）			平均余命 （年）			乳幼児死亡率 （人／千人）		
	2000	2020	成長率	2000	2020	成長率	2000	2020	成長率	2000	2020	成長率
アンゴラ	360	1,780	8.3	564	907	2.7	46.5	61.5	1.4	121.5	48.3	-4.5
ナイジェリア	470	2,000	7.5	1,172	1,420	1.1	46.3	55.0	0.9	109.8	72.2	-2.1
チャド	180	630	6.5	531	867	2.8	47.7	54.5	0.7	99.7	67.4	-1.9
エチオピア	130	890	10.1	1,116	2,861	5.4	51.9	67.0	1.3	87.2	35.4	-4.4
ルワンダ	280	770	5.2	848	1,459	3.1	48.6	69.3	1.8	109.5	30.3	-6.2
カンボジア	300	1,510	8.4	2,134	3,851	3.3	58.4	70.1	0.9	79.2	22.0	-6.2

出所：World Bank, *World Development Indicators* をもとに筆者作成。

わかります。**資源輸出型成長戦略**により成長した国々では，教育や保健・医療の水準が所得水準に比べて低いことを考慮すると，経済の発展に農業発展が必要であるという農業発展パラダイムは，現代の低所得国にも，依然として当てはまるといえるでしょう[5]。

　エチオピアでの**農業成長**と**平均余命，乳幼児死亡率**の改善が良い例ですが，発展途上国における農業成長は，貧困を削減し，格差の拡大を緩和することができます。発展段階・地域によって，農業発展の貧困削減への貢献は異なりますが，サハラ以南のアフリカ諸国のように，発展の初期段階にあり，農村の貧困人口が大きい場合には，自給用食用穀物生産の拡大によって食料不足の解消と農村の絶対的貧困の削減に農業成長が必要となります。

　この節では，主に，低所得国のケースを念頭に置きましたが，過去10数年の間に，多くの低所得国が発展を遂げ中所得国に移行しています。しかし，中所得国になっても農村の余剰労働や貧困が一掃されるわけではありません。アジアの発展途上国・新興国のような中所得国では，絶対的貧困は減少しつつありますが，都市部よりも農村における貧困人口の比重が大きい状態です（世界銀行［2007]）。そのような国々でも農業の役割は重要であり，野菜や果実，畜産物などの換金作物の生産拡大によって，非農業部門との格差を縮小していくことが求められます。

4 まとめ

1) 一般に，一国における**農業成長**（農業生産性の向上）が経済全体の発展に果たす役割としては，生産性の向上により，増大する食料需要を満たすのに十分な食料を国民に供給し，近代部門で必要とされる労働力を供給すること，工業化に必要な資本の供給などがある。経済発展や近代化には農業の生産性が向上する必要があるという考え方を「**農業発展パラダイム**」と呼ぶ。

2) 日本やイギリスなどの今日の先進国の場合，近代的産業の発展と同時期に農業の生産性上昇率も高く，農業成長が産業化を促進したと考えられている。また，インドネシア，フィリピンなど，農村の貧困問題を抱えていた発展途上国においても，コメ，小麦，トウモロコシなどの「**緑の革命**」による生産性向上無くしては，人口稠密な農村における貧困問題，食料安全保障の問題を深刻化させることなく，産業化を進展させることは困難であった。中国やベトナムにおける目覚ましい経済発展は，集団農業システムから個別農家による**生産請負制度**への制度変革による農業成長が先行しなければ，実現しなかったかもしれない。

3) Matsuyama［1992］の農業・工業の二部門モデルは，閉鎖経済では，農業の生産性向上が工業部門への労働配分を増加させ，農業の発展なくして工業部門の発展は実現しないことを理論的に示している。一方，開放経済では逆の結果となり，自由貿易が行われるグローバル化の中で，低所得国が産業を育成し発展することは困難であることが示される。

4) **資源輸出型成長戦略**により急成長した国々では，一見すると農業の成長なくして所得の成長が実現し，古典的な**農業発展パラダイム**を否定しているように見える。しかし，これらの国では，教育や保健・医療の水準が所得水準に比べて低いことを考慮すると，農業発展に関するパラダイムは，現代の低所得国にも，依然として当てはまるといえる。また，過去10数年に増加した中所得国においても農業の役割は重要であり，換金作物の生産拡大によって非農業部門との格差を縮小していくことが求められる。

【注】

1）　第 2 章で紹介した Lewis［1954, 1979］，および，その精緻化を行った Ranis and Fei［1961］も，農業と工業の 2 部門間の関係に着目しています。ルイス・モデルでは経済発展にともない農村の過剰労働が近代部門に吸収され転換点を迎えるという，日本などの事例を念頭に置いており，実証分析も行われました（Ohkawa［1965］，南［2002］，石川［1990］に詳しい）。イギリスの発展を念頭に置いたマツヤマ・モデルとは，労働の無制限供給を仮定していた点などが異なります。

2）　この点はルイスの無制限労働供給の仮定とは異なり，ルイス・モデルでの転換点後のように，農業部門でも賃金と限界生産力が一致するような状況を想定したモデルとなります。

3）　厳密には，図 3 - 4（B）はマツヤマ・モデルでの需要関数と一致しませんが，必需品の価格への反応に関する理解を助けるため，単純な需要曲線を示しています。マツヤマ・モデルの効用関数とそこから導かれる需要曲線については，Matsuyama［1992］を参照してください。

4）　この結論は，初期時点で農業に比較優位を持つ国の場合での結論で，初期時点に工業に比較優位がある場合は異なる結論となります。

5）　資源輸出型経済成長戦略の問題点については，第 4 章で詳しく説明します。

引用文献

Lewis, W. A.［1954］"Economic Development with Unlimited Supplies of Labor" *the Manchester School*, 22（2），139-191.

Lewis, W. A.［1979］"The Dual Economy Revisited" *the Manchester School*, 47（3），211-229.

Matsuyama, K.［1992］"Agricultural productivity, comparative advantage, and economic growth" *Journal of Economic Theory*, Elsevier, 58（2），317-334.

Ranis, G., and Fei, J. C. H.［1961］"A Theory of Economic Development" *American Economic Review*, 51, 533-565.

Ohkawa, K.［1965］"Agriculture and turning points in economic growth" *The Developing Economies*, 3, 471-486.

World Bank［2007］*World Development Report 2008: Agriculture for Development*, Washington, DC. World Bank.（世界銀行［2007］『世界開発報告 2008』田村勝省訳，世界銀行）

石川滋［1990］『開発経済学の基本問題』岩波書店.

南亮進［2002］『日本の経済発展』東洋経済新報社.

📖 学生に読むことをお勧めしたい参考文献

樹神昌弘・川畑康治編［2014］『開発途上国と産業構造変化』調査研究報告書，アジア
　経済研究所（入手先 https://www.ide.go.jp/Japanese/Publish/Download/Report/
　2013/2013_C28.html）.
世界銀行［2007］『世界開発報告 2008』田村勝省訳，世界銀行.
平野克己［2013］『経済大陸アフリカ』中央公論新社.
南亮進［2002］『日本の経済発展』東洋経済新報社.

コラム　アフリカの食料問題

　FAO によれば，2017 年現在，世界全体で見れば食料は足りていますが，約10％
の人口は必要な栄養が不足していると推定されています。図は，2015 年の世界の
栄養不良人口の割合です。栄養不足の比率が高い国は，アフリカに多いことがわか
ります。発展途上国では，人口増加が速く，食料生産の増加が追い付かない国もあ
ります。また，異常気象や，国際的な食料価格の変動の影響を受けるため，安定的
な食料供給を目指して国際機関や各国政府が努力をしています。

　本文で説明されたように，農業部門の役割は，第一に国全体の食料のカロリー
ベースでの需要を満たすことです。その上で，食生活の変化は発展のプロセスの一
部であり，変化に応じた食料増産も大切となります。筆者は，カメルーンの首都ヤ
ウンデから商業・港湾都市ドゥアラに向かう幹線道路沿いで，近くの農家が道路沿
いでイモやプランテン（バナナに似た見た目で茹でたり揚げたりして食べる）を販
売しているのを目にしました。カメルーンでは，イモやプランテン，キャッサバな
どが伝統的な主食でした。

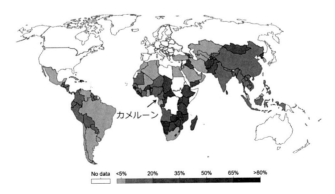

No data　<5%　20%　35%　50%　65%　>80%

図　2015 年の栄養不良人口の割合

出所：FAO STAT［2017］.

[写真] カメルーンの商店にて

出所：筆者撮影。

　近年，中西部アフリカ諸国では，経済発展にともないこのような伝統的な食のスタイルに変化が起き，都市部を中心に米の消費量が増加しています。しかし，食のスタイルの変化に生産が追い付かず，米の自給率が低く輸入に依存している状況です。カメルーンも輸入への依存度が高く，市場やスーパーの米売り場に行くと，写真のように，インドやタイからの輸入米ばかりで，カメルーンの国産米はなかなか見当たりません。消費者に国産米を食べたことがあるかと聞いても，約半数の人は国産米を食べたことがないと言います。このような状況を改善し，国産米の生産を増加させるためには，たとえば，精米機の改良を進めることや，トラックで運搬する途中にお米が砕けないよう，でこぼこ道をアスファルトで舗装整備することも重要です。小さく砕けたお米ばかりの商品は消費者にとって魅力的ではありません。食料を増産し自給率を向上させるためには，生産面に注目して農産物の生産性を改善することはもちろんですが，需要面に目を向けて消費者の好みにあった供給を行うことも重要といえるでしょう。

第 **4** 章

経済発展と通商産業政策
―保護主義と自由化―

　農業部門中心の社会から工業部門中心の社会に移り変わることを，工業化（industrialization）といいますが，それは経済発展にとって重要な役割を果たしているとされています。実際，東アジア諸国の継続的かつ目覚ましい経済発展を鑑みると，その重要性を見逃すことはできません。本章では，途上国が開発戦略として実施してきた「貿易を通じた開発」による工業政策について見ていきます。

　貿易をすることは，自国でつくらない財であっても他国から輸入することで消費が可能となる，つまりは消費の選択肢が拡大することにつながります。それはまた，すべての財を自国でつくる必然性がなくなることを意味し，自国は「苦手な」財の生産をやめ，その分の労働力を「得意な」財の生産に投下することが可能となります。そして，すべての国がそれぞれ得意な財の生産に集中すること（これを国際分業といいます）で，世界全体の生産効率の改善につながります。このように，貿易をすることで，それぞれが得意なモノやサービスを効率的に生産し，それらを輸出により交換しあうことにより，結果的により多くの種類のモノやサービスが消費できるようになることを，**「貿易の利益」**といいます。

　なお，生産することが「得意」なことを，**「比較優位（comparative advantage）をもつ」**といい，比較優位は貿易モデルにおける重要な概念です。ここでは詳しく取り上げませんが，比較優位を基礎とした代表的な貿易モデルとして，リカード・モデルとヘクシャー＝オリーン・モデルの 2 つが挙げられます（詳し

くは，国際経済学のテキストを参照してください）。これらのモデルはいずれも，「貿
易を通じた開発は経済成長にとって重要である」ということがポイントとなっ
ています。

　比較優位は，各国の生産構造や要素賦存条件（資本が豊富か労働が豊富か，知
識労働者が豊富か単純労働者が豊富かなど）の違いにより決定されると考えられて
いますが，実際の貿易パターンを見ると，それほど違いのない国々（たとえば
先進国同士など，比較優位のパターンが類似している国同士）での貿易が多くなって
います。また，農作物を輸出して工業製品を輸入するといった異なる財のやり
とり（これを産業間貿易といいます）だけでなく，似通った財を相互に輸出入す
る**産業内貿易**も大きな割合を占めています。たとえば，日本が自動車を海外に
輸出している一方で，海外からも自動車を輸入しているという具合です。

　こうした現実は，比較優位にもとづく貿易モデルでは説明できないことか
ら，産業内貿易が生じる理由を説明する新しい貿易理論（新貿易理論）をクルー
グマンが提唱しました（Krugman [1979]）。さらに，メリッツはその新貿易理
論を発展させた「新々貿易理論」と呼ばれる，（産業ではなく）「企業」レベル
に着目しその異質性を考慮した貿易理論である**メリッツ・モデル**を構築してい
ます（メリッツ・モデルを用いた貿易自由化の効果については，3節で詳しく説明しま
す）[1]。

　表4－1は，発展途上国の地域別での経済成長率の推移を示したものですが，

表4－1　発展途上国の経済成長率の推移（地域別）

	1960年代	70年代	80年代	90年代	2000年代	2010年代
東アジア・太平洋	3.7%	7.1%	7.7%	8.2%	9.1%	7.3%
ヨーロッパ・中央アジア	—	—	—	-3.1%	5.3%	3.4%
ラテンアメリカ・カリブ	5.4%	6.3%	2.2%	2.7%	2.9%	2.3%
中東・北アフリカ	9.7%	5.4%	1.4%	4.5%	4.4%	2.1%
南アジア	4.2%	3.0%	5.6%	5.4%	5.9%	6.3%
サハラ以南のアフリカ	4.0%	4.5%	1.5%	1.9%	5.2%	3.5%
途上国全体	5.0%	5.6%	3.6%	3.2%	6.1%	5.3%

（注）経済成長率は，国内総生産（GDP）の成長率を用いている。
出所：World Bank, *World Development Indicators* のデータより筆者作成。

これより，1980年代以降における東アジア地域での経済成長率は，他の地域と比べて格段に高くなっていることがわかります。この背景には中国の経済成長があり，そして中国を中心に，日本や韓国，台湾，シンガポール，東南アジア諸国の間で構築されたサプライチェーン（原材料の調達から製品を消費者に届けるまでの一連の過程に係る企業等のつながり）も大きな役割を果たしています。そのサプライチェーンの構築には，この地域における輸出志向型の工業化政策や対外開放政策の結果，輸出全般および域内における貿易・投資が拡大し自由化が進展したこと，そして，その他の国際商取引に関する規制の緩和が影響しているといえます。

　以下では，実際にアジア地域をはじめとする発展途上国の開発戦略として実施されてきた通商産業戦略について，1節では一次産品輸出と輸入代替工業化について，2節では輸出志向工業化について説明をします。そして3節では，近年急速に増加している二国間あるいは地域内での貿易自由化を目指す自由貿易協定（FTA）と，投資の自由化を目的とする国際投資協定（IIA）がどのようなものであるのかと，それらによりなされる地域経済統合が発展途上国に対してどのような影響（恩恵）をおよぼすかについてまとめます[2]。

　なお，貿易や投資の自由化，対外開放度の高さと経済成長との関係についてはさまざまな議論があり，一様に正の関係があるとはいい切れませんし，因果関係も明確ではありません。しかし，多くの研究から，貿易への規制や対外閉鎖的な政策を採り続けることは長期的な経済成長を阻害しうるということはわかっています。

1　発展初期の通商戦略
── 一次産品輸出と輸入代替工業化

　工業部門が未発達であった旧植民地国や後発国の経済は，**モノカルチャー経済**として特徴づけられます。モノカルチャー経済，あるいは単一作物栽培経済とは，一種類ないし数種類の一次産品（未加工で原料形態のままの生産物で，穀物・コーヒー豆・カカオ・銅・錫・原油など）の輸出に頼っている非独立的な経済構造

のことをいい，宗主国・先進国が植民地・後発国を原料供給基地として位置づけたことに端を発しています。

　このような輸出向け一次産品生産への依存度が著しく高く，工業製品は先進国から輸入していた国が工業化を開始するにあたり，まず考えられた戦略が**一次産品輸出による工業化**です。これは，モノカルチャー経済という初期条件（工業化を開始する時点でのその国の状況や諸条件）を活用して工業化を図るという政策です。具体的には，植民地時代から生産している一次産品を引き続き生産し，それを輸出することで得た外貨で先進諸国から機械や設備，部品などの工業製品の生産に必要な投入財や生産技術などを導入し，工業化の基礎を作るというものです。

　アメリカやカナダ，オーストラリア，ニュージーランドなどは，かつては綿花や羊毛，木材などの生産と輸出に特化したモノカルチャー経済でしたが，この政策により工業化を進め経済発展を遂げたこともあり，1950 年代に工業化戦略の一つとして注目されました。しかし，実際にはほとんど採用されませんでした。その理由としては，一次産品への需要が所得の上昇ほどに増加しない（いずれ頭打ちになる）ことや，先進国での急速な技術進歩により他の代替品（たとえば化学繊維や人造ゴム）が開発され，工業用の原材料としての需要の伸びが停滞していたこと，国際価格の変動により輸出収入の変動が大きいこと，一次産品の交易条件は長期的には悪化する傾向にあり，一次産品輸出に特化することで輸出からの収入が相対的に低下すること（プレビッシュ＝シンガー命題）などが懸念されたためです。

　なお，1950 年代当時はほとんど採用されることのなかった一次産品輸出でしたが，21 世紀に入り，エネルギー資源や鉱物資源，食料への需要の増加とそれにともなう価格の上昇もあり，第 3 章でもみた通り，ラテン・アメリカやサハラ以南のアフリカ地域の資源豊富国の多くが，中国をはじめとする新興国への資源（一次産品）輸出を拡大し，急速な経済成長を遂げています[3]。しかし，一次産品の需要と価格は変動が大きいことや，農業の低開発や商品作物に特化した農業により主食である穀物輸入が増加し，食料安全保障の問題が大きくなってきていること，資源産業の成長がかえって開発を後退させ，貧困の深刻化

や工業化・経済発展の遅れにつながる，いわゆる「資源の呪い」などが問題視されていて，両地域での資源輸出による経済成長は楽観視できないようです。さらに，農作物や資源の（過度な）生産・採取により，環境破壊や資源枯渇が引き起こされると，それ以上の一次産品輸出による経済発展が困難となることから，その持続可能性も問われていますし，特にサハラ以南のアフリカ地域では資源輸出により得られた恩恵が国民一般に還元されていないという問題（教育や保健・医療分野の開発の遅れなど）も起こっています。

　さて，一次産品輸出による工業化を採用しなかった途上国が，それに代わる開発戦略として主に 1950 ～ 60 年代に採用した戦略が，**輸入代替工業化**です。

　多くの途上国では，それまで工業製品は旧宗主国をはじめとする先進諸国から輸入をしていたので，その輸入を国内生産により「代替」しながら工業化を進めようというのがこの戦略です。具体的に，輸入代替工業化は，高関税や輸入数量制限，為替制限などの種々の政策を用いて工業製品の輸入を制限し，輸入製品により満たされていた国内市場を自国企業のために確保し，国内市場に向けて自国企業による生産を促すというものです。輸入を制限するのは，それをしない場合には自国の工業製品市場は先進国からの輸入で満たされており，まだ競争力もない自国企業が参入する（工業製品を国産化する）ことが難しいからです。このように輸入を制限して，自国企業を優遇するための保護主義的な工業化は，「**幼稚産業保護**」とも呼ばれています。

　アジア諸国では，繊維製品や家電製品などの最終財の輸入を国内生産で代替することから始められました。工業化の最終的な目標は投入財から最終財まで，すべてを国内で生産することですが，工業化を開始する時点ではすべての投入財を国産化することは容易ではないため，最終財には輸入制限をかける一方で，投入財は制限なく輸入できるようにし，その輸入した投入財を使って組立・加工した最終財を国内市場に販売するという戦略が採られました。このような輸入代替工業化政策の採用により，アジアの工業化は加速しました。

　しかし，この戦略は同時に多様な問題ももたらすことになります。はじめに，市場制約の問題，つまり国内市場の規模の問題です。中国とインドを除く他のアジア諸国の人口規模はそれほど大きくなく，一人当たりの所得水準が低い状

態では国内市場の規模も小さいということになります。また，購買力を持つ中
所得層のウエイトも小さかったことから，輸入代替工業化戦略の保護によりつ
くりだされた国内市場を満たすまでの輸入代替はかなりの速度で進展したもの
の，市場規模の問題からそれ以上の拡大は難しくなりました。その保護された
狭い国内市場では「規模の経済」効果が発揮されず，輸出競争力が強化されな
かったことで，最終財の輸出の伸びは緩慢でした。他方で，投入財は自由に輸
入できるようにしていたために輸入は増加し，貿易収支がアンバランスとなり
貿易収支赤字の問題も拡大することになります。さらに，雇用吸収力はアジア
途上国の過剰労働力を十分に吸収するほど大きくなかったといわれています
(渡辺［2010］, pp.129-130)。これは，最終財を国内生産で代替するために先進国
から輸入していた投入財が，先進国での事情を反映し労働節約的な技術を用い
る機械や設備などであったため，アジアでの工業化も労働力を節約的に用いる
方法でなされ，アジア諸国が擁していた低賃金で豊富な労働力を十分に活用す
ることができなかったという理由によります。

　その他にも，輸入代替を国内企業の力のみで実現することが実際には困難で
あったため，外国企業および外国企業と自国企業との合弁企業がその役割を担
うことになりました。その結果，自国企業を保護する目的の政策が，かえって
先進国の民間企業を保護することになったという点も問題として指摘されてい
ます。

　このような輸入代替工業化の行き詰まりを受け，工業化政策の転換が迫られ
ることになり，それに代わる次なる戦略として「**輸出志向工業化**」政策が採用
されるようになりました。

2　輸入代替工業化から輸出志向型へ

　輸出志向工業化とは，工業製品の輸出を通じて工業化を図るというもので，
韓国と台湾，シンガポール，香港などのアジア NIES（新興工業国群）は 1960
年代に，東南アジアの MIT（マレーシア，インドネシア，タイ）は 1980 年代後半に，
それぞれ輸入代替工業化から輸出志向工業化へと転換し，その後，大きな経済

58

商品輸出に占める製造業品の割合（％）

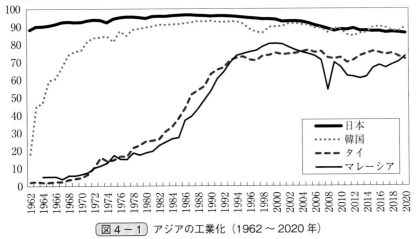

$\boxed{\text{図 4－1}}$ アジアの工業化（1962 〜 2020 年）

出所：World Bank, *World Development Indicators* のデータより筆者作成。

成長を遂げています。図4－1は，アジア諸国での工業化の様相を見るために，商品輸出額に占める製造業品の輸出額割合の推移を示したものです。NIESの一つである韓国は，1960年代にその割合を大きく伸ばし，1970年代には商品輸出額の80％以上が製造業品となっています。タイとマレーシアがこれに続いていて，1980年代の半ばから製造業品の輸出比率を急激に上昇させていることがわかります。

　輸出志向工業化のための政策としては，企業への低利融資の提供や事業所得税の軽減などによる輸出産業の投資拡大の奨励，補助金の給付や輸出関税率の引き下げによる輸出拡大の促進などが考えられます。また，工業製品の生産に必要な投入財については，まだすべてを国産で賄うことが難しいため，投入財の輸入関税率引き下げやゼロにすることでそれらの輸入を容易にするという政策も採られました。さらに，輸出をするためには輸出競争力が求められますが，途上国の国内企業ではそれが十分ではないため，海外直接投資を導入してその牽引役とさせようと，直接投資企業の誘致のための税制優遇措置，輸出加工特区や経済特区の建設などの政策も実施されています。

　なお，日本や韓国では政府主導型の「選択的産業政策」が採用され，そこで

は基幹産業を国が選択し，その産業に対する優遇措置（政策金融や補助金給付を通じての資金の優先配分）などが行われました。他方で，MIT では，政府の役割を直接投資誘致のためのマクロ経済安定化や質の高い労働者を広範に供給するための教育普及，道路・港湾・電力等のインフラ整備，輸出加工特区や経済特区の建設などに限定した「市場に友好的な産業政策」が実施されました。このように，輸出志向工業化の具体的な政策や政府の介入の程度は，各国のおかれた条件などにより異なっています。

　日本やアジア NIES など多くの国は，経済発展の初期の段階では輸入代替工業化を採用し，工業化がある程度進んだ後に輸出志向工業化へと路線を変更しましたが，中には輸入代替工業化の段階をスキップしていきなり輸出志向型の工業化を走り出した国々（バングラデシュやカンボジアなど）もあります。たとえばバングラデシュは，1971 年にパキスタンから独立した当初は，主要な産業の国有化により長期間の戦争からの経済基盤の再建が目指されました。しかし，その成果は芳しくなく，また海外援助機関や国内外の資本家からの圧力もあり，徐々に民間投資の規制を緩和していきます。1980 年には外国民間投資（奨励・保護）法を策定して外資に対する積極的な姿勢を示し，港湾都市チッタゴンに最初の輸出加工区を建設することを決めるなど，1980 年代前半には輸出志向型の工業化政策を鮮明に打ち出し，それが 1990 年代以降の特に縫製業を中心とする製造業の高成長へとつながっています[4]。

　このように，輸出志向型の政策を採ることで貿易や投資の拡大・自由化を進め，経済成長につなげようというのが，現代の工業化政策の潮流ともいえます。しかし，経済発展の初期段階にある，所得水準が低く工業部門の割合が小さい途上国（現在のアフリカ地域の後発国など）の場合，ある程度発展した国々と同様に輸出志向工業化政策を採用し，市場開放やそのための先進国との制度調和を実施することが，かえって新しい産業の勃興を阻害することにつながりかねません。むしろ，発展初期の段階においては輸入代替工業化のような保護主義的な政策を採り，政府が将来国際競争力を持ちうる可能性のある未成熟な産業を輸入規制により一定期間保護する必要があるとする，「**幼稚産業保護論**」と呼ばれる考え方が存在しています。また，政府による産業育成策が講じられな

いと，工業化が進んでいない途上国と先進国との生産性格差が拡大するため，
途上国が先進国にキャッチ・アップするために工業部門の保護育成が必要であ
るとの見方もあります（スティグリッツ・グリーンウォルド［2017, 第8章］。彼らは
これを幼稚産業保護論ではなく，幼稚経済保護論と呼んでいます）。貿易を通じた開
発が成功するか・失敗するかは，単純に自由化か保護かということ以外にも，
種々の要因が相互に影響しあって決定づけられていることがわかってきていま
す。したがって，幼稚産業保護や輸入代替工業化の段階から，いつどのような
タイミングで輸出志向工業化，自由化に（徐々に）舵を切り，産業の競争力を
高めていくべきなのかが，これからの途上国の貿易政策を考えるうえで重要と
なってくるといえます。

3　貿易・投資の自由化と地域経済統合

1) 貿易自由化をめぐる動き

　貿易が拡大すると，拡大・成長が見込まれる産業がある一方で，輸出競争力
を持たない産業は，海外から安くて良質な製品が大量に輸入されることで縮小
を余儀なくされる可能性があり，自国の産業を（そして雇用も）保護する目的で，
高い関税率や非関税障壁を設けて，輸入を制限する場合があります。しかし，
すべての国がそうした輸入制限を実施すると，世界貿易は縮小してしまう恐れ
があり，世界経済にとってはマイナスのダメージです。こうした事態を避ける
ために，1995年に設立された世界貿易機関（WTO）のもとで，**多角的貿易交
渉**が行われており，世界各国が自由に貿易をできるようなルール作りが目指さ
れています。

　WTOは世界的な貿易自由化を促進する目的で，加盟国（164ヵ国, 2022年現在）
すべてでの経済統合の可能性を模索し，貿易自由化に関する国際協定の締結交
渉を行っていますが，交渉は遅々として進んでいないのが現状です。交渉が進
まない理由としては，急速な自由貿易の進行により，国際競争力のない産業が
縮小し，それにともない失業問題等が生じるのではないか，また，発展途上国
と先進国という経済の発展段階も経済構造も，得意な分野も異なる国家間での

自由貿易により，競争力のない途上国の工業化や経済発展が阻害されるのではないかといった懸念があるからです。なお，後者の点について，貿易を通じて途上国の経済成長を促すために，「特別かつ異なる待遇（S&D）」がWTOでは導入されており，途上国メンバーに対しては先進国とは異なる特別な考慮を払う必要性が強調されています（S&Dの代表的な制度が，一般特恵関税制度です）。他にも，WTOの意思決定は，すべての加盟国の賛同が得られなければ決定がなされないコンセンサス（全会一致）方式を原則としているために，意見がまとまりにくいことも，多角的貿易交渉が進まない要因といわれています。

　WTOでの多角的貿易交渉が難航している一方で，1990年代から貿易物品の関税や制限など，通商上の障壁を取り除き，2ヵ国以上の国あるいは地域内での自由貿易地域の結成を目的とした「**自由貿易協定（FTA）**」の締結に向けた動きが活発化しています。ジェトロ（日本貿易振興機構）によると，2022年6月末時点で，世界で380のFTAが発効中となっています（図4－2）。FTAに

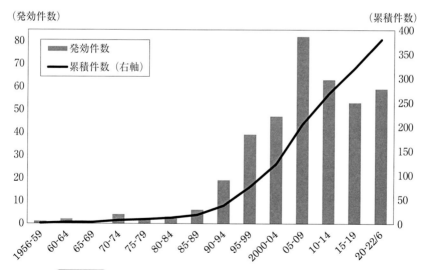

（発効件数）　　　　　　　　　　　　　　　　　　　　　　　　　　（累積件数）

図4－2 世界のFTA発効件数の推移（1956年〜2022年6月）

（注）2022年6月末時点で発効中のFTA件数。最初のボツワナとマラウイ間でのFTAが発効されたのが1956年のため，そこを始まりとしている。

出所：ジェトロ，世界のFTAデータベース（https://www.jetro.go.jp/theme/wto-fta/ftalist.html）より筆者作成。

より，関税撤廃や法制度の統一がなされることで，2つ以上の国がまるで一つの経済圏とみなせるような状況を作り出すことを，**地域経済統合**といいます。

EU（欧州連合）がFTAの最たる事例ですが，日本とシンガポールやタイといった2国間でのFTAのみならず，ASEAN自由貿易協定（AFTA）や北米自由貿易協定（NAFTA），環太平洋戦略的経済連携協定（環太平洋パートナーシップ（TPP）協定）といった地域（国同士の集まり）内のFTAや**経済連携協定（EPA）**も増加傾向にあります。EPAとは，貿易・投資の自由化のみならず制度調和・国際協力まで含めた包括的な自由化協定のことを意味します。アフリカでも，域内貿易を推進するために，2021年1月にアフリカ大陸自由貿易圏（AfCFTA）協定の運用が開始されました。TPPやAfCFTA，2019年2月に発効した日本とEUのEPA，2022年1月に発効した東アジア地域包括的経済連携（RCEP）などの，多国間の巨大な自由貿易協定は「メガFTA」と呼ばれ，メガFTA締結が今日の潮流となっています。

FTAと多角的貿易交渉との大きな違いは，多角的貿易交渉では分野に関わらず貿易自由化を推進しようとしますが，FTAでは，基本的には自由な貿易により縮小が懸念される分野を互いに除外しあい，残りの分野のみで自由貿易を図るという点になります。

2）投資自由化をめぐる動き

輸出志向工業化の政策として，MITや中国などは，輸出促進のための輸出加工区や経済特区の建設などを通じて，外資系企業（直接投資）の誘致を積極的に行い，輸出競争力のない国内企業に代わり，外国企業に輸出の中心的な役割を担ってもらうことで国内生産力の強化を図り，経済成長へとつなげました。

外国資金を積極的に誘致するためには，投資環境の整備が必要です。しかし，途上国では，質の高い労働力を広く供給するための初等・中等教育の普及が遅れているだけでなく，インフラ整備などもまだ十分とはいえないのが現実です。また，外資規制が強く，法律や規定があいまい，または法律があっても遵守されていないなどの理由から，法制度や外資政策の運用が不透明など，制度的な投資環境が整っていない途上国もあります。外資規制には，外国資本

100％の会社設立は認めず，外資の出資比率を 50％未満とし現地企業と合弁とすることや，直接投資企業の持つ技術や情報の当局への開示を強制するなどがあります。これらの途上国においてより多くの直接投資を誘致するためには，投資の自由化（外資自由化の程度）を高めることや，商業的な紛争の解決のための法的制度の整備，外資企業が現地法人を設立する際の行政手続きの簡素化や合理化といったことが必要になってきます。

　工業化を進めようとする途上国が積極的に直接投資を誘致したこともあり，1990 年代から途上国向けの直接投資が大きく増加しました。しかし，海外企業が途上国に投資を実施する際に，先述のような途上国の投資環境の制度的な不透明感や外国企業に対する差別的な投資関連政策により，投資財産が損害を受けることへの懸念がでてきました。そこで，途上国も参加する国際投資ルールである「**国際投資協定（IIA）**」の構築が進んでいます。IIA は，外国で投資を行う自国企業を政府レベルで保護するために，投資送出国の政府が主要な投資受入国と結ぶ協定で，投資先国政府による非合法的な強制収用からの自国企業の投資財産の保護や，投資先国政府や企業との間の商業的な紛争処理や仲裁の方法が定められています。

　国連貿易開発会議（UNCTAD）によると，IIA の発効数は 2,575 件（2022 年末現在）となっており，うち 2,221 件が 2 国間投資協定（BIT）です。当初は，この BIT が先進国と途上国の間での協定として多く締結されていましたが，現在では地域協定も増えてきています。また，最近では，FTA や EPA の中に投資章（BIT と同じ内容を含む）として規定される場合もあります。

　WTO でもかつて，先進国主導で投資ルールの形成に関する議論がなされていましたが，途上国からの反発に遭い頓挫していました。その後，多くの途上国が経済発展を遂げ，投資資金の受入国から，投資資金の供与国としての存在感を高めつつあり，そのような途上国から 2017 年に入り，投資の円滑化を目的とした投資ルール作りに向けた提案が相次いで提出され，有志国間での多国間交渉が進められています（交渉には 110 以上の国・地域が参加）。具体的には，投資措置の透明性向上や行政手続きの合理化・迅速化などが盛り込まれています。なお，中国やブラジルなどの主要な途上国をはじめ，多くの加盟国が海外

投資プロセスの円滑化を目的とした投資ルール作成に関心を示す一方で，インドは投資が「WTOの目的の範囲に含まれない」として強硬に反対しており，またインドの姿勢を支持する国もあることから，多国間での投資円滑化という新しいルールの構築に対する先行きは不透明です（詳しくは，山崎 [2017] を参照）。

3）地域経済統合の効果
① 貿易・投資の自由化とフラグメンテーション

　ここでははじめに，メリッツ・モデル（Melitz [2003]）にもとづき，地域経済統合などで貿易の自由化が進展することにより生じる効果を説明します。メリッツ・モデルでは，企業の①参入，②生産，③輸出にはそれぞれ固定費用がかかるとされています。また，企業には生産性が高い企業と低い企業があり，生産性が高いほど利潤は大きいとし，かつ企業は参入してはじめて自企業の生産性が高いのか低いのかがわかると仮定しています。

　参入した後に，もし生産性が低いことがわかると，生産のための固定費用を賄えず（つまり利潤が負となり），この企業は退出することになります。他方で，生産性の十分に高い企業は，輸出の固定費用を賄ってもなお利潤がプラスとなるので輸出企業となり，海外市場にも製品を供給することになります。そして，生産性がその中間である企業，生産のための固定費用は賄えるが，輸出のための固定費用は賄えない企業は，国内市場にのみ製品を供給する非輸出企業となります（図4-3 (A)）。

　メリッツ・モデルはその後拡張され，海外直接投資も考慮されるようになりました（Helpman et al. [2004]）。そこでは，海外市場へ製品を供給する方法として，輸出をするか，あるいは直接投資により現地製造子会社を設立して，その子会社で生産した製品を海外市場に供給するかという選択ができるようになると，もっとも生産性の高いグループが直接投資を行う多国籍企業となり，それに次ぐグループが輸出企業となるということが示されています。貿易自由化の場合と同様に，より生産性の高い企業が市場シェアを拡大し，投資の自由化もまた経済全体として生産性を上昇させることになります（図4-3 (B)）。

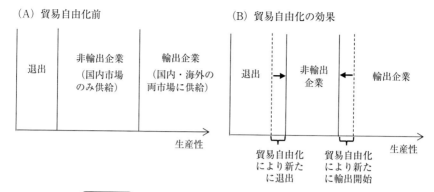

(A) 貿易自由化前

| 退出 | 非輸出企業
（国内市場
のみ供給） | 輸出企業
（国内・海外の
両市場に供給） |

生産性

(B) 貿易自由化の効果

| 退出 | 非輸出
企業 | 輸出企業 |

生産性

貿易自由化
により新た
に退出

貿易自由化
により新た
に輸出開始

図4-3　メリッツ・モデルにおける企業の生産性と輸出

出所：筆者作成。

　このヘルプマンらのモデルは，**水平的直接投資**（海外市場への供給を主な目的とし，貿易障壁の回避や輸送費を節約するための直接投資）を想定したものですが，直接投資には**垂直的直接投資**と呼ばれる，生産費用を削減する目的で行われる直接投資もあります。たとえば，労働者の賃金が安いことや，現地で原材料や部品などを安く調達できるなど，自国で生産するよりも海外で生産した方が費用が低い場合に行われるものです。

　生産費用の削減を目的とした垂直的直接投資が行われる場合，必ずしもすべての生産工程が海外の子会社に移転されるとは限らず，労働集約的な生産工程だけを労働者が豊富で賃金の安い海外の子会社に移転し，高い技術を必要とする部品については本社工場で生産するということがよくあります。また，生産を細かい工程に分け，それぞれの工程に適した別々の国の子会社に移転するという場合もあります。このように，もともと1ヵ所（1国）で行われていた生産活動を複数に分け，複数の工場（国）で生産することを**フラグメンテーション**（fragmentation）といいます。世界各国の異なる企業から部品を調達し，それらの部品を使って製品を作り上げる場合もフラグメンテーションに含まれます（石川他［2013，第3章］にiPadの生産プロセスが示されていますので参考にしてください）。

　フラグメンテーションが総生産費用を削減しうるかどうかは，部品などを異

なる国の間でやりとりするための輸送費・通信費などの**サービス・リンク・コ
スト**の大きさによります。貿易・投資が拡大し自由化が進展することは，サー
ビス・リンク・コストの低下をもたらし，フラグメンテーションを促進する効
果があります。特に東アジア地域では，地域全体でサプライチェーンが構築さ
れ，機械産業を中心にフラグメンテーションが大きく進展していますが，それ
は，FTA や日中韓投資協定などの締結により貿易・投資の自由化を進めたこ
とで，サービス・リンク・コストが他地域と比べて大きく低下したことが要因
と考えられています。

　したがって，地域経済統合により，関税の削減や投資ルールの共通化が図ら
れることは，サービス・リンク・コストの低下とフラグメンテーションを促
し，経済発展へとつながる重要な通商産業政策といえるでしょう。

②　FTA がもたらす静態的・動態的効果

　次に，特に FTA による地域経済統合がもたらす効果について説明します（経
済産業省［2001］にもまとめられています）。

　FTA を締結してすぐにでてくる効果としては，貿易創出効果（trade creation
effect）と貿易転換効果（trade diversion effect）が挙げられます。これらの効果
は既存の産業の状態が変化しないという状況において観察されるため，「静態
的効果」と呼ばれます。貿易創出効果とは，FTA により貿易障壁が撤廃され
たことで，輸出も輸入もしやすくなり，地域経済統合が行われた地域の中での
新たな貿易や貿易量の拡大が期待されることです。他方で，それにより生産効
率の高い域外との貿易が縮小し，その分が域外国より生産効率の低い域内との
貿易に転換されることを，貿易転換効果といいます。以下で，表 4 - 2 の数値
例にもとづき，もう少し詳しく説明しましょう。

　いま，A 国と B 国，C 国の 3 ヵ国のみが存在する世界を考え，すべて品質
が同じある商品の国内生産費（国内価格）を，それぞれ 200，180，160 としま
す（たとえば自動車であれば 1 台当たり 200 万円，コメであれば 1kg 当たり 200 円など
と考えるとよいでしょう）。同品質の商品を生産していますので，より低コスト
で生産できる国の方が生産効率がよいということになります（ここでは，C 国が

表4－2 貿易創出効果・貿易転換効果の数値例

	A 国	B 国	C 国
国内価格	200	180	160
①　A 国による 40% の関税賦課後の価格	200	252	224
①⁺ A 国と B 国間での FTA 締結後の価格	200	180	224
②　A 国による 20% の関税賦課後の価格	200	216	192
②⁺ A 国と B 国間での FTA 締結後の価格	200	180	192

出所：筆者作成。

最も生産効率がよく，A 国が最も劣る）。なお，ここでは貿易にかかる輸送費や貿易保険料などは考えないこととします。

　当初，A 国は自国の産業保護の観点から輸入関税を高めに設定していて，B 国・C 国からの輸入品に 40% の輸入関税をかけているとします。A 国内でのある商品の販売価格は，表4－2の2行目（ケース①）の通り，A 国商品が 200，B 国商品が 252（＝180×(1＋0.4)），C 国商品が 224 となります。そうすると，A 国内の消費者は，合理的な行動として最も販売価格の安い自国の商品を購入することになります。

　では，ここで A 国が B 国との間で FTA を締結したらどうなるでしょうか？　FTA の締結により，B 国から A 国への輸入品に対する関税はゼロとなり，A 国内における B 国商品の販売価格は 180 に引き下げられます（ケース①⁺）。すると，A 国商品よりも B 国商品の方が安いので，A 国の合理的な消費者は，今度は最も価格の安い B 国からの輸入品を購入するようになるでしょう。つまり，これまで購入していた A 国の国内産商品の購入をやめ，代わりに B 国商品を購入（輸入）するようになります。これが貿易創出効果です。生産効率では B 国は A 国より優っていますので，生産効率の劣る A 国からより優れた B 国の商品へ需要が移ることは，資源配分の効率性という観点からは望ましいといえます。世界的にみると価格が最も安いのは依然として C 国ですが，ここでは FTA により域外の C 国商品が差別されていることになります。

　次に，A 国が輸入関税政策を変更し（WTO の基準に歩み寄り），関税率を 40

％から20％に引き下げた場合を考えてみます。A国がB国・C国からの輸入品に20％の関税をかけると，A国内での販売価格はA国商品200，B国商品216，C国商品192となり（ケース②），20％の関税が上乗せされてもなおC国商品の価格が最も安くなります。この場合には，C国商品の輸入がA国において実現するでしょう。この状況で，A国とB国でのFTAが締結されると，B国商品は180に下がり，今度はB国商品が最も安くなります（ケース②⁺）。そうすると，C国商品への需要（輸入）がなくなり，B国からの輸入に転換されることになる，これが貿易転換効果です。B国はC国よりも生産効率の面で劣っているにも関わらず，A国とB国間でのFTA締結により，FTA域外国の生産性の高い商品が，FTA域内国の生産性の低い商品にとって代わられることになります。これは，非効率的な国からの輸入のみを人為的に増やすことになるため，資源配分の効率性が悪化し，域内国の経済厚生にマイナスの影響を与えることになります。

　地域経済統合にはこれらの静態的効果だけでなく，時間が経つにつれてでてくる「動態的効果」もあり，それが，生産性向上効果（productivity enhancement effect）と資本蓄積効果（capital accumulation effect）です。

　FTAが生産性向上をもたらす要因として，①市場規模が拡大し，規模の経済が実現すること，②貿易障壁が取り払われることで，域内国の生産者同士の競争が活発となること（競争促進効果），③海外企業の優れた経営ノウハウや技術が自国に拡散すること（技術スピルオーバー効果），④FTA締結時・締結後の交渉や協議等を通じて，FTA域内国間でより効率的な政策・規制等のあり方に関するノウハウが共有・移転されること（制度革新効果），が指摘されています。これらが経済統合による生産性向上効果をもたらし，域内国の経済成長につながると期待されます。また，FTAが結ばれることでFTA域内国からの直接投資等の資金流入が増加し，それが蓄積されることで，当該国の生産拡大に寄与し，資本蓄積による研究開発（R&D）投資の増加等でさらなる生産性向上が期待でき，これが資本蓄積効果といえます。

　発展途上国にとって，先進国とFTAを結ぶことは，先進国の資金や技術の導入により，生産性の向上につながり，経済統合による動態的効果を十分に得

ることができると期待されます。先進国でも途上国でも，それぞれが得意な財の生産・輸出に特化することは，双方にとってメリットがあるはずです。しかし，途上国が先進国を含めた FTA に参加することには，以下のような難しさもあります。

はじめに，貿易が行われることで，（社会全体としては利益の方が大きいものの）利益を得るものと損失を被るものがでてきます。たとえば，貿易自由化により，単純労働集約的な産業（農業や繊維産業など）に比較優位がある途上国は利益を得ますが，先進国の当該産業は安価な製品の輸入により損失を被ることになります。そのため，自由貿易により打撃を受けそうな（特に先進国側の）産業の品目について，「例外品目」として FTA の対象から除外されることがあります。つまり，途上国が比較優位を有する農産物などの市場開放がなされない（あるいは，限定的になりうる）ということです。

次に，貿易自由化を円滑に進めるためには，関税手続きの透明性の確保や，検疫・防疫制度などの各種制度やルールの統一や調和が不可欠です。しかし，最貧国や中国などの社会主義国など，制度の整備状況や経済体制が異なる国家間で，これらの市場取引に関する制度の調和を図るためには，多大な調整コストがかかります（実際，スティグリッツ・チャールストン［2007, 第 13 章］は，このような調整コストは膨大なものであると推計しています）。それらの調整費用が，自由貿易の利益を享受することを阻む要因となりかねません。

また，FTA では原産地規則（rules of origin）というものが存在し，原産地を証明するルールが必要とされます。たとえば，日本はシンガポールと FTA を結んでいますが，そのシンガポールはアメリカと FTA を締結しています。すると，日本からアメリカに輸出するときに，まずはシンガポールに輸出し，そこからアメリカに輸出すると関税がかからないことになる，つまり日本という，アメリカ－シンガポール FTA の域外国で生産された商品が，実質関税ゼロでアメリカに輸出できてしまうことになります。こうした FTA 域外から域内に無税で商品が流入してくることを防ぐため，FTA 域内の生産かどうかを判断する原産地規則が定められています。原産地規則は必要だとはいえますが，FTA を多くの国と結ぶにしたがい，原産地証明のルールが各 FTA で異

なれば，原産地証明の手続きが煩雑になるとも指摘されています[5]。この原産地規則の煩雑さが，FTA の調整費用の負担感を大きくしており，その簡素化が今後必要となるでしょう。

　さらには，FTA の締結による途上国の貧困層への負の影響も懸念されています。NAFTA におけるメキシコの例では，貿易自由化によりアメリカから安価なトウモロコシが輸入されたことで，メキシコでトウモロコシを栽培していた零細農家が大きな損害を受けました（スティグリッツ・チャールトン［2007］）。福井［2007］は，零細農や土地なし層の比率が高いカンボジアやミャンマーの貧困層が，日本や韓国が ASEAN と FTA を結び仮にコメ市場を開放した場合，コメの価格の上昇，食料価格の上昇により大きな損害を被る可能性を指摘しています。ペルーとアメリカの FTA の影響を検証した Bellido［2008］や，韓国と ASEAN の FTA のラオスへの影響をシミュレーションした Oh and Kyophilavong［2013］などで，FTA の途上国農村・農業へのネガティブな影響に懸念が示されていることからも，FTA による貧困層への影響を考慮することや貧困層に対する補填が求められるといえます。

4　まとめ

1) 途上国の開発戦略として「貿易を通じた開発」を進めるための工業政策としては，発展初期の段階では一次産品輸出による工業化と輸入代替工業化，ある程度発展が進んだ後は，輸出志向工業化が戦略として考えられる。実際，アジア地域での特に 1980 年代以降の経済成長率の高さは，輸出志向工業化や対外開放政策により，貿易や投資が拡大したことによるところが大きいとされている。アジア地域での成功にならい，同じアジアの後発国や他地域の発展途上諸国においても，「貿易を通じた開発」が目指されている。

2) なお，依然として経済発展の初期の段階，所得水準が低く工業部門の割合が小さい途上国では，政府の輸入規制等による保護主義的な政策を採用し，自国の産業育成に努めることを是認する「幼稚産業保護論」という考えも提案されている。

3）貿易・投資の自由化による地域経済統合の潮流に，発展途上国も乗らない
　　わけにはいかなくなっている。まだ難しい点も多く存在するが，目先の利
　　益（または損失）のみにとらわれることなく，貿易・投資自由化の効果やそ
　　れによるフラグメンテーションの進展，FTA 締結による動態的効果も重視
　　した，より長期的な視野を持った開発政策が採られるべきであろう。
4）世界的に貿易・投資の自由化が加速している中で，特にアメリカやヨーロ
　　ッパの先進国において「自国優先主義」と称される保護主義的な考え方，
　　内向き志向が強まっている。世界経済が今後向かうべきところがどこなの
　　か，その中で発展途上国の開発政策はどうあるべきか，これらが今後の課
　　題・議論の一つとなるだろう。

【注】
1）　このような貿易理論の進化などについて，詳しくは石川他［2013］などを参考にし
　　てください。
2）　今日の世界の貿易動向や貿易政策，FTA などについては経済産業省が毎年発表し
　　ている『通商白書』が参考になります。
3）　ラテン・アメリカについては西島・小池［2011］，アフリカについては平野［2013］
　　を参照してください。
4）　バングラデシュの工業化については，村山・山形［2014］などが参考になります。
5）　バグワティは，FTA が乱立することで原産地規則や関税削減などのルールが入り
　　乱れて複雑化していること，FTA の問題点をスパゲティが入ったボウルに例えて「ス
　　パゲティ・ボウル現象」と呼んでいます（Bhagwati［1995］）。なお，アジアについ
　　ては「ヌードル・ボウル現象」と呼ばれることもあります。

引用文献

Bellido, W. M.［2008］*Trade Policy and Poverty in Peru: How Do Free Trade Agreements (FTA) impact rural poverty?* Consorcio de Investigación Económica y Social (Economic and Social Research Consortium).

Bhagwati, J. N.［1995］"U.S. Trade Policy: The Infatuation with Free Trade Areas" in *The Dangerous Drift to Preferential Trade Agreements* by Bahagwati, J. N. and Krueger, A. O., AEI Press.

Helpman, E., Melitz, M. J., and Yeaple, S. R.［2004］"Export Versus FDI with Heterogeneous Firms" *American Economic Review*, 94(1), 300-316.

Krugman, P.［1979］"Increasing Returns, Monopolistic Competition, and International Trade" *Journal of International Economics*, 9, 469-479.

Melitz, M. J. [2003] "The Impact of Trade on Intra-Industry Reallocations and Aggregate Industry Productivity" *Econometrica*, 71(6), 1695-1725.

Oh, J-S. and Kyophilavong, P. [2013] "Impact of ASEAN-Korea FTA on Poverty: The Case Study of Laos" *World Applied Sciences Journal*, 28(13), 114-119.

Stiglitz, J. E. and Charlton, A. [2007] *Fair Trade for All: How Trade Can Promote Development*, Oxford University Press.（浦田秀次郎監訳・解説, 高遠裕子訳 [2007]『フェアトレード―格差を生まない経済システム』日本経済新聞出版社）

Stiglitz, J. E. and Greenwald, B. C. [2015] *Creating a Learning Society*, Columbia University Press.（藪下史郎監訳・岩本千春訳 [2017]『スティグリッツのラーニング・ソサイエティ―生産性を向上させる社会』東洋経済新報社）

石川城太・椋寛・菊地徹 [2013]『国際経済学をつかむ［第2版］』有斐閣.

経済産業省編 [2001]『通商白書2001―21世紀における対外経済政策の挑戦』日本貿易振興会.

西島章次・小池洋一編著 [2011]『現代ラテンアメリカ経済論』ミネルヴァ書房.

平野克己 [2013]『経済大陸アフリカ』中公新書.

福井清一 [2007]「東アジア経済統合への道―ASEANとのFTA交渉から見えてくるもの」『農業経済研究』第79巻第2号, 86-93.

村山真弓・山形辰文編 [2014]『知られざる工業国バングラデシュ』アジア経済研究所.

山崎伊都子 [2017]「世界の貿易自由化の新潮流：投資が再び多国間交渉の舞台に」『ジェトロセンサー』日本貿易振興機構（ジェトロ）(https://www.jetro.go.jp/ext_images/biz/special/2017/pdf/36a7d896f18026a8.pdf).

渡辺利夫 [2010]『開発経済学入門［第3版］』東洋経済新報社.

📖 **学生に読むことをお勧めしたい参考文献**

石川城太・椋寛・菊地徹 [2013]『国際経済学をつかむ［第2版］』有斐閣.

木村福成・椋寛編 [2016]『国際経済学のフロンティア―グローバリゼーションの拡大と対外経済政策』東京大学出版会.

清田耕造・神事直人 [2017]『実証から学ぶ国際経済』有斐閣.

ジョセフ・E・スティグリッツ／山田美明訳 [2020]『PROGRESSIVE CAPITALISM（プログレッシブ・キャピタリズム）』東洋経済新報社.

コラム　米中対立，および，コロナ禍とデカップリング

　第 4 章で説明されたように，1990 年代後半以降，貿易・投資の自由化やサービス・リンク・コストの低下にともない，国境を越えたサプライチェーンが構築され，各国間の経済的相互依存関係が強化されてきました。

　しかし，この間における中国の経済力・軍事力の拡大と覇権主義的行動は，それまで世界の政治・経済をリードしてきた米国に代わり中国が覇権を握ろうとしているという認識を米国に抱かせ，これを阻止するための対抗措置を講じさせました。

　トランプ政権では，対中貿易赤字の要因が中国による不公正な取引慣行にあるとし，中国製品に対して高率関税を賦課しましたし，軍との関係を理由にファーウェイなど先端技術分野の企業に米国で開発された先端技術を用いた部品や機器類の調達を禁じたり，米国から先端技術が流出することを抑制するべく中国からの投資規制を強化するための法的措置を講じたりしました。このような対中措置に対して，中国も同様の対米措置で対抗しています。2021 年に発足したバイデン政権下でも，米国の基本的な対中認識は変わっておらず，特に先端技術分野における対中措置はさらに強化されようとしています。

　このような米中対立と，その後発生した Covid-19 禍（コロナ禍）は，これまで構築されてきたグローバル・サプライチェーンやデカップリング（分断）を進展させるのではないかと懸念されています。

　たとえば，高率関税の賦課により，中国を最終組立加工段階での生産拠点としていた企業が他の国へ移転するケースが報告されています。また，情報・通信分野における先端技術規制により中国企業との取引は抑制されるでしょうし，半導体などのサプライチェーンの場合には関連インフラの敷設状況や技術標準によって参入の可否が決まるので，中国中心の基準と非中国基準に分断される可能性があります。また，コロナ禍は，国境を超える人やモノの移動が止まってしまうリスクを顕在化させ，中国に集中している製造業の生産拠点を多様化・分散化し，既存のサプライチェーンの再編を加速化させる必要性を多くの海外進出企業に認識させています。

　しかし，現実には，欧米・日本などにとって中国は必要不可欠な貿易相手国ですし，対中国依存度（外国からの輸入総額に占める中国からの輸入額の割合）は，2020 年以降も，低下するどころか上昇しています。一方，中国も，ロシアのように資源や食料に余裕があるわけではなく，最先端分野の技術でも優位に立っているわけでもないため，欧米や日本などの先進国との経済的相互依存関係を維持すること無しに経済発展を推進することは困難なので，広範囲の産業分野におけるデカップリングは望んでいないでしょう。

　このように，米中対立によるデカップリングは，米国やその同盟国が優位性を持つ先端技術分野の貿易や投資に限定され，コロナ禍のデカップリングへの影響は限定的と見てよいのかもしれません。ただし，ロシアによるウクライナ侵攻という新たな事態は，このサプライチェーンのデカップリングについての楽観的な見通しを覆す可能性があることに留意しておく必要はあるでしょう。

第5章

開発援助

　発展途上国の社会経済発展を考える時，先進国や新興国からの資金・モノ・技術などの資源移動が果たした役割を軽視することはできません。本章では，そのような資源移動のうち開発援助によるものに焦点を当て，それが途上国の社会経済発展に与えた影響と今後の役割について考えます。

　開発援助とは，"非営利的な目的で発展途上国の開発や貧困削減のために行われる国際的な資金，モノ，技術等の移転"と定義することができます。開発援助の総額は，21世紀に入り増加する傾向にあり，2000年の500億ドルから2020年には1,600億ドルにまで達しています。

　発展途上国への資金やモノ，技術の移転は，営利目的でも行われますが，開発援助と見なされるか否かは，"譲許性（経済的対価を求めない程度）"が高いか低いかに依存し，経済開発協力機構（OECD）の**開発援助委員会（DAC）**では，"**グラント・エレメント（GE）**"という数量的指標が25%以上であることを開発援助の要件としています[1]。

　図5-1で示している通り，発展途上国への資源移動には，開発援助を含めさまざまな形態があり，政府を通した資源移動にも，**政府開発援助（ODA）**とGEが低く開発援助とは見なされないもの（その他政府資金：OOF）があります。**ODA**には，援助する国と援助される国との2か国の間で行われるもの（二国間援助）と，世界銀行，地域開発銀行，国連機関などの国際機関を通して行われる援助（多国間援助）とがあります。**ODA**の形態としては，返済を要求しない贈与（無償資金，技術協力）と，返済は要求するが利子・返済期間・据置き期間などの条件が市場取引の場合より優遇される貸付とがあります。OOFには，民間企業が途上国に輸出する際に保証を与える1年以内の輸出信用，直接投資

1.　政府から途上国へ	
1）政府開発援助（ODA）	贈与・無償資金協力 技術協力 貸付等 多国間援助（国際機関に対する拠出・出資）
2）その他政府資金（OOF）	1年以内の輸出信用 自国企業による直接投資への融資 国際機関への融資など
2.　民間から途上国へ	
1）営利目的の民間資金	1年を超える期間の輸出信用 直接投資 国際機関への融資など
2）非営利民間組織（NGO）による贈与	

図5−1　発展途上国への資金・モノ・技術の移転

出所：外務省『開発協力白書』2017年版，および，小浜［2013］を参考に筆者作成。

企業への政府からの融資，国際機関等への融資が含まれます。

　民間からの資金供与には，1年を超える輸出信用，直接投資，国際機関への融資などの営利資金だけではなく，非営利民間組織（NGO）による途上国への贈与も含まれます。後者は開発援助に含まれます。

　開発援助には，**ODA**と民間からの援助とがありますが，**ODA**の割合が援助額の98％を占め圧倒的に高いので，ここでは，**ODA**に焦点を当てて説明してゆきます。

　ODAは，開発援助の歴史的経緯からOECD諸国（先進国）による開発援助が多くを占め，総額は年々増加傾向にありますが，近年では新興国（中国，インド，ブラジル，中東諸国等）からも発展途上国への援助が行われるようになりました。発展途上国への開発援助が本格的に開始された1960年時点では，ほぼ100％が**DAC**諸国からの二国間援助による支出でしたが，2020年には，その割合が65％に低下する一方，国際機関を通しての援助が29％，非DAC諸国からの援助が8％を占めるようになっています（図5−2）。

　ODAに占める二国間援助の割合は低下してきたとはいえ，依然として重要な役割を果たしています。図5−3は**ODA**支出額を国別にみたものです。こ

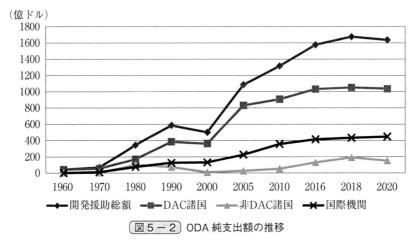

（億ドル）

出所：OECD, International Development Statistics をもとに筆者作成。

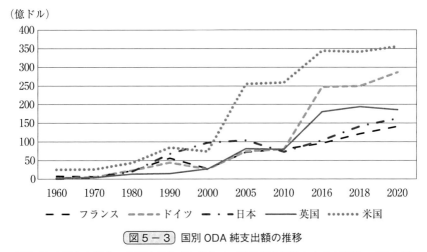

（億ドル）

（注）2018 年から従来の支出純額方式に代えて，贈与相当額計上方式が標準の ODA 計
　　上方式として導入された。贈与相当額計上方式とは，有償資金協力について贈与
　　に相当する額を ODA 計上するもの。
出所：OECD, International Development Statistics をもとに筆者作成。

れによると，DAC 諸国の中では，米国，ドイツ，英国，フランス，および，
日本からの援助額が大きいこと，そして米国，EU，日本などが ODA 拠出額
を増加させていることがわかります。

　ODA は，途上国における産業の発展を促進するための道路・港湾・空港など経済インフラの整備（経済インフラ），産業育成や生産性を向上させるための資本財・技術供与（生産），教育，保健・医療分野など人的資源の開発（社会開発），人道支援等を目的に拠出されます。

　1970 年代以降の傾向としては，生産セクターへの拠出割合が低下し，社会開発セクター，人道支援への拠出割合が上昇しています（表 5 − 1）。

　また，第 1 章でも説明したように，東アジアやカリブ・ラテンアメリカ地域などの目覚ましい経済発展にともない，相対的に発展が停滞しているサハラ以南のアフリカ地域と南アジア地域，および，紛争が多発している中東地域に，より多くの ODA が配分されるようになっています（表 5 − 2）。

　後述のように，21 世紀に入り，発展途上国全体への資金の流れは民間部門による直接投資と海外からの送金の比重が大きくなり，ODA の存在感が低下してきています。一方，貧困国に関しては，ODA を通した資金移転の比重が，依然として大きいようです。経済成長により所得水準が高くなると，途上国に

表 5 − 1　ODA 純支出額のセクター別シェア（%）

セクター ＼ 年	1970	1980	1990	2000	2010	2020
社会インフラ	11.5	24.7	22.5	31.9	37.8	40.2
経済インフラ	15.1	18.0	14.4	16.7	17.3	17.4
生産	18.3	24.8	11.9	7.0	7.2	6.4
人道支援	0.0	1.8	2.0	4.6	8.8	12.1

出所：OECD, International Development Statistics をもとに筆者作成。

表 5 − 2　地域別 ODA 受取額のシェア（%）

地域 ＼ 年	2009-2010	2014-2015	2019-2020
ヨーロッパ	6.1	6.9	6.6
中東・北アフリカ	11.3	13.1	15.0
サハラ以南のアフリカ	41.6	36.1	39.8
ラテン・アメリカ，カリブ	9.2	8.7	8.5
極東アジア・オセアニア	13.8	12.0	10.0
南・中央アジア	18.3	16.1	20.1

出所：OECD, International Development Statistics をもとに筆者作成。

おけるビジネスへの投資機会も増え，商業ベースで必要な資金や技術が提供されるようになるものと考えられます。

　以下では，1節で開発援助の歴史的展開過程，2節で開発援助の成果およびこれからの **ODA** の役割について説明し，最後の3節で，それが途上国への資金移動の主流でなくなりつつある新しい時代における **ODA** の役割について説明します。

1　開発援助の歴史的展開（第二次世界大戦後からMDGsに至るまで）

　開発援助の起源は，近代以前の中華帝国とその周辺国との朝貢貿易やキリスト教組織による布教と関連した教育，保健・医療分野での途上国支援にまで遡ることが可能です。しかし，ここでは，第二次世界大戦以降，多くの途上国が旧植民地宗主国から独立し，国民国家が形成され，「富める国は貧しい国を支援する義務がある」という国際的なコンセンサスを得て開発援助が行われるようになった後の主要な開発援助の潮流について展望しておきます。

　第二次大戦後の大規模開発援助は，一義的には戦争で疲弊したヨーロッパの復興を目的に，そして，共産主義の脅威への対策，国際的な貿易・投資の主導的地位の確保を副次的な目的として，米国主導で実施された**マーシャル・プラン**（1948-1953年）から始まりました。ヨーロッパの復興に目途が立った後は，その当時，旧植民地国であった発展途上国が独立した後の経済開発を支援するために，開発援助資金が使用されるようになりました。

　1970年頃までの開発援助では，経済開発のための資金と外貨が不足する途上国に対して，開発資金と外貨の補填を供与することにより，途上国における貯蓄と投資のギャップと国際収支のギャップの2つのギャップを是正し経済成長の促進を支援するという考え方（**ツーギャップ・アプローチ**）が，開発援助の実施を正当化する理由となりました。

　このように，1970年頃までは経済成長を重視し，途上国の産業を発展させ雇用機会を創出することが，やがて貧困層にも恩恵をもたらし，貧困削減にも

つながる（トリクルダウン効果）という考え方が主流でした。しかし，この間，途上国における貧困問題は改善されず，間接的に貧困削減が可能であるとしたトリクルダウン・アプローチに対する批判が高まりました。

1970 年代に入ると，ベトナム戦争や東西冷戦の影響もあり，貧困層に共産主義・社会主義的思想が浸透することを懸念した米国，西欧諸国などの西側諸国は，貧困削減を直接的な目標とした「ベイシック・ヒューマン・ニーズ (BHN)」アプローチを重視するようになりました。このアプローチでは，食料，居住環境，衣服など，人間として最低限の生活が可能であるための基本的ニーズの供給と，安全な水，衛生環境，教育・医療などの基本的サービスの供給を重視し，当時深刻になりつつあった農村の貧困問題や食料問題を解消するために総合的農村開発プロジェクトなどさまざまな取り組みが試みられました。

しかし，BHN アプローチは目立った効果を上げられず，その一方で，70 年代の二度にわたる石油危機は，財政赤字と国際収支の赤字に苦しむ非原油産出途上国にさらなる追い打ちをかけ，多額の対外債務を負わせることになり，一部の途上国では政府が債務を返済できないほど深刻な状況に陥りました。

1980 年代に入ると，上記の重債務国を対象に，世界銀行や国際通貨基金 (IMF) が，条件付きの融資を開始しました。世界銀行や IMF は，発展途上国が重債務国に陥る主要な要因を，政府による不適切な経済への介入（産業の国有化，輸入代替工業化のための関税，非関税障壁の設定，為替管理，国内市場の価格統制など）に求めました。そして，多額の債務を負っている途上国政府が，規制緩和，貿易・為替，金融市場の自由化，民営化などの構造改革を実施することにより，市場メカニズムを活用し経済活動を活性化することで経済成長を促進できれば，債務を返済することができるという処方箋を示し，これらの国々に，この処方箋を受け入れることを条件に「構造調整融資」を行ったのです[2]。

しかし，1980 年代から 90 年代前半の時期に，世界銀行や IMF により実施された構造調整融資は成果を上げることができず，他の地域より多くの構造調整融資を受けたサハラ以南のアフリカ地域は，むしろ，経済成長率がマイナスになるという状況に陥りました。構造調整政策が目的とした英国や米国流の市場経済システムへの移行は，それまで独自の伝統的な政治経済システムに慣れ

親しんできた途上国にとって必ずしも受け入れやすいものではなく，かえって経済を停滞させる結果となったのです[3]。

これに対して，東アジアの国々（韓国，東南アジアのマレーシア，インドネシア，タイ）は，同時期に，**構造調整融資**に依存せず政府主導の産業政策により目覚ましい経済成長を遂げました。この事実は，構造調整政策を推進させようとして成果を得られなかった世界銀行や IMF に，政府の役割の重要性を認識させる契機となったのです（世界銀行 [1994]）。

これら一連の出来事は，開発援助の有効性が，受け入れ国側の援助に対する主体性と，援助を国民のために有効に利用できる前提条件としての政府統治（国民が政府をコントロールできる程度）の良し悪しとにより強く影響されるという考え方を国際社会に植え付けるきっかけとなりました。ただし，この段階では，世界銀行の基本的考え方に変化はなく，従来の方針に従い，被援助国側のガバナンスを改めれば，従来の構造調整政策を実施すればいいという姿勢は変わりませんでした。

一方，援助を供与する側の主要先進国の間では，1980 年代から 1990 年代前半までに実施された多額の開発援助の成果について疑問が提起され，90 年代後半には金額ベースでみた開発援助が停滞・減少するという結果をもたらしました（図 5 - 2 参照）。

この間，成長率を重視する世界銀行とは開発援助に対する考え方の異なる**国連開発計画**（UNDP）は，所得水準の上昇だけではなく，貧困層の生活環境（食料，住居，衣料，衛生環境，教育など）を改善し，彼らが潜在的に保有する能力を発揮できるよう選択の機会を拡大する「人間開発」の視点から，より包括的な貧困削減戦略を考えるべきだと主張していました。

以上のような援助国や他の国際機関からの批判を踏まえ，1999 年に世界銀行は，従来の成長重視の援助戦略を変更し，**包括的開発枠組み**（CDF）という新しい援助の方針を打ち出しました。これは，被援助国が開発計画を策定するに際し主体性を持って取り組み，他の国際機関，援助国，NGO など援助する側との協力体制を構築しつつ（援助協調），政治経済，社会，文化をも考慮した包括的な枠組みのもとで，結果重視の開発を考えるというものです。また，こ

の枠組みのもとでは，途上国が貧困削減を目的とした援助を受け入れる際に「貧困削減戦略文書（PRSP）」を作成することを義務付けられました。

　そして，2000 年 9 月の国連ミレニアム・サミットで，21 世紀に国際社会が取り組むべき課題についてのミレニアム宣言が採択され，これと，国連や援助国の会議等での関係者の見解を統合することにより，世界共通の開発援助の枠組みとして，ミレニアム開発目標（MDGs）が制定されました。

　ミレニアム開発目標は，2015 年までに，8 つの項目；(a) 極度の貧困と飢餓の撲滅，(b) 初等教育の完全普及の達成，(c) ジェンダーの平等の推進と女性の地位向上，(d) 幼児死亡率の削減，(e) 妊産婦の健康の改善，(f) HIV/AIDS，マラリア，その他の疾病の蔓延の防止，(g) 環境の持続可能性の確保，(h) 開発のためのグローバル・パートナーシップの推進，および，より具体的な 21 の目標と数値目標を設定し，それを達成しようというものでした。

　表 5 - 3 は，ミレニアム開発目標の 21 の目標のうち 7 つを取り出し，その達成度を示したものです。この国連レポートによると，最終年度である 2015 年の時点で，貧困の撲滅，教育における性差別の廃絶，HIV/AIDS 患者数の減少，安全な飲料水や衛生環境へのアクセスを可能にすること，については，途上国全体で概ね目標を達成したといえそうですが，地域別に見ると，特に，

表 5 - 3　主要な MDGs の目標達成度

目標		達成・未達成
目標 1.　A	一人一日 1 ドル未満で生活する人口を半減する。	途上国全体では達成。サハラ以南のアフリカでは未達成。
目標 2.　A	全ての児童に初等教育を受けさせる。	途上国全体では未達成。サハラ以南のアフリカは特に進捗が遅れている。
目標 3.　A	初等，中等，高等教育における性差別をなくす。	途上国全体では達成。サハラ以南のアフリカでは，すべての教育段階で未達成。
目標 4.　A	乳幼児死亡率を 3 分の 1 に低下させる。	途上国全体，サハラ以南のアフリカ，南アジアで未達成。その他の地域は達成。
目標 5.　A	妊産婦の死亡率を 3 分の 1 に低下させる。	全地域で未達成。
目標 6.　A	HIV/AIDS の患者数を減少させる。	全地域で達成。
目標 7.　C	安全な飲料水，衛生環境にアクセス可能でない人口の割合を半減。	サハラ以南のアフリカ，中央アジア，オセアニア以外は達成。

(注) 各目標にはより細分化された複数のターゲットが設けられている。表では，そのうちの 1 つのみを取り上げた。

出所：United Nations [2015] *The Millennium Development Goals Report 2015* をもとに筆者作成。

サハラ以南のアフリカではほとんどの目標が達成されていません。また，初等教育の普及，乳幼児死亡率・妊産婦の死亡率低下など，教育，保健・医療などの分野については，途上国全体で目標を達成できておらず，サハラ以南のアフリカでは特に達成率が低い状況です。

2　開発援助のマクロ経済効果と援助の失敗

　ミレニアム開発目標の達成度を見る限り，貧困削減や教育における性差別，HIV/AIDS の流行を抑制するという目標に関しては，地域的には未達成のケースもあるものの，全体的には目標を達成できたといえるでしょう。また，未達成の場合も，ほとんどすべての指標が状況は改善されていることを示しています。

　しかし，これは，開発援助が途上国の所得水準の上昇や教育，保健・衛生などの状況を改善するのに貢献したということを，必ずしも意味しません。

　表 5 − 4 で示されるように，2000 年から 2013 年の間は，貿易や投資の自由化が進展し，資金の流入という視点から見ると，開発援助よりも直接投資などの民間ベースの資金流入が圧倒的に多くなりました。このような直接投資とそれに付随した技術移転は多くの途上国における経済成長を推進したと考えられ

表5−4　途上国への資本移動に占める ODA の重要性（%）

項目	年代	1970 年代	1980 年代	1990 年代	2001-2013
資本移動合計 (兆ドル)	途上国	88.96	165.73	371.3	1,107.9
	貧困国	8.46	20.55	21.45	61.13
ODA	途上国	19.3	21.6	14.4	9.7
	貧困国	38.9	44.3	57.8	47.9
OOF	途上国	25.0	28.3	19.8	1.6
	貧困国	24.2	26.5	12.4	-0.9
直接投資	途上国	4.7	7.9	27.6	39.0
	貧困国	3.4	1.7	6.9	17.0
海外送金純受取額	途上国	6.6	13.1	14.5	21.2
	貧困国	3.4	5.8	11.2	25.9

出所：浜名［2017］の表 1 − 7 より抜粋。

ます。また，第 10 章でも述べたように，途上国からの移民や出稼ぎ労働者からの送金は，当該国国民の所得向上に少なからず貢献したでしょう。

　それでは，開発援助は途上国の開発に効果を持たなかったのでしょうか。開発援助の効率性（当初の目的に沿って効果があげられているか）については，多くの実務家，研究者の間で議論されてきました。ここではまず，従来から指摘されている開発援助が成果をあげられない諸要因を，高橋［2008］を参考に簡単にまとめておきましょう。

1）援助失敗の諸要因

①　援助依存

　開発援助により海外から資金や技術が長期的かつ潤沢に供与されると，途上国が貧困削減を達成し国を発展させようとする自助努力を妨げるというものです。たとえば，援助によって建設された道路や橋の維持管理まで援助国に期待し，自助努力を怠ることにより，これらのインフラが老朽化したり使用不能になったりするなどの例です。

②　ファンジビリティー（援助の置き換え）

　援助で受け取った資金を，本来，被援助国が自らの国家予算で支払うべき案件に使用し，余った資金を援助する側が期待した目的に使わないことがあります。その例としては，援助により浮いた資金を，軍事費や有力政治家の意向に沿って開発には関係のない国際会議場を建設するなどの非生産的公共事業，有力政治家一族の純粋な消費に使ってしまうことなどがあげられます。

③　援助プロジェクトの氾濫

　援助する側には，先進国の援助機関，世界銀行・**国連開発計画**などの国際機関，および NGO など，多くの援助を供給する機関・組織があります。これらの機関・組織により提供されるプロジェクトは被援助国の援助受け入れ能力に比べて数が多すぎるうえ，援助する側相互の調整不足が一般的です。このため，援助を受け入れる側が援助を十分に吸収できず，効果が発揮できないことがあります。途上国の場合，援助行政に必要な語学や経験を持った行政官の数が極度に少なく，また，組織としての経験も浅いので，多くの援助を吸収するだけ

の行政的能力が不足している場合が多いのです。

④　援助のオランダ病

　援助資金が大量に流入すると，被援助国の通貨が買われ当該国の通貨の為替レートが上昇したり，途上国の資源が援助プロジェクトに集中的に利用され労賃や地価が上昇するため，援助とは直接関係ない民間部門の輸出を抑制したり，生産費を上昇させるなどして，成長にマイナスの影響をおよぼす可能性があります。このような状況は，天然資源の輸出ブームによって，実質為替レートが上昇し，非天然資源輸出産業の利益が減少してしまうという，いわゆる「オランダ病」になぞらえ「**援助のオランダ病**」と呼ばれています。

⑤　援助受け入れ国側の制度・統治環境

　被援助国側における援助行政機構が脆弱であったり，汚職や賄賂が横行していたり，政治的に不安定であると，援助資金を有効に利用し適切な開発政策を実施することはできません。発展途上国における政府の統治環境の差が経済発展の成果にかなり大きな影響をおよぼすことは，すでに第1章で述べました。援助の成果についても，途上国側の援助行政担当者の仕事が非効率であったり汚職や賄賂が横行していたりすること，すなわち，制度の脆弱性，統治環境の悪さに起因しているといえるのです。そして，行政機構の脆弱性は，①〜④で説明した援助の失敗の諸要因を生み出す根本的な要素といえます。

2)　援助のマクロ経済効果

　次に，途上国経済全体におよぼす援助のマクロ経済効果に関連した議論を紹介しておきます。個別の援助プロジェクトの効果については，マクロの効果ほど悲観的なものではありません。プロジェクト評価の方法を解説した第6章で事例が紹介されていますので，参考にしてください。開発援助は途上国の経済発展に影響をおよぼしたのかという課題に対しては，多くの研究者が実証研究を行っています。

　Burnside and Dollar［2000］は，経済成長率を被説明変数とし，成長率に影響をおよぼすと考えられる変数，および，援助と被援助国の政策の良し悪しに関する指標を用い，援助と経済成長の関係について実証研究を行っていま

す。彼らによれば，国の経済成長率 Y を，以下のような，GDP に占める援助額の割合 a とその他の説明変数 X の線形方程式に回帰させると，推計された援助変数のパラメータは有意にならず，経済成長率に正の影響をおよぼすという仮説は支持されませんでした。

$$Y_i = \alpha + \beta \cdot a_i + \gamma \cdot X_i + \varepsilon_i$$

ここで，i は各国を，ε はかく乱項（Y の変化のうち a と X で説明できなかった部分），α, β, γ は説明変数のパラメータをそれぞれ示します。

しかし，各国の財政黒字，インフレ，経済開放度の指標から推計される政策指標 P を，以下のように，援助指標である a と掛け合わせた指標を用いると，パラメータ β の推計値は正となりました。

$$Y_i = \alpha + \beta \cdot (a_i \cdot P_i) + \gamma \cdot X_i + \varepsilon_i$$

この推計結果は，当該国の経済政策が適切であれば援助額の割合の増加が経済成長率を上昇させることを意味しています。このことから，バーンサイドとダラーは，被援助国の経済政策の質が高い場合には，援助が経済成長に正の貢献をしうるという結論を導いています（Burnside and Dollar ［2000］）。

Collier and Dollar ［2002］は，世界銀行の**国別政策・制度評価（CPIA）**指標を，バーンサイドとダラーの「被援助国の政策の良し悪しに関する指標」の代わりに用いました。また，彼らは援助の追加的な効果は援助額の増加とともに逓減することを明らかにし，バーンサイドとダラーの研究をさらに発展させました[4]。以上のような研究は，世界銀行やその他の援助機関が，その後，途上国に開発援助を行う際に被援助国の選別をすべきであるという考え方を取り入れる契機となりました。

しかし，これらの研究に対しては，多くの反論が提起されています。たとえば，Easterly et al. ［2004］は，計量モデルで仮定されている援助から経済成長への因果関係には逆の方向の因果関係もあることから[5]，いわゆる内生性の問題（第 6 章参照）が存在するので，カバーする国や期間を拡張すると結論は頑強ではなくなるとし，バーンサイドとダラーや，コリアーらの研究を批判しています。

　このように，経済成長という開発成果の一指標に限っても，援助が効果的であったという主張が一般には支持されているわけではないのです。実際，援助の失敗については，80年代における構造調整融資をはじめ枚挙に暇がないほど多くの事例が報告されています（イースタリー［2003］，モヨ［2010］など）。

3　これからの開発援助

　途上国の社会・経済開発のための援助には巨額の資金が投入され，その過程でCDFが提唱されるなど援助手法の改革も試みられてきました。しかし，前節で説明したように，そのマクロ的視点から見た効果については不明瞭で，多くの専門家が否定的な見解を示しています（イースタリー［2009］，コリアー［2008］，サックス［2006］，ディートン［2014］，モヨ［2010］）。

　ただ，将来も途上国の貧困を撲滅するために開発援助は有効であるのか，あるいは，開発援助の有効性を高めるための条件整備が可能であるかについては，専門家の間で大きく意見が分かれています。

　ディートン，コリアー，イースタリーは，従来の開発援助が期待された成果をあげておらず，むしろ，開発援助を受け入れていない途上国の方が発展している事実を踏まえ，従来の開発援助が非効率であった主な要因は行政機構の脆弱性，汚職・賄賂の横行など，被援助国の制度・統治環境における劣悪さにあるとし，この点の改善なくしての資金の提供による開発援助に対しては批判的な立場を取っています。

　モヨは，さらに踏み込んで，公的な開発援助は途上国への施しであり，被援助国政府の開発行政を脆弱化させるので必要なく，むしろ中国が行っているような投資と契約を通した商業ベースでの支援の方が望ましいと主張します。

　これに対して，サックスは，被援助国の制度・統治環境の劣悪さが援助の効果を阻害しているという見解には反対で，その論拠となるデータも示しています。彼によれば，援助の非効率性の原因は，従来の援助が金額，規模，継続性などの面で不十分であったこと，および，被援助国の固有の文化，政治制度，地理的・地政学的条件に対して十分な情報を収集し分析されていなかったこと

にあり，援助機関の連携を強化し新技術を利用しつつ，これらの隘路を克服で
きれば途上国の貧困撲滅は可能であるという楽観的な見解を示しています。

　いずれにせよ，従来の開発援助のマクロ的効果については否定的ですが，第
6章で紹介されているように，個別のプロジェクトについては有効なものも少
なくありません。にもかかわらず，マクロの効果が明らかでないのは，被援助
国の行政機構の脆弱性や汚職・賄賂の横行といった要素と援助の失敗の諸要因
がプロジェクトの効果を相殺しているからといえるでしょう。

　個別のプロジェクトは効果をあげているのに，マクロの効果は認められない
という曖昧な評価は，援助手法の改革を遅らせ，却って非効率な援助組織を温
存するだけでなく賄賂や汚職を培養し，非民主的な統治に道を開き，先に紹介
した開発経済学者の悲観論につながったといえるのかもしれません（de Janvry
and Sadoulet［2021］，p.496）。

　表5－4に示されているように，発展途上国に移転される資金のうち，先進
国からのODAによる資金移動の割合が低下し，直接投資や民間ベースでの貸
付の割合が高まってきています。また，中国やブラジルなどの新興国から途上
国への資金援助も増加しています。

　先進国からのODAは，生産力向上のための経済的支援から，被援助国の人
材育成（教育，保健・医療），法整備支援など行政能力向上，政策アドバイス，
人道支援などに重点を移しつつあります。

　世界銀行の世界開発指標によると，低所得国（LIC）の人口は，2005年から
2021年までの間に，24億人から7億人に減少する一方，中所得国段階に達し
た国々の人口は，この間，31億人から55.6億人（全人口の75%）に増加してい
ます。中所得国段階に達すると，経済発展のための諸条件が整うようになり，
海外の企業・投資家にとってのビジネスチャンスが生まれます。その結果，途
上国は商業ベースで海外から開発のための資金を導入することができるように
なり，徐々にODAを必要としなくなってきていると考えられます。

　他方，低所得国については，平和な状況下にあってもビジネスチャンスが限
られている国の場合，将来の産業の発展に必要なインフラ整備や教育，保健・
医療などの人的資源開発にODA資金が供与され，制度・統治環境が劣悪で紛

争等により政府が機能不全にあるような国々については，紛争を解決するための平和構築や紛争後の制度構築に重点を置いて **ODA** 資金が配分されるようになってきています。

最貧困国（LDC），あるいは，紛争当事者国については，制度・統治環境が援助の成果に影響するという立場から，後発国や紛争国など不利な条件を抱えた途上国を支援する機関である世界銀行の**国際開発協会（IDA）** が作成している **CPIA スコア**のような途上国の**制度・統治環境**指標を基準に，被援助国への援助額を決定する新しい援助のアプローチが採用されるようになっています。

CPIA スコアとは，①マクロ経済運営，②構造政策，③社会的包摂性・公平性のための政策，④公的部門の運営と制度の 4 つのクラスターに含まれる 16 の基準について，各 1 〜 6 段階（1 が最も悪い，6 は最も良い）で世界銀行の職員が評価し，その平均値を計算したもので，IDA 対象国に援助資金の配分を決定する際に，この指標を参考にしています。

表 5 − 5 は，IDA 対象国のうち，国別平均スコアが相対的に低い国々を取

表 5 − 5 IDA 対象国の政策・制度評価スコア（CPIA Score：2021 年）

IDA 対象国	クラスター				平均
	(a)	(b)	(c)	(d)	
	マクロ経済運営	構造政策	社会的包摂性・公平性のための政策	公的部門の運営・制度	
ブルンジ	2.7	3.2	3.6	2.3	2.9
エリトリア	1.5	1.2	2.6	2.3	1.9
ソマリア	2.0	2.2	2.4	1.9	2.1
スーダン	2.5	2.5	2.5	1.9	2.3
南スーダン	1.5	2.0	1.5	1.4	1.6
中央アフリカ共和国	3.2	2.5	2.3	2.4	2.6
ギニア・ビサウ	2.5	2.8	2.3	2.1	2.4
ミャンマー	2.5	2.2	2.4	2.0	2.3
イエメン	1.5	2.0	2.3	1.7	1.9
IDA 諸国平均					3.1

（注）IDA 対象国の平均スコア未満の国々から抽出。
出所：World Bank の資料（https://ida.worldbank.org/en/financing/resource-management/ida-resource-allocation-index）をもとに筆者作成。

り上げたものですが，これらの国々は，何らかの紛争による影響を受けている地域であるという共通の特徴を持っています。

　以上のような最貧困国を対象にした開発援助の手法に対して，サックスは，一国の経済成長率は，政府の統治の良し悪しよりも他の条件（地政学的条件と不備なインフラストラクチャー）によるところが大きいとし，それぞれの国情に応じた支援の方法を考慮しつつ，援助の規模拡大と援助機関の連携強化が必要であると主張しています。

　最貧困国以外の低所得国（IDA 対象国）については，世界銀行のように，CPIA スコアを指標として援助資金の配分を決定する方式が適切なのか，サックスが主張するように，制度・統治環境を指標に選別するのではなく，その国の国情に応じたきめの細かい開発戦略を考えるべきなのか，議論の余地があるといえます。

　以上のように，2000 年から 2015 年の MDGs の期間における途上国の経済発展にともない，国際協力における ODA の役割や資金配分の方法にも大きな変化が生じています。

　このような援助システムの大きな変化を反映し，2015 年までの MDGs を引き継ぐ開発目標として，2015 年 9 月の国連総会において持続可能な開発目標（SDGs）が採択されました。SDGs では，従来援助を担ってきた先進諸国や国際機関の他，民間企業，新興国など，より多様なアクターの参入のもとで，より多様な目標（17 の大目標，169 の具体的目標）が設定されています。

　SDGs が定める 17 の目標のうち，以下の 6 目標は MDGs には含まれなかった新しい目標です（高柳・大橋［2018］参照）。

　目標 8．すべての人のための包摂的・持続的な経済成長，生産的な完全雇用と働き甲斐のある人間らしい仕事を促進する。

　目標 9．強靭なインフラを構築し，包摂的で持続的な産業化を促進するとともにイノベーションを推進する。

　目標10．国内及び国家間の不平等を是正する。

　目標12．持続可能な消費と生産のパターンを確保する。

　目標13．気候変動とその影響に立ち向かうため，緊急対策を取る。

目標16. 持続可能な開発に向けて平和で包摂的な社会を促進し，すべての人に司法へのアクセスを提供するとともに，あらゆるレベルにおいて効果的で責任ある包摂的な制度を構築する。

　目標8，9，10，12は，産業化や所得分配の不平等化が政策課題となっている中所得国段階以上の国々の抱える問題に関連しますし，目標16は，制度，統治環境が劣悪で治安の悪化や汚職・賄賂に悩む低所得国が直面する課題と密接に関連しています。また，目標13は気候変動に対する国際的な取り組みを考慮したものです。

　以上のように，世界の開発援助は大きく変動しつつありますが，日本のODAは，今後どのように変化してゆくのでしょうか。

　従来，日本のODA予算は，アジアの途上国を重視し，道路，港湾，空港，電力開発などの経済インフラ建設に重点的に配分され，それが，アジアの途上国の経済発展と貧困削減に貢献したといわれています（浦田［2015］）。しかし，少子・高齢化社会の中での厳しい財政事情を考慮すると，今後，途上国の開発や貧困削減を目的とした従来型のODAに多くの財政資金を配分することは困難だという見方が一般的です。

　SDGsにも反映されているように，中所得国には民間部門の資金や新興国の資金がより多く活用されるようになる一方，治安が劣悪でインフラ整備が進んでおらず，ビジネスチャンスに乏しい最貧国に対し民間資金は投入されにくいでしょう。したがって，従来型のODAは，民間資金が投入されにくい最貧国における平和構築，紛争処理後の制度構築，教育，保健・医療セクター開発への協力のような分野に傾注されることになると予想されます。

　このような状況の中で，すでに日本政府は，ODAの基本方針を示す『ODA大綱』を改訂し，『開発協力大綱』を制定することでODAの拡大解釈を行いODA予算の増額を図っています。

　加えて，Covid-19感染拡大によるパンデミック，ロシアによるウクライナ侵攻，中国による日本近海における覇権主義的行動などに対応するため，安全保障分野にもODA予算が使用できるよう『開発協力大綱』のさらなる改訂を検討しているようです。

　このように，従来型の**ODA**への予算配分の増加が困難な状況で，安全保障分野などとの予算配分のバランスをどうするかは，日本の援助関係者に突き付けられた大きな課題といえそうです。

4　まとめ

1) 先進国からの**ODA**は金額ベースで増加しているものの，途上国への資金フローに占める割合は低下しつつあり，民間からの商業ベースでの資本移動，新興国からの援助の割合が高くなっている。**ODA**の分野別に見ると，教育，保健・医療，人道支援への支出割合が高くなっており，地域別に見ると，サハラ以南のアフリカ，南アジア，中東諸国への拠出の比重が高くなっている。

2) 第二次世界大戦後の開発援助は，戦後復興から始まり，独立した旧植民地国家の開発を支援するため，これらの国々の経済成長を促進することに重点を置き多額の資金が供与されたが，前世紀の末までに，援助資金の額に見合った効果が得られなかった。その後，援助手法の改善が図られ，21世紀初頭には貧困削減や教育，保健・医療の改善に重点を置いた MDGs を設定し活発な援助活動が行われたが目標には達しなかった。

3) この間，開発援助の有効性について，多くの実証研究が行われた。少なくともマクロレベルでの有効性は確認できず，その要因として，被援助国の援助依存，受入国側の受け入れ能力に比して援助プロジェクトが過剰であること，**ファンジビリティー**，**援助のオランダ病**，被援助国の**制度・統治環境**などが指摘された。

4) 一方，21世紀に入り，経済成長を遂げつつある多くの途上国が，直接投資や商業ベースでの融資を通して先進国の民間資金や新興国からの資金を受け入れるようになり，途上国に移転される資金に占めるこれらの比重が高まった。また，**制度・統治環境**が劣悪な低所得国，あるいは，最貧困国の場合，民間資金の投資は限られており，これらの国々の開発には依然として**ODA**が重要な役割を果たさざるを得ない状況にあり，**ODA**の役割は今

後，大きく変化するものと予想される。

【注】

1) GE の計算方法については，http://ida.worldbank.org/en/financing/debt/grant-element-calculations 参照。
2) このような考え方は，ワシントンにある世界銀行と IMF，米国財務省などによって共有された合意事項なので，"ワシントン・コンセンサス" と呼ばれています。
3) 途上国に固有な経済システムと英国・米国流の市場経済システムの違いについては，第 8 章で詳しく説明します。
4) CPIA については 3 節を参照。
5) 経済成長を強く志向する国ほど海外からの援助を必要とする，あるいは，経済が停滞している貧困国により多くの援助が行われるなど。

引用文献

Burnside, C. and Dollar, D. [2000] "Aid, Policies, and Growth" *American Economic Review*, 90 (4), 847-868.

Collier, P. [2007] *The Bottom Billion: Why the Poorest Countries are Failing and What Can be Done About It*, Oxford: Oxford University Press. (コリアー・ポール／中谷和男訳 [2008]『最底辺の 10 億人』日経 BP 社)

Collier, P. and Dollar, D. [2002] "Aid allocation and poverty reduction" *European Economic Review*, 46 (8), 1475-1500.

Deaton, A. [2013] *The Great Escape: Health, Wealth, and the Origins of Inequality*, Priceton University Press. (ディートン・アンガス／松本裕訳 [2014]『大脱出：健康，お金，格差の起源』みすず書房)

de Janvry, A. and Sadoulet, E. [2021] *Development Economics: Theory and Practice*, 2nd Edition, London and New York: Routledge.

Easterly, W. [2001] *The Elusive Quest for Growth: Economits' Adventures and Misadventures in the Tropics*, Cambridge, MA: MIT Press. (イースタリー・ウイリアム／小浜裕久・織井啓介・富田陽子訳 [2003]『エコノミスト南の貧困と闘う』東洋経済新報社)

Easterly, W. [2006] *The White Man's Burden*, New York: Penguin Press. (イースタリー・ウイリアム／小浜裕久・織井啓介・富田陽子訳 [2009]『傲慢な援助』東洋経済新報社)

Easterly, W., Levine, R., and Roodman, D. [2004] "Aid, Policies, and Growth: Comment" *American Economic Review*, 94 (3), 774-780.

Moyo, D. [2009] *Dead Aid: Why Aid is not Working and How There is Another Way For Africa*, Penguin. (モヨ・ダンビサ／小浜裕久監訳 [2010]『援助じゃアフリカは

発展しない』東洋経済新報社）

Sachs, J. D.［2005］*The End of Poverty: How We Can Make It Happen in our Lifetime*, London: Penguin.（サックス・ジェフリー／鈴木主税・野中邦子訳［2006］『貧困の終焉：2025 年までに世界を変える』早川書房）

World Bank［1993］*The East Asian Miracle: Economic Growth and Public Policy*, NY: Oxford University Press.（世界銀行／白鳥正喜監訳［1994］『東アジアの奇跡—経済成長と政府の役割—』東洋経済新報社）

浦田秀次郎［2015］「直接投資　日本の投資と開発途上国の発展」，黒崎卓・大塚啓二郎編著『これからの日本の国際協力　ビッグドナーからスマートドナーへ』日本評論社，213-241.

小浜裕久［2013］『ODA の経済学』日本評論社.

高橋基樹［2008］「開発と援助」，高橋基樹・福井清一編著『経済開発論　研究と実践のフロンティア』勁草書房，81-109.

高柳彰夫・大橋正明編［2018］『SDGs を学ぶ　国際開発・国際協力入門』法律文化社.

浜名弘明［2017］『持続可能な開発目標（SDGs）と開発資金』文眞堂.

📖 **学生に読むことをお勧めしたい参考文献**

イースタリー・ウイリアム／小浜裕久・織井啓介・富田陽子訳［2003］『エコノミスト　南の貧困と闘う』東洋経済新報社.

外務省［2022］『2021 年版　開発協力白書　日本の国際協力』日経印刷.

サックス・ジェフリー／鈴木主税・野中邦子訳［2006］『貧困の終焉：2025 年までに世界を変える』早川書房.

下村恭民・辻一人・稲田十一・深川由紀子［2016］『国際協力　その新しい潮流　第3版』有斐閣選書.

—— 第6章 ——

政策・プロジェクトの影響評価手法

　今日の開発援助は，これまで以上に「成果」が厳しく問われるようになっており，援助効果の向上が喫緊の課題と位置づけられています。日本でも，厳しい財政状況にあるなか，他のドナーと同様に開発援助を効果的に実施していくことが政策課題となっています。

　そのためには，ある開発政策やプロジェクトを実施（資金を供与）した結果として，何が達成されたのかという政策・プロジェクトの成果を知ることが重要です。

　これまでも経済開発協力機構（OECD）の開発援助委員会（DAC）が定めた評価項目に従い，各プロジェクトの評価は行われてきましたが，その判断が評価担当者の主観にもとづいていたり，プロジェクトがもたらした（真の）効果とそれ以外の効果（たとえば，好天や経済全体の成長，プロジェクトへの参加者の観察できない特性（生産能力や起業能力など））が区別されず（区別できず）に評価されていたりすることが多くありました。そうなると，プロジェクトの真の効果がわからない，つまり，どのようなプロジェクトが機能して，どのようなプロジェクトが機能しないかということが明確とはならず，施策の改善につなげることは難しい状況でした。

　しかし，よりよい政策介入のための結果重視マネジメント（results-based management）[1] の実行や MDGs のような成果目標の達成が求められるなかで，実証的証左（エビデンス）が重視されるようになってきました。そして，そのエビデンスを明らかにすることができる，**インパクト評価**（impact evaluation）への需要が高まっているのです。インパクト評価とは，開発政策やプロジェクトが対象社会にどのような影響をどの程度もたらしたか（あるいは，もたらして

いないか）を厳密に測定することをいいます。インパクト評価により得られる
エビデンスは，開発政策の立案に役立てることができ，また，開発資金の究極
の出し手である納税者（国民）に対する説明責任（accountability）を果たすため
にも有用といえます。

　インパクト評価は，プロジェクトによる介入（X）の結果（Y）へのインパ
クト，または，X と Y との間の因果関係（causality）を見出すことです。その
ためには，プロジェクトによる介入のもとでの実際の状況（介入によりどうなっ
たか）と，介入がなかったらどうなっていたかという仮想現実（counterfactual）
を比較する必要があります。

　ここで，ある経済主体 i（個人，家計，企業，コミュニティーなど）がプロジェ
クトに参加した場合の結果（教育成果や雇用，所得などの指標）を $Y_i(1)$，参加し
なかった場合のそれを $Y_i(0)$ とすると，プロジェクトのインパクト（因果効果）
は，

$$\delta_i = Y_i(1) - Y_i(0)$$

で計測することができます。しかし，気がついた読者もいるかもしれませんが，
同じ経済主体 i について $Y_i(1)$ と $Y_i(0)$ の両方を観察することはできません（あ
る経済主体が一度プロジェクトに参加すると，タイムマシンでもない限り，プロジェク
トに参加しなかった状態に戻ることはできないですからね）。では，どのようにイン
パクトを評価すればいいのか，本章では，そのいくつかの方法を紹介します。

　なお，インパクト評価の目的はしばしば，個々の経済主体へのプロジェクト
のインパクトよりも，プロジェクトの対象となった経済主体全体へのインパク
ト（平均的なインパクト）を求めることにあります。つまり，プロジェクトに参
加した経済主体の結果指標の平均 $E(Y_i(1))$ と，参加しなかった経済主体の結
果指標の平均 $E(Y_i(0))$ とを比較する（平均の差を求める）ということで，これ
は平均処置効果（average treatment effect）とも呼ばれ，次のような式で表すこ
とができます。

$$\delta = E(Y_i(1) - Y_i(0)) = E(Y_i(1)) - E(Y_i(0))$$

　次節では，開発政策・プロジェクトの影響評価の考え方とその手法を，計量経済学的な手法も含めて紹介します。つづく2節では，近年盛んに用いられるようになった**ランダム化比較実験**（RCT）のアプローチについて，その考え方や問題点などについても説明します。そして3節では，RCTの適用が難しいプロジェクトや，事後的に特定のプロジェクトの影響評価をする場合に有用とされている傾向スコアマッチングという方法について解説します。

1　影響評価の考え方と計量経済学的手法

1）影響評価の考え方

　開発政策・プロジェクトのインパクトを評価する方法として，簡便で最もよく用いられてきたのが**事前・事後比較**（before-and-after comparison）です。これは，プロジェクトを実施する前と実施した後とで，プロジェクト参加者（受益者）の結果となる指標を比較する方法です。開発プロジェクトでは，実施前にはベンチマーク調査（事前調査）が，実施後には事後評価調査が行われることが多いので，それらの調査データを用いることで計算することができます。日本の**ODA**の実施機関の一つである国際協力機構（JICA）も，従来このような方法でプロジェクト評価を実施していました。しかし，単純に事前と事後の結果指標の値を比べているだけですので，プロジェクト以外のさまざまな要因（気象条件，国の経済状況，政府の政策・制度転換，他の開発プロジェクトなど）が変化し，それらが結果指標に影響を及ぼしていたとしても，さまざまな要因の変化とプロジェクトのインパクトを区別することはできません。したがって，事前・事後比較ではプロジェクトの真の効果は測り得ないということになります。

　実施・未実施比較（with-and-without comparison）という，プロジェクトを実施した後に，プロジェクトに参加した人と参加しなかった人の結果指標の違いを比較する方法も，多く用いられています。この方法では，仮にプロジェクト参加者の結果指標の値の方がよければ，介入による効果があったと判断します。しかし，この方法にも問題があります。たとえば，貧困層を対象とした所

得移転プロジェクトの場合，参加者（実施群）は貧困層，不参加者（未実施群）は貧困ではない層ということになりますが，貧困層と非貧困層とではいくつかの特性（世帯主の性別や職業，農地所有面積，資産，起業能力など）がそもそも異なっている可能性があります。また，仮にプロジェクトの対象地域外の貧困層を未実施群として比較しても，住んでいる地域が異なれば地域の特性も異なります。このように，家計・個人や地域の特性の違いが結果指標に影響を与えている可能性がありますが，実施・未実施比較ではそれらとプロジェクトのインパクトとを識別することはできません。

　これら事前・事後比較と実施・未実施比較により生じる問題を軽減するための手法の一つが，**差の差**（difference-in-differences：DID）分析です（もう一つの方法である傾向スコアマッチングについては，3 節で説明します）。

　差の差分析では，プロジェクトを実施する前のベンチマーク調査で，参加者と不参加者の情報を集め，事後評価調査でも双方の情報を収集します。そして，参加者のプロジェクト実施前後の結果指標の差と，不参加者のプロジェクト実施前後の結果指標の差を比較する（「差の差」をとる）ことで，インパクトを計測するのです。事前・事後比較では，プロジェクト以外のさまざまな要因の変化の影響を識別できないことが問題となりましたが，差の差では，プロジェクト前後でのそれらの要因の変化の影響は参加者でも不参加者でも（平均的には）同じであると想定しています。したがって，プロジェクトの影響とその他の要因変化の影響の両方を受ける参加者の結果指標の差から，プロジェクト以外の要因変化の影響のみを受ける不参加者の結果指標の差を差し引くことで，他の要因変化の影響を取り除き，プロジェクトの純粋な効果を示すことができるという考えです（図 6 − 1）。

　しかし，プロジェクト以外の要因がどのように変化するかや，変化から受ける影響は，経済主体や地域の特性がまったく同じ（もしくは非常に似通っている）であれば，同じになる可能性が高いですが，そうでない場合には異なることの方が多いといえるでしょう。そして，往々にして参加者と不参加者の特性は異なっています。そうなると，差の差により求められる効果も，プロジェクトの真の効果を表しているとはいえなくなります。

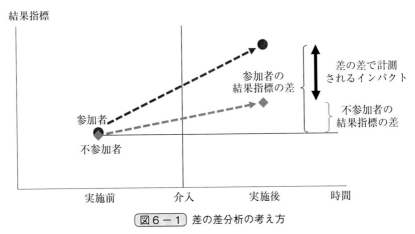

結果指標

参加者の
結果指標の差

差の差で計測
されるインパクト

不参加者の
結果指標の差

参加者

不参加者

実施前　　　　介入　　　実施後　　　時間

（図6-1）差の差分析の考え方

出所：筆者作成。

　プロジェクトの参加者と不参加者が異質となる理由として，開発政策・プロジェクトのほとんどは，政策を実施する政府機関や NGO などの外部者が，どの地域で実施するかを決定していることによるものがあります（これを内生的政策配置：endogenous program placement バイアスといいます）。新しい農業技術を普及するプロジェクトの場合，よりプロジェクトの成果が出やすそうな，より条件のいい地域（灌漑設備が整っている，道路・市場へのアクセスがよい，村のリーダーが農業に熱心など）がまずは選ばれるかもしれません（初めのプロジェクトの成功が次の地域・プロジェクトに結び付くからです）。つまり，プロジェクト実施地域がランダム（無作為）ではなく意図的に決定されているために，プロジェクトの参加者（地）と不参加者（地）では地域的な特性が異なることになります。

　そうであれば，同じ地域の経済主体同士を比較すればいいかというと，それも名案とはいえません。その理由は，プロジェクト実施地域で実際にそのプロジェクトに参加するかどうかは，多くの場合，各経済主体の判断に委ねられていたり，プロジェクト実施者が意図的に最貧困層や小規模農家を選んでいたりするためです。前者の場合には，プロジェクトから得られる便益が大きいと考える経済主体や，新技術の採用や起業などに意欲的な経済主体がまず参加する可能性が考えられます（これを自己選択バイアス：self-selection bias といいます）。

このように，プロジェクトへの実際の参加者が無作為には選ばれていないために，プロジェクト参加者と不参加者の特性が異なる可能性は排除できません。

　このような内生バイアスの影響を軽減して，開発政策のインパクトを評価する計量経済学的な手法が，**操作変数法**（instrumental variable method）です。

　なお，差の差の手法のもとで，プロジェクトの参加者をいくつかのグループに分け，まずは 1 つのグループにプロジェクトを実施し，その後，一定期間（たとえば 3 ヵ月）をおいて次のグループに，また 3 ヵ月後に次のグループに，というように各グループでプロジェクト開始時期をずらし，パネルデータ分析によりそのインパクトを測るという方法も用いられるようになっています（Galiani et al. [2005] や Jensen [2007] など）。パネルデータ分析（の固定効果モデル）を併用することにより，プロジェクト参加者と不参加者の異質性のうち，時間に対して不変な要素の影響を取り除くことができることになります。

2）操作変数法

　ここでは，操作変数法の考え方を説明していきます。厳密な説明は避け，考え方だけを示しますので，詳しくは西山他 [2019, 第 7 章] や Wooldridge [2019, Ch.15] などの計量経済学の教科書を参照してください。

　ここで計測により明らかにしたいことは，プロジェクトが実施された（プロジェクトに参加した）ことにより，プロジェクトの成果目標が達成されたかどうか，つまり，教育成果や雇用，所得・貧困などのプロジェクトが対象とする結果指標が改善したかどうかということです。そこで，計量経済学的手法によりそれを推計する際の回帰方程式は，次のようになります。

$$Y_i = \alpha + \beta \cdot P_i + \gamma \cdot \mathbf{X_i} + u \qquad (1)$$

　ここで，Y_i は経済主体 i の結果指標（の値），P_i はプロジェクトへの参加／不参加を区別する変数（プロジェクトに参加した場合には 1 を，参加しなかった場合には 0 をとるダミー変数），$\mathbf{X_i}$ は経済主体 i の特性（個人の場合には性別や年齢，教育水準など）や地域の特性に関する変数（ベクトル）を表しています。また，α は切片で，β と γ はパラメータ，u はかく乱項をそれぞれ示しています。

　(1) 式を推計する際に問題となるのが，1) 節で説明した内生バイアスの問題であり，プロジェクトへの参加 P_i の内生性 (endogeneity) の問題です。たとえば，子どもの栄養状態を改善することを目標に，乳幼児向けの栄養補助食品の利用を促進するプロジェクトを実施し，乳幼児を持つ母親であれば誰でも参加できるとします。すると，プロジェクトに参加し栄養補助食品を利用しようと考える母親は，子どもの栄養状態が悪いと認識している母親や，そもそも子どもの栄養状態を非常に気にかけている母親かもしれません。また，栄養補助食品が適切な用量・用法を守らなければ効果がないようなものである場合，それを理解し実践できるのは，ある程度教育を受けた母親かもしれません。そうなると，子どもの栄養状態がプロジェクトへの参加（栄養補助食品の利用）を決定しますし，栄養補助食品の利用が子どもの栄養状態を決定するということにもなります。このように因果関係が双方向に発生する場合に，内生性の問題が生じます。

　内生性の定義は，推計したい方程式の説明変数と誤差項（かく乱項）の間に相関があるということです。その要因としては，先に説明したような因果関係が双方向に発生する，つまり，被説明変数と説明変数が相互に影響を与え合っているという同時決定の問題だけでなく，本来であれば説明変数として回帰方程式の推計に含まれるべき変数が欠落しているという欠落変数 (omitted variable) の問題，そして，逆の因果性 (reverse causality) と呼ばれる，説明変数として用いている変数がモデルの中で内生的に決定されている（(1) 式を使って説明すると，P_i が Y_i を説明するだけではなく，Y_i が P_i を説明しうる）という問題など，さまざまな要因が考えられます。これ以上の専門的な議論についての説明は，本書の水準を超えるので，計量経済学の専門書（たとえば，西山他 [2019]）を参照してください。

　内生性がある場合には，(1) 式を回帰分析のもっとも基本的な手法である最小二乗法 (OLS) で推計すると，正確な推定量は得ることができません。このような場合に，より正確な推計を実施する方法が操作変数法です。

　操作変数法では，はじめに第一段階の推計として，次のような開発プロジェクトへの参加の決定関数を推計します。

$$P_i = \theta + \mu \cdot Z_i + \rho \cdot \mathbf{X_i} + \varepsilon \qquad (2)$$

　ここで，Z_i は**操作変数**（instrumental variable）といい，プロジェクトへの参加決定には影響を与えるが，インパクトを計測したい結果指標には直接影響を与えないような変数です。この操作変数を用いて，（2）式の参加決定関数を推定し，そこから得られた（プロジェクトへの参加確率のような）$\hat{P}_i$ を，（1）式の P_i に代入して（1）式を推計することで，内生バイアスを除去することができるのです。

　操作変数法は，内生性の問題がある場合に広く用いられる方法ですが，多くの場合，本当に結果指標に直接影響を与えないような適切な操作変数を見つけることは非常に困難であり，試行錯誤が繰り返されています。

3）回帰不連続デザイン

　開発政策・プロジェクトにおいて，ある閾値（たとえば，貧困線や 40 歳以下といった年齢，0.25ha 以下といった農地所有面積など）により参加資格が与えられるような場合にも，プロジェクトの参加者（参加資格のある者）と不参加者（参加資格を満たさない者）とでは，各種の特性が異なっている可能性が大きく，実施・未実施比較や差の差分析などのアプローチでは適切なインパクトを測ることができません。そこで，参加資格の閾値の前後にいる経済主体（閾値が貧困線の場合，貧困線を少し下回る所得で参加資格を持つ家計と，少し上回るために参加資格のない家計）に限定して，結果指標に不連続性があるかどうかを検定する**回帰不連続デザイン**（regression discontinuity design）という手法も，広く用いられるようになってきています[2]。

　この手法は，参加資格の閾値の前後にいる経済主体は，各種の特性がほぼ同じであろうという想定のもと，プロジェクト実施後に参加者と不参加者の間で結果指標を比較し，もし不連続性が見いだせれば，つまり参加者と不参加者とで結果指標が明らかに異なれば，それがプロジェクトの効果であったと考えるものです。

　図 6 - 2 が回帰不連続デザインのイメージです。たとえば，貧困層の所得向

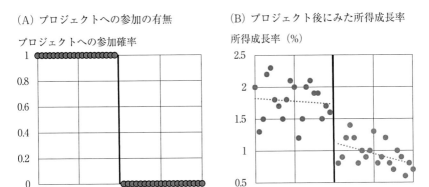

(A) プロジェクトへの参加の有無

(B) プロジェクト後にみた所得成長率

図6−2 回帰不連続デザインのイメージ

出所：筆者作成。

上を目標としたプロジェクトで，国際的な貧困線の「一人一日2.15ドル」以下で生活をしている人（貧困層）を対象者（そして全員が参加するもの）とします。つまり，2.15ドルを閾値として，2.15ドル以下の所得の人はプロジェクトに参加しますが，2.15ドルを少しでも超える人は参加することができません（図6−2（A））。そして，所得を向上させるためのプロジェクト（起業・就業支援や所得移転，マイクロ・ファイナンスの提供[3]，識字教育などが考えられるでしょう）を実施します。インパクト評価のためにプロジェクト参加者と不参加者の双方に対して，事前・事後調査で所得水準について聞き取りをしていますが，その中でも閾値前後（事前調査で所得が2.15ドル前後）の人々の所得成長率について計算し，比較してみます。もし，プロジェクト参加者の所得成長率の方が，不参加者のそれよりも（有意に）高い場合，図6−2（B）のように明らかに両者で異なるトレンドがみられる場合には，不連続性が見いだされ，プロジェクトによる所得向上効果があったといえることになります。

2　ランダム化比較実験

　前節では，開発政策・プロジェクトのインパクトを評価する際に，政策実施

地域や参加者が無作為に選ばれていないことが真のインパクトの計測に影響を
与えていることを説明しました。それなら，そもそもそのようなバイアスが生
じないようにプロジェクトを設計したり，データを集めたりすればいいのでは
ないかということで，近年そのアプローチであるランダム化比較実験（RCT）
が盛んになっています[4]。

　RCT はもともと臨床研究で発展した手法で，新薬の効果や従来使われてい
る薬の新しい使い方などを検討するために用いられています。新薬の試験で
は，潜在的なターゲット（新薬の効果を測りたい治験者）を，ランダムに 2 つの
グループに分けます。そして，1 つ目のグループを「治験群」として新薬を施
します。もう 1 つのグループは「対照群」として，新薬と外見は同じで薬用成
分を含まない偽薬を渡します。そして，それぞれ一定期間その薬（もしくは偽薬）
を飲み続けてもらいます。治験者には，本人がどちらのグループに属している
のかは隠しておいて，試験終了後に 2 つのグループの治癒状況に統計的に有意
な差があるかどうかを検定するのです。

　開発経済学では，1997 年にメキシコで始まった就学条件付き現金給付
（PROGRESA）で適用されたことをきっかけに，途上国での開発政策・プロジ
ェクトの効果を厳密に推計するための評価手法として，RCT が広く用いられ
るようになりました。代表的な研究に，Miguel and Kremer［2004］がありま
すので，その研究を紹介しながら RCT の考え方をより詳しく説明していきま
す。

　Miguel and Kremer［2004］の対象国であるケニアでは，学齢期の子どもの
多くが寄生虫病（蟯虫症）[5]に罹病しています。寄生虫病は，虫下し薬（駆虫薬）
を服用することで治療することができます。虫下し薬は途上国でも非常に安価
で手に入りますが，服用してもまたすぐに（服用していない子どもなどを介して）
罹病するなどの理由から十分に活用されていないのが現状です。そこで，ケニ
ア西部ブジア地区の南部に位置する小学校から 75 校をランダムに抽出し，虫
下し薬を配布するという Primary School Deworming Project（PSDP）を RCT
の手法を用いて実施しました（6 〜 18 歳の生徒 3 万人以上が対象となっています）。

　PSDP では，ランダムに抽出した 75 校を，さらに（こちらもランダムに）3 つ

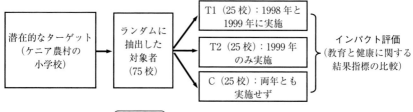

（図6−3）RCT による PSDP の概念図

出所：Miguel and Kremer［2004］の内容をもとに筆者作成。

のグループに分け虫下し薬の無料配布を順に実施しました。具体的には，第1グループ（T1）の25校に対しては1998年と1999年の両年に，第2グループ（T2）の25校には，1998年は実施せず，1999年になって薬の無料配布を行い，第3グループ（C）については両年とも介入はしませんでした（実際には，第3グループはインパクト評価が終了した後の2001年に配布を受けています）。つまり，T1とT2が治験群で，Cが対照群ということになります。図6−3がその概念図です（この研究では治験群が2グループですが，研究（RCTの設計）により1グループの場合や3グループ以上の場合もあります）。

　このプロジェクトにより，児童の欠席率が7.5％低下（欠席率が4分の1減少）したという結果が得られています。また，プロジェクトが実施された学校だけでなく，近隣の学校での児童の欠席率も平均で2％低下させるなど，治験群への虫下し薬がもたらす近隣の学校（やコミュニティー）への外部性も大きいことがわかっています。さらに，虫下し薬の費用は1年当たり1人0.49ドルと極めて安く，虫下し薬を通じて1人の児童の就学年数を1年増加させるための費用も3.5ドルと，費用対効果の高いプロジェクトであると筆者らは結論づけています。つまり，（これが他のすべての地域にもあてはまるとは限りませんが）子どもの就学率や教育水準を向上させるためには，親への財政支援や児童への給食の配布などよりも，虫下し薬を配布して健康を改善する方が，場合によっては低コストでかつ効果的であるということが，RCTを適用することでわかったのです。

　この研究結果は，アフリカをはじめ，南アジア・東南アジア，ラテン・アメ

リカ地域などでの，世界保健機関（WHO）や国連機関，NGO などによる教育
水準・教育成果の向上を目指した駆虫キャンペーンの世界的な展開の促進に一
役かっています。

　なお，Baird et al.［2016］は，プロジェクト実施から 10 年後の 2007〜2009
年にかけて PSDP の対象となった小学校に通っていた約 7,500 人を対象に実施
した調査から得られたデータを用いて，PSDP の長期的な影響を検証していま
す。その結果は，虫下し薬の配布対象となった小学校に通っていた場合，そう
でなかった場合と比べて，就学年数が長く，労働時間も長いなど，プロジェク
トが教育水準や労働供給に影響を与えていることを示唆しています。また職業
の選択にも影響を与えていて，虫下し薬の配布対象となった人の方が伝統的な
農業ではなく換金作物を栽培したり，非農業部門での自営業や製造業などによ
り就いていたりするという推定結果も示しています。さらに PSDP の 20 年後
の影響をまとめた Hamory et al.［2021］においても，学童期に虫下し薬の配
付を受けた個人の方が消費支出と時間当たりの賃金が高く，非農業就業と都市
での居住が多いことが示され，改めて集団駆虫の社会的収益性の高さが指摘さ
れています。

　また近年では，より複雑に設計された RCT も実施されています。たとえば，
マラリア対策として殺虫処理された蚊帳を配布するという RCT を実施する際
に，対照群に対して単に無料配布するのではなく，無償から（市場価格よりは安
い）いくつかの異なる価格で配布・販売し，無償配布の場合と課金される場合
とでの使用率や，販売価格の違いによる購入率の違いなどを考察するというよ
うなやり方です（Cohen and Dupas［2010］を参考にしています）。新しい農業技術
を普及するプロジェクトでは，単純に技術を紹介されるだけのグループ，技術
を紹介されかつ農業に関する講習を受けるグループ，技術を紹介され・講習を
受けかつ定期的に農業普及員が視察に訪れ農業指導を受けられるグループに治
験群を分けるなどが考えられるでしょう。このようにグループにより条件を変
えることで，どのような条件のときにプロジェクトの効果が大きくなるかを詳
しく検討することができ，そこからプロジェクトの改善のヒントなどを得られ
るようになるのです。

　RCT によりこれまでよりも個別の開発政策・プロジェクトのインパクトが
より正確に計測できるようになりましたが，いくつかの問題点も指摘されてい
ます。はじめに，途上国での RCT では対照群には（少なくとも一定期間は）何
も行いませんが，自分たちが治験群と異なる処置を受けているということがわ
かってしまうことが往々にしてあります。そうなると，その事実を知ったこと
により行動を変える（より努力したり，プロジェクト実施者の意向にそうような行動
をしたりするなど）可能性がでてきたり（これは "Hawthorne effects" と呼ばれてい
ます），対照群を不憫に思った（プロジェクト実施者ではない）誰かが対照群の人々
に金品を渡すというようなことも起こり得ます。それにより，対照群の結果指
標は単純に介入がなかった場合の結果とは異なってきて，正確なインパクトの
計測ができなくなると考えられます。

　また，治験群としてランダムに選ばれ，たとえば栄養補助食品の配布を受け
た母親が，それを自分の子どもには与えずに，対照群の母親に渡すようなこと
も途上国の RCT では起こり得ますし，治験群に入った人が途中でプロジェク
トへの参加をやめる（または配布は受けるけれど，自主的に栄養補助食品の使用をや
めたりする）ことも十分に考えられます。加えて，対照群に入った人は（後に介
入が受けられるとしても少なくとも一時的には）介入が受けられない，最貧困層な
のに貧困層向けのプロジェクトから意図的に排除されるという倫理的な問題も
指摘されていますし，実施費用の高さ，（たとえばインフラ事業やマクロ経済政策・
改革など）すべてのプロジェクトが RCT に向いているわけではないこと，あ
る地域でみられたインパクトが他地域でも同様にみられる保証はないなども，
問題として挙げられます[6]。

　確かに，対照群が介入を受けていないにも関わらず，プロジェクトの存在に
よりこれまでの行動を変えたり，介入が対照群に漏れたりすることは，正確な
インパクトを計測するという意味では問題があります。しかし，開発政策・プ
ロジェクトの意味を考えると，プロジェクトの対象者以外の経済主体や地域が
プロジェクトの恩恵を受けること，スピルオーバー効果があることは望ましい
ことといえます。実際，虫下し薬の配布が（対象ではない）近隣地域での寄生
虫症の罹患率も減少させたり，女子の成績優秀者への奨学金の給付プロジェク

トが給付対象ではない男子のテスト点数も押し上げたり，就学条件付き現金給付プログラムの実施により非対象家計の子どもの就学率も高まったことなどが報告されています。開発政策にスピルオーバー効果が認められ，かつそれを測ることができれば，限られた開発予算・資源の中で，たとえば 5 ヵ村の全員（100％）に介入をすべきか，あるいは 10 ヵ村の 50％に介入する方がいいのか，どちらの方が全体として便益が大きくなるかという判断に役立ちます。Baird et al.［2018］は，スピルオーバー効果を厳密に測るための RCT の設計方法を開発しまとめていますので参考になるでしょう。

3　傾向スコアマッチング

　開発政策・プロジェクトのインパクトを正確に計測するためには，RCT のように参加者（治験群）と不参加者（対照群）をランダムに選ぶことが理想ですが，つねにそれができるとは限りません。また，事後的に特定のプロジェクトのインパクトを評価することもあります。その際にももちろん，事前にランダムに対象者を選ぶという設計がなされていたものでない限りは，ランダムに抽出された参加者と不参加者のデータは手に入れることはできません。

　このような場合に有用とされているのが，**傾向スコアマッチング**（PSM）という方法です[7]。PSM の考え方は，プロジェクトの不参加者の中から，参加者と特性が似通っている人たちを見つけて（特性が似通っている人たちをマッチングして），結果指標を比較するというもので，イメージとしては図 6 - 4 のようになります。

　具体的な手順としては，

① プロジェクトへの参加や結果指標に影響を与えそうなすべての特性（に関する変数 X）を用いて，参加者（T）と不参加者（C）のプロジェクトへの参加確率 $p(X)$ を求めます。$p(X)$ が傾向スコア（propensity score）です。

② その傾向スコア $p(X)$ にもとづき，同じ（またはもっとも近い）$p(X)$ の値を持つ T と C をマッチングします[8]。

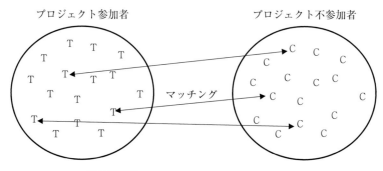

プロジェクト参加者　　　　　　　　プロジェクト不参加者

（図6－4）傾向スコアマッチングのイメージ

（注）Tはプロジェクトの参加者，Cは不参加者を表しています。
出所：筆者作成。

③　参加者の結果指標と②でマッチした不参加者の結果指標の差を求めます。正確にいうと，それぞれの参加者とマッチしたそれぞれの不参加者との結果指標の平均的な差を求めることになります（これを，治験群の平均処置効果：average treatment effect on the treated といいます）。

　この PSM 法を用いて，Jalan and Ravallion［2003］はインド農村において水道のある家計の5歳未満の子どもの方が，そうでない家計の子どもより下痢の有病率が低く，下痢の継続期間が短いことを示しています。また，ペルーでのイモ生産農家に対するファーマー・フィールド・スクール（farmer-field-school：FFS）プログラムの影響をPSMにより推計したGodtland et al.［2004］は，FFSへの参加が総合的病虫害管理（Integrated Pest Management）に対する知識を増やし，そのことがイモの生産性の向上にもつながっていると結論づけています。

　なお，PSM法では，マッチングされたTとCとでは，参加や結果指標に影響すると考えられる特性が（観察されないものも含め）近似しているという仮定がおかれています。しかし，実際にプロジェクトへの参加確率を推計する際には，観察可能な変数だけが用いられるため，観察不可能な特性が参加決定に影響を与えていたとしても，それをコントロールすることはできず，推定結果にバイアスが生じることになります。したがって，PSM法は参加が自身の判断

に委ねられているようなプロジェクトのインパクト評価の手法としては，適用するべきではないでしょう（観察される特性が同じなのに，参加する人としない人がいるということは，それ以外の観察されない何かが参加決定に影響しているということです）。最後に，PSM 法がマッチングの方法として必ずしも最適ではないという指摘があることにも留意が必要です（King and Nielsen [2019]）。

4　まとめ

1) 開発援助の成果が厳しく問われ，援助効果の向上が課題とされる中で，政策・プロジェクトの影響評価（インパクト評価）への需要が高まっている。

2) 従来のインパクト評価の方法である，事前・事後比較や実施・未実施比較，差の差などでは開発成果・プロジェクトの影響とそれ以外のいろいろな要因の変化による影響とを識別することができない，参加者と不参加者の特性が異なるために，正確なインパクトを計測することができないなどの問題があった。

3) 内生性の問題に対処しつつ正確な開発プロジェクトの影響を評価するための方法には，操作変数法があり，その他にも回帰不連続デザインや傾向スコアマッチング，そして，そもそも内生バイアスが生じないようにプロジェクトを設計し実施するランダム化比較実験などが盛んになされるようになっている。

4) 正確な開発政策・プロジェクトの影響評価の計測は重要ではあるが，それを計測すること（だけ）が目的とならないよう，インパクトが生じるメカニズムやその背景にある人々の行動にも目を向ける必要がある。

補論：貧困削減政策におけるターゲティング

　「効果的な援助」を実施するために，世界が共有している目標の一つとして，「貧困削減」がかかげられています。貧困削減政策を効率的に実施するためには，確実に貧困層（のみ）がその政策の対象となることが重要です。そのため

の手法として，ターゲティング（targeting）があります。

　ターゲティングとは，貧困削減政策において，個々の貧困者に直接ターゲットをおくことで，それにより非貧困層が貧困削減政策の対象者（受益者）になる可能性を極力減らすことを目的としています。限られた援助資金を効率的に利用するため，そして資金の出し手である納税者に対する説明責任という点においても，ターゲティングは重要といえます。では，どのようにして貧困者を特定すればいいのでしょうか。

　ターゲティングの方法として，まず考えられるのが，貧困削減政策を実施しようとする国の国民一人一人について所得と消費に関する情報を集め，所得・消費水準が貧困線を下回っていれば，貧困層であると特定して，貧困削減政策の受益者とする方法です。これは，より正確なターゲティングの方法と考えられますが，その実施には膨大な費用（と時間も人も）がかかるため，現実的ではありません。そこで，世界銀行の生活水準指標調査（Living Standard Measurement Study：LSMS）などの標本調査（全国民を調査する全数調査ではなく，国民の中からランダムに選んだ人に対して調査すること）により収集されたデータにもとづいて，貧困層の多い地域や貧困となりがちな人たちの特性を見出し，その地域に住む人や特性を持つ人たちを貧困削減政策の受益者とする方法が採られています。貧困層の特性としては，寡婦世帯や土地なし世帯，インフォーマル・セクターに従事する世帯などが挙げられます。

　さらには，政策を実施する際に，貧困層のみが参加したがるようなプログラムを形成し，そのプログラムに参加したいとする人々を受け入れることで，（個々人の特性がわからなくても）目的に適った受益者を対象に政策を実施できる，**セルフ・ターゲティング**（自己選抜）という方法もあります。その代表的かつ実績のあるものの一つが，貧困層にとっては魅力的でも，非貧困層は参加したがらないような賃金水準での雇用機会を提供するワークフェアです（詳しくは黒崎・山形［2017，第9章］やde Janvry and Sadoulet［2021, Ch.14］などを参照してください）。

【注】

1 ） 結果重視マネジメントは，あらかじめ明確な目標を設定し，その目標を達成するために実施した政策やプロジェクトの結果を評価し，施策の改善につなげるような開発援助の評価のあり方のことをいいます。

2 ） 例として，Manacorda et al.［2011］や森［2014］などがあります。計量経済学的な説明については，Angrist and Pischke［2009］などに示されています。

3 ） マイクロ・ファイナンスについては，第11章で詳しく説明します。

4 ） Abdul Latif Jameel Poverty Action Lab（J-PAL）は，途上国において多くのRCTを実施しています（https://www.povertyactionlab.org/）。なお，同センターに参画しているアビジット・バナジー，エステル・デュフロ，マイケル・クレーマーの3氏は，「途上国での貧困問題の解決に向けた具体的な手法（＝RCT）を開発し，開発経済学での実験的手法を確立した」という理由で，2019年にノーベル経済学賞を受賞しています。

5 ） 蟯虫や十二指腸虫（鉤虫），回虫，鞭虫，住血吸虫などの寄生虫が腸に寄生することによりかかる病気のことで，世界中で発生していますが特に熱帯の途上国でのリスクが高いです。

6 ） RCTの理論的問題，他地域での実施や規模を拡大した際の再現性の問題，その他インパクト評価の外的妥当性（external validity）の問題について，ラヴァリオン［2018, 第4章］にその議論や問題解決のヒントが記されています。

7 ） 日本語の文献でPSMについて詳しいものに，星野［2009］があります。

8 ） 同じような特性を持つ人なら，参加確率も非常に似通っているだろうという発想です。つまり，プロジェクト参加と結果指標に影響を与えそうなすべての特性（の値）について，一つ一つ，一人一人似通っている人を探してマッチングするのは困難ですので，それらの特性により求められた参加確率という一つの値を用いてマッチングしようということです。

引用文献

Angrist, J. D., and Pischke, J-S. ［2009］ *Mostly Harmless Econometrics: A Empiricist's Companion*, Princeton University Press.（ヨシュア・アングリスト，ヨーン・シュテファン・ピスケ／大森義明・小原美紀・田中隆一・野口晴子訳［2013］『「ほとんど無害」な計量経済学—応用経済学のための実証分析ガイド』NTT出版）

Baird, S., Bohren, A., McIntosh, C., and Özler, B. ［2018］ "Optimal Design of Experiments in the Presence of Interference" *Review of Economics and Statistics*, 100(5), 844-860.

Baird, S., Hicks, J. H., Kremer, M., and Miguel, E. ［2016］ "Worms at Work: Long-Run Impacts of a Child Health Investment" *The Quarterly Journal of Economics*, 131(4), 1637-1680.

Cohen, J., and Dupas, P. [2010] "Free Distribution or Cost-Sharing? Evidence from a Randomized Malaria Prevention Experiment" *The Quarterly Journal of Economics*, 125(1), 1-45.

de Janvry, A. and Sadoulet, E. [2021] *Development Economics: Theory and Practice* (2nd Edition), Routledge.

Galiani, S., Gertler, P., and Schargrodsky, E. [2005] "Water for Life: The Impact of the Privatization of Water Services on Child Mortality" *Journal of Political Economy*, 113(1), 83-120.

Godtland, E., Sadoulet, E., de Janvry, A., Murgai, R., and Ortiz, O. [2004] "The Impact of Farmer-Field-Schools on Knowledge and Productivity: A Study of Potato Farmers in the Peruvian Andes" *Economic Development and Cultural Change*, 53(1), 63-92.

Hamory, J., Miguel, E., Walker, M., Kremer, M., and Baird, S., [2021] "Twenty-year Economic Impacts of Deworming" *Proceedings of the National Academy of Sciences* (*PNAS*), 118(14), e2023185118.

Jalan, J., and Ravallion, M. [2003] "Does Piped Water Reduce Diarrhea for Children in Rural India?" *Journal of Econometrics*, 112(1), 153-173.

Jensen, R. [2007] "The Digital Provide: Information (Technology), Market Performance and Welfare in the South Indian Fisheries Sector" *Quarterly Journal of Economics*, 122(3), 879-924.

King, G., and Nielsen, R. [2019] "Why Propensity Scores Should Not Be Used for Matching" *Political Analysis*, 27(4), 435-454.

Manacorda, M., Miguel, E., and Vigorito, A. [2011] "Government Transfers and Political Support" *American Economic Journal: Applied Economics*, 3(3), 1-28.

Miguel, E., and Kremer, M. [2004] "Worms: Identifying Impacts on Education and Health in the Presence of Treatment Externalities" *Econometrica*, 72(1), 159-217.

Ravallion, M. [2016] *The Economics of Poverty: History, Measurement, and Policy*, Oxford University Press. (マーティン・ラヴァリオン／柳原透監訳 [2018]『貧困の経済学 上・下』日本評論社)

Wooldridge, J. M. [2019] *Introductory Econometrics: A Modern Approach* (7th edition), South-Western.

黒崎卓・山形辰文 [2017]『開発経済学 貧困削減へのアプローチ 増補改訂版』日本評論社.

星野嵩宏 [2009]『調査観察データの統計科学―因果推論・選択バイアス・データ融合』岩波書店.

西山慶彦・新谷元嗣・川口大司・奥井亮 [2019]『計量経済学』有斐閣.

森悠子 [2014]「インドの選挙と投票行動に関する実証分析」, 北村行伸編著『応用ミクロ計量経済学II』, 第11章, 日本評論社.

📖 学生に読むことをお勧めしたい参考文献

伊藤公一朗［2017］『データ分析の力―因果関係に迫る思考法』光文社.

エステル・デュフロ，レイチェル・グレナスター，マイケル・クレーマー／小林庸平監訳［2019］『政策評価のための因果関係の見つけ方―ランダム化比較試験入門』日本評論社.

中室牧子・津川友介［2017］『「原因と結果」の経済学―データから真実を見抜く思考法』ダイヤモンド社.

森田果［2014］『実証分析入門―データから「因果関係」を読み解く作法』日本評論社.

—— 第 7 章 ——

開発の行動経済学

　従来の経済学では，理論的な枠組みや分析を単純にするために，経済主体は合理的で利己的に行動するという仮定をおいていました。たとえば，人は，自分の効用のみを最大化しようとし，自分の選択が他の人に与える影響を考慮しないという，完全利己的な経済人の仮定があります。しかし，このような仮定は必ずしもわれわれの行動選択に当てはまらないということが明らかになってきました。行動経済学とは，人間の感情や心理を重視し，従来の経済学に取り入れていこうとする研究領域のことを指します[1]。初期の行動経済学では，標準的な経済学の仮定に対する反例を挙げ，実際の世界に暮らす人が合理的経済人とはいかに違うかという証拠を示す研究が蓄積されました。近年は，それらの証拠を基礎に，人間行動の体系化と理論化を図り，経済現象の解釈，政策立案に応用する段階に入っています。

　従来の経済学では説明できない，一見すると非合理的な行動は，発展途上国農村においても数多く観察されます。たとえば，慣習的に行われてきた贈与行動や，平等に分け合う規範などがあります。また，途上国農村では，相互の**信頼**や組織，ネットワークといった，**社会関係資本**の果たす役割は大きく，行動経済学の分析手法を使うことで，人々の行動を深く理解することが可能となります。そのため，開発経済学の分野では，発展途上国において行動経済学的なアプローチによる調査が多く実施され，新しい視点から社会経済システムを理解しようという研究が行われています。

　この章では，行動経済学が途上国農村での研究にどのように応用されているかについて説明します。1節では，人間の合理性への疑問が生じ行動経済学が展開してきた経緯と，利他性，信頼の計測について説明します。2節では，行

動経済学の主要な研究分野であるリスクについて，**期待効用理論**と**プロスペクト理論**，および途上国での応用例について述べます。そして，3 節では，**時間選好**と**現在バイアス**の概念，測定方法について説明します。

1　利己的人間像への疑問―利他性，信頼

1）独裁者ゲームによる「利他性」の測定

　標準的なミクロ経済学の講義では，「効用最大化」の原理にもとづいて消費者行動が説明されます。この時，最大化する効用は，自分の効用のみであり，他の人の効用は主体の行動や選択に影響がありません。しかし，このような仮定をおくと，人に何かを与えたり，分け合ったりする行動の重要な要素である，他の人の利益を追求しようとする人間の性質（利他性）の影響を考慮することができません。発展途上国の農村では，親戚間の贈与や，農村コミュニティ内で資源を共有する行動が多く観察されます。このような行動を理解する上で，利他性の影響を分析することは有用です。

　利他性の影響を分析するためには，対象となる経済主体や社会がどれぐらい利他的なのかを知るために，何らかの方法で利他性を計測し，指標を得る必要が生じます。質問紙により，「あなたはどの程度ひとの利益を気にしますか」と直接聞くのも一つの方法ですが，仮想状況での質問にはどう答えることもできるため，指標の信頼性が疑わしいという問題があります。このような問題を回避するために，行動経済学では，実際に損得が発生する状況で「実験」を行い，実験参加者の行動から指標を得るという手法をとります。

　利他性の指標を得るためには，ゲーム理論の「**独裁者ゲーム**」と呼ばれる枠組みを用いて，実験参加者の**利他性**を計測します。図 7 - 1 のように，独裁者ゲームは，二人の参加者で実施され，一人は「独裁者」として，もう一人は「受益者」として実験に参加します。独裁者は，ゲームの初めに一定額の資金（初期賦存量），たとえば，図 7 - 1 の例では 5,000 円を与えられます。独裁者は，そのうちどれだけを受益者に与えるかという，移転額を決定します。独裁者は，移転により受益者に与えた額を差し引いて，手元に残った額を受け取りま

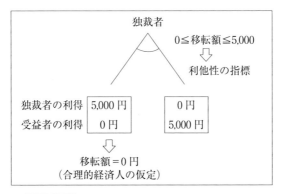

図7-1 独裁者ゲームによる利他性の指標計測

出所：筆者作成。

す（独裁者の利得）。この実験では，受益者には行動の選択肢はなく，分けられた金額（受益者の利得）を受け取るだけで実験が終了します。たとえば，独裁者が2,000円を移転した場合，独裁者と受益者，それぞれの利得は，3,000円，2,000円となります。

　合理的な経済人を仮定すれば，自分の利得のみを気にかけるので，効用を最大にする移転額は0円となります。しかし，実際にこの実験を行うと，多くの参加者はいくらかの額を相手に移転することが観察されます。この移転額を，利他性の指標として用いることで，利他性が経済行動に与える影響を知ることができます。

　このような実験を，大学の実験室で主に学生を対象として行う場合は「実験室実験」と呼びます。実験室実験を，途上国の農村など，現実経済のフィールドで行う手法は，「ラボ・イン・フィールド実験」と呼ばれます（Cardenas and Carpenter［2008］, Gneezy and Imas［2017］）。開発経済学では，「フィールド実験」という言葉は，政策プログラムの実験（特定のグループにのみ政策・支援を実施し，それ以外の人と比較することで政策効果を検証するという実験的な手法）を指すことが多く，「ラボ・イン・フィールド実験」と「フィールド実験」を区別する場合もあります。以下では，「ラボ・イン・フィールド実験」のことも単にフィールド実験と呼び説明をします[2]。

表 7 − 1　ジャワ農村における独裁者ゲームの実験結果

	平均	標準偏差
RT 内の不特定の相手に移転した額（ルピア）	4,752	3,117
集落内の不特定の相手に移転した額（ルピア）	3,979	3,190
集落外の不特定の相手に移転した額（ルピア）	2,979	2,817

出所：福井他［2014］をもとに筆者作成。

　表 7 − 1 は，インドネシア・中部ジャワ農村で実施したフィールド実験の結果を示しています[3]。この**独裁者ゲーム**では，参加者に初期賦存量 12,000 ルピアを渡し，各参加者は，特定の相手 3 人，および，不特定の相手（RT と呼ばれる近所グループの誰か，集落内の誰か，集落外の誰か）について移転額を決定しました。12,000 ルピアは，日本円にすると約 100 円の価値があり，当時の農村の日雇い労働で半日〜 1 日分の労働報酬に相当する額です。また，RT と呼ばれるグループは，集落内の公的な組織で，最も互いの認知度が高い集団となります。RT が異なっても，集落内であれば日常的に集落構成員と顔を合わせ，共同作業も多いので互いによく知っており，集落外となると最も認知度が低くなります。実際の移転相手は，実験者があらかじめ設定し被験者には知らせない状況で実験を行っています。表 7 − 1 は，不特定の相手が，RT メンバーの場合，集落内のだれかの場合，集落外のだれかの場合のそれぞれの移転額の平均値と標準偏差を示しています。平均値を見ると，相手が RT メンバーの時に高く，次に集落内，集落外と**利他性**の程度が下がることがわかります。このような指標を用いて，たとえば，**利他性**の度合いは RT や集落ごとに異なるのか，どのように差がでるのかといった問題や，**利他性**の高さが経済行動に与える影響を分析することができます。

2）投資ゲームによる「信頼」の測定

　コミュニティ内での**信頼**やネットワーク，組織といった**社会関係資本**の蓄積は，**共有資源**の保全や公共財の維持管理等，共同が必要な場合に効果を発揮します。しかし，どの程度の効果があるかを検証するには，**社会関係資本**を測定する必要があります。**社会関係資本**を測定する方法には，質問紙による調査と，

実験による測定があり，実験では，**投資ゲーム**による「**信頼**」の測定が可能です。ただし，この実験で計測される投資額は，利他性や危険回避性向と関連しているため，純粋な意味での「信頼」と必ずしも一致しないことに注意が必要です（Schechter［2007］）。

　投資ゲームは，図7－2のように，出資を決める「**信託者**」と，信託を受ける「**受託者**」の二人で実験を行います。**信託者**は，初期賦存量からいくらを投資するかを決定します。出資を受けた事業に利益がでた状況を模すために，実験ゲーム内では，投資額が実験運営者によって3倍に増額されて受託者に渡されます。**受託者**は，投資額の3倍のうち，いくらを信託者に移転するかを決定します。

　たとえば，図7－2のように初期賦存量が5,000円の場合を考えます。**信託者が受託者**の行動を予測する際，**受託者**を信頼することができず，投資をしても資金はまったく返ってこないと予想した場合，**信託者**は手元の資金を失わないように投資額はゼロとなります。その場合，**受託者**には資金が渡されないので，受託者の行動はなく，**信託者と受託者**の利得はそれぞれ5,000円，0円となります。逆に，**信託者が受託者**のことを信頼していて，投資額以上に資金を返すだろうと予想した場合には，5,000円全額を投資することもあるでしょう。

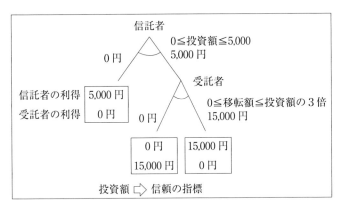

図7－2 投資ゲームによる信頼の指標計測

出所：筆者作成。

その場合，**受託者**は，実験運営者によって3倍に増額された15,000円を渡され，そのうちいくらを**信託者**に返すかを決定します。このように，信託者の行動は相手への信頼を反映していると考え，投資額を信頼の指標として分析に用います。

　表7 - 2は，**利他性のフィールド実験**と同様に，インドネシア・中部ジャワでの**投資ゲーム**の結果を示しています。初期賦存量を10,000ルピアとして，参加者は**信託者**としての移転額を決定しています。**利他性**の指標と同様に，RT内，集落内など，より身近な相手に特定の範囲が狭まっているほど，投資額の平均値が高いことがわかります[4]。

　投資ゲームでの投資額は，**信頼**の程度を反映すると考えられますが，上述の通り，**利他性**や危険回避性向と関連する可能性があります。ジャワ農村で実施した実験でも，表7 - 3の推計結果のように，**投資ゲーム**での投資額はリスクへの態度，**利他性**の指標と関係があることが示されます。表の1行目には被説明変数が書いてあり，係数は，それぞれの説明変数が1単位増加した時に，被説明変数に与える効果を示しています。各説明変数が与える効果の統計的な有意性がt値とアスタリスクで示されており，アスタリスクが多い係数は被説明

(表7 - 2) ジャワ農村における投資ゲームの実験結果

	平均値	標準偏差
RT内の不特定の相手に投資した額（ルピア）	5,372	2,324
集落内の不特定の相手に投資した額（ルピア）	4,697	2,376
集落外の不特定の相手に投資した額（ルピア）	2,938	2,325

出所：福井他［2014］をもとに筆者作成。

(表7 - 3) 投資ゲームの投資額とリスク，利他性との関係を示す分析結果

	RTへの投資額			集落内への投資額			集落外への投資額		
	係数	t値		係数	t値		係数	t値	
危険愛好度	0.362	6.27	***	0.361	6.26	***	0.029	0.42	
RTへの利他性	0.192	3.34	***						
集落内への利他性				0.121	2.00	**			
集落外への利他性							0.006	0.08	*

出所：福井他［2014］をもとに筆者作成。

変数に影響があります。**危険愛好度**は，どの程度リスクを好むかを示す指標（詳細は次節）ですが，**危険愛好度**の係数は正で，RT内，集落内の相手への投資額に対して有意であることから，ギャンブラー傾向の高い人ほど投資額が高いことがわかります。**利他性**も正の影響があり，返って来なくても良いからお金を贈ろうという要素が含まれることを示しています。そのため，**投資ゲーム**での投資額は，純粋な意味での「**信頼**」と必ずしも一致しないことに注意が必要となります。

2 期待効用仮説によるリスク選好とプロスペクト理論 —アレのパラドックス

1）期待効用仮説

発展途上国では，農業の収穫変動をもたらす天候リスクや，保健医療が十分でないための健康リスクなど，不確実性が生活に与える影響は大きい。そのため，リスクを緩和するための慣習的な行動を理解しながら，政策介入によるリスク緩和や，保険市場の整備を行うことが課題となっています。このような問題を考える上で，行動経済学で用いられる，リスクへの態度に関する分析枠組みが有用となります。

経済学では，不確実性をともなう報酬について，安定した額を確実に得たいと考え，期待値が同じであればより受け取り額のばらつきが少ないほうを好む人を**危険回避的**（risk averse）と言い，より受け取れる額が大きく変動することを好む人（ギャンブル好きな人）を**危険愛好的**（risk loving）といいます。また，その中間的な態度で，得られる期待値が変わらなければリスクの有無は気にしない人は**危険中立的**（risk neutral）と呼ばれます。たとえば，次のような選択を考えましょう。

くじA：100％の確率で5,500円，0％の確率で0円を受け取る。
くじB：50％の確率で10,000円，50％の確率で1,000円を受け取る。

くじAから得られる報酬の期待値は5,500円（＝1 × 5,500 ＋ 0 × 0）であり，

くじ B も 5,500 円（＝ 0.5 × 10,000 ＋ 0.5 × 1,000）と同じ額になります。危険回避的な人であれば確実に 5,500 円が手に入るくじ A を選び，**危険愛好的**な人は半分の確率で 10,000 円か 1,000 円のいずれかが当たるくじ B，確率の差を気にしない危険中立的な人はどちらでも良いと感じるでしょう。このような危険に対する態度を，リスク選好と呼びます。

　従来の経済学では，このような選択行動について，期待効用を最大化すると想定して経済主体の行動を説明しました。期待効用とは，くじの例では，「くじの報酬から得られる効用」の期待値であり，「くじの報酬」の期待値そのものとは異なる概念です。上述の通り，くじ A と B から得られる報酬の期待値はいずれも 5,500 円となります。これに対して，効用の期待値は，その人の効用関数で表される選好の違いによって変わってきます。たとえば，**危険回避的**な人の効用関数は，図 7－3 のようになります。この場合，くじ A から得られる期待効用は u（5,500）であり，A 点の高さとなります。くじ B の期待効用は，1,000 円の効用（C 点）と 10,000 円の効用（D 点）それぞれに確率 0.5 をかけて足し合わせた値，$0.5 × u$（1,000）＋$0.5 × u$（10,000）であり，C 点と D 点をつなぐ線分の半分の位置にある B 点の高さとなります。A 点は B 点よりも高いため，危険回避的な人はくじ A を選ぶと説明されます。

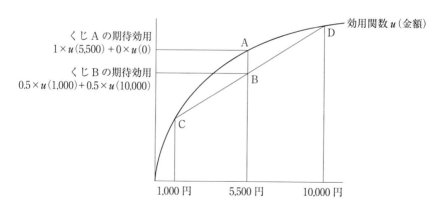

（図7－3）期待効用の概念（リスク回避的な場合）

出所：筆者作成。

2) アレのパラドックス

期待効用理論は，不確実性をともなう選択を分析する際に有用な理論的枠組みです。しかし，**期待効用理論**では説明できない反例もあります。

ここでは，**期待効用理論**の反例としてよく知られる，**アレのパラドックス**を紹介します。回答者は，はじめに，以下の質問1に示すような，確実に100万円を受け取るAか，500万円が10%，100万円が89%の確率で当たり，1%の確率で何も受け取れないというくじBのどちらを好むか選択します。

質問1：A．確実に100万円を受け取る
　　　　B．500万円（10%），100万円（89%），0円（1%）

次に，11%の確率で100万円が当たるくじCと，10%の確率で500万円が当たるくじDのどちらを好むかを回答します。

質問2：C．100万円（11%），0円（89%）
　　　　D．500万円（10%），0円（90%）

期待効用理論の枠組みでは，質問1でAを選ぶ人は質問2ではCを選ぶはずと考えられます。このことを表7－4で確認しましょう。表7－4の上段は，質問1，2の報酬額と確率を整理し，期待効用を示しています。**期待効用理論**

表7－4 アレのパラドックス

	額	確率	額	確率	額	確率	期待効用
A	100	1.00	0	0.00			$1.00 \times u(100) + 0.00 \times u(0)$
B	500	0.10	100	0.89	0	0.01	$0.10 \times u(500) + 0.89 \times u(100) + 0.01 \times u(0)$
C	100	0.11	0	0.89			$0.11 \times u(100) + 0.89 \times u(0)$
D	500	0.10	0	0.90			$0.10 \times u(500) + 0.90 \times u(0)$

⇩ AとC，Dを書き換える

	額	確率	額	確率	額	確率	期待効用
A'	100	0.10	100	0.89	100	0.01	$0.10 \times u(100) + 0.89 \times u(100) + 0.01 \times u(100)$
B	500	0.10	100	0.89	0	0.01	$0.10 \times u(500) + 0.89 \times u(100) + 0.01 \times u(0)$
C'	100	0.10	0	0.89	100	0.01	$0.10 \times u(100) + 0.89 \times u(0) + 0.01 \times u(100)$
D'	500	0.10	0	0.89	0	0.01	$0.10 \times u(500) + 0.89 \times u(0) + 0.01 \times u(0)$

出所：筆者作成。

の枠組みでは，A と C，D を，表の下段に示す A' と C'，D' のように，確率
を分解して書き換えることができます。すると，灰色の部分は，質問 1 の A'
と B では同じで，質問 2 の C' と D' の間でも同じになり比較の際に無視して
良いと考えます。残りの白い部分を見ると，A' と C'，B と D' が同じになっ
ていることがわかります。つまり，A と B の期待効用を比較することは，C
と D' の期待効用を比較することと同じになり，理論的には，質問 1 で A を好
む人は質問 2 でも C を好むはずと予想されます。しかし，アレの調査によると，
53％の回答者が，質問 1 では A を選び，質問 2 では D を選びました。このよ
うな現象を説明するために，**期待効用理論**に代わる理論的な枠組みが必要とな
りました。

3）プロスペクト理論

　期待効用理論への反証を説明可能な理論として，**プロスペクト理論**が考案さ
れました（Kahneman and Tversky［1979］）。プロスペクト理論は，人の価値の
感じ方に関する「**価値関数**」と，確率に対する主観的な評価を示す「**確率加重
関数**」とで構成されます。

　プロスペクト理論では，人が感じる価値は基準となる参照点からの変化で測
られます（**参照点依存性**）。多くの人は，同じ額の変化であれば参照点からプラ
スの方向の変化である利得よりも，マイナスの変化である損失の影響が大きく
感じられることが知られています（**損失回避性**）。また，利得も損失もその値が
小さいうちは変化に対して敏感です（**感応度低減性**）。このような利得と損失に
関する価値の感じ方を図にすると，図 7 － 4 の価値関数のようになります。

　図で示した価値関数を数式で表すと，一例として，以下のようなものがあり
ます。

$$v(x) = \begin{cases} x^{\alpha} & (x \geq 0 \text{ の時}) \\ -\lambda\,(-x)^{\beta} & (x < 0 \text{ の時}) \end{cases}$$

　参照点を 0 とすると，x は正（x ≧ 0）であれば利得であり，負の値をとる場
合（x < 0）はその絶対値（− x）が損失となります。図のように，感じられる

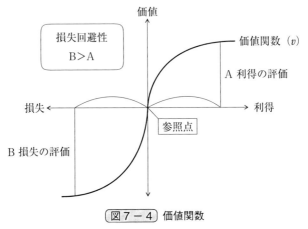

損失回避性
B＞A

価値

価値関数（v）

A 利得の評価

損失 ←

→ 利得

参照点

B 損失の評価

図7−4 価値関数

出所：筆者作成。

価値関数（v）は，損失が小さくなり，利得が大きくなるほど，高くなるので α と β は正（＞0）の値となります。また，**感応度低減性**は，α と β が1より小さいことで表現されています。なお，α と β が1である場合には，利得の変化と感じられる価値の変化のあいだにずれはないので，この点については**期待効用理論**と変わらないということになります。そのため，**感応度低減性**が実際の行動にあてはまるかを検証する際に $\alpha = 1$ かどうかを検定することがあります。また，この式では，λ（ラムダ）が損失の場合にどれだけ利得の変化よりも影響が大きいかという損失回避性向を示しており，λ が1よりも大きい場合には損失回避性向があることを示しています。

　プロスペクト理論のもう一つの特徴は，主観的に感じる確率を取り入れた点にあります。確率の感じ方は，人によって異なり，必ずしも実際の確率とは一致しないために，従来の経済学が仮定するような合理的な確率評価を正確に行っていない場合があります。多くの人は，小さな確率を過大評価し，確率が大きくなるとその確率を過少評価する傾向があります。たとえば，宝くじの高額当選は実際には非常に小さい確率ですが，それにも関わらず宝くじを購入するという行動には，確率を過大評価していることが関係しているかもしれません。

　このことを図にすると，図7−5のような確率に主観的な重みづけ（加重）

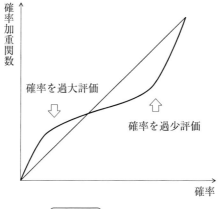

（図 7 － 5）確率加重関数

出所：筆者作成。

をする非線形の**確率加重関数**となります。この**確率加重関数**では，1％や10％，25％といった確率が低い場合には過大評価のため45度線で示される実際の確率よりも大きな値をとり，50％，70％，90％といった中程度から高い確率については過少評価のため45度線よりも下回るという，逆S字の曲線となっています。

このような関係を表す数式を使うと，具体的な数値をもとに検証することが可能となります。**確率加重関数**（$w(p)$）の例には，次のような数式があります（Tanaka et. al.［2010］）。

$$w(p) = p^{\gamma} \big/ \{p^{\gamma} + (1 - p^{\gamma})\}^{1/\gamma}$$

ここで，p は実際の確率であり，$w(p)$ は主観的に感じる確率です。γ（ガンマ）は，主観的な重みづけの度合いを示しており，1より小さな値であれば**プロスペクト理論**の想定する主観的な重みづけがあるということになります。$\gamma = 1$ の場合は，$w(p) = p \big/ \{p + (1 - p)\} = p \big/ 1 = p$ となり，実際の確率と主観的な確率は一致します。図 7 － 6 は，γ が 0.6，0.8，1 の場合の**確率加重関数**を示しています。このような特徴を用いて，**確率加重関数**の主観的な重みづけがあるかないか，どの程度主観的な重みづけがなされているかを検証することが

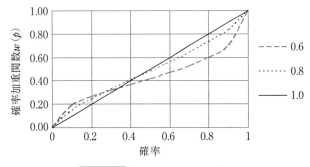

（図7－6）確率加重関数の数値例

出所：筆者作成。

できます。

　確率加重関数には，**劣加法性** $\{w(p) + w(1 - p) < 1\}$ という特徴がありま
す。これは，本来，足し合わせれば1となるような出来事の確率について，主
観的に感じる確率を足し合わせた場合には1よりも小さくなるということで
す。図7－6で，γ が0.6となる場合を見ると，横軸0.2に対応する縦軸の値は
0.26と過大評価され，20％の確率は主観的には26％と感じる関数になります。
同じ γ が0.6となる人の点線で，横軸が0.8の場合，縦軸は0.60となり，80％
の確率は主観的には60％と感じていることになります。20％と80％を合計す
ると100％になりますが，主観的に感じる確率を足し合わせると，26％＋60％
＝86％となり，100％より小さくなります。**プロスペクト理論**は，このような
人間の合理的ではない感じ方を取り入れているということがいえます。

　プロスペクト理論の枠組みで，**アレのパラドックス**を考えると，くじの価値
は，以下のように表記されます。

　　くじの価値＝ $w(p)v(x_1) + w(1 - p)v(x_2)$

　この式を期待効用の式と比較すると，x_1 が生じる確率 p は主観的確率 $w(p)$
となり，利得および損失 x は主観的価値 $v(x)$ となっています。この式で計算
されるくじの価値は，期待効用の値とは変わってくるため，**アレのパラドック
ス**は**プロスペクト理論**によって矛盾することなく説明が可能になります。

　プロスペクト理論の枠組みは，開発経済学でも応用されています。調査対象者に，くじを選択するゲームに参加してもらい，その結果から**価値関数**のパラメータである α と β，γ を推計し，**期待効用理論**に適合的か**プロスペクト理論**に適合的かを検証することができます。さらに，得られたパラメータを用いて経済行動との関連性を分析することも可能となります。第12章では，**マイクロ・インシュランス**の加入率の研究例について紹介します。

3　時間選好と現在バイアス

1）時間選好

　2節では不確実な経済取引について，リスクの側面から行動経済学的なアプローチを紹介しましたが，ここでは，不確実性の下での経済行動を考える上で重要な要素である，「時間」に関する選好について，行動経済学の手法を紹介します。

　経済行動の多くは，現在どれだけ消費できるかという一時点の結果のみならず，将来の消費がどうなるかといった，異時点間の消費に影響を与えます。たとえば，貯蓄をするという行動は，現時点で保有しているお金をすべては消費できない代わりに，将来の消費を増やすことになります。また，農業生産では収穫まで時間がかかるため，現時点での投資に関する選択は，将来の収穫時点での収入を左右します。そのため，貧困層向けの貯蓄プログラムや，小規模融資，保険，技術普及といった政策の効果や導入方法を考える上で，対象となる主体の異時点間の行動メカニズムを理解することが重要になります。

　異時点間の行動を理解するために，従来の経済学では**時間割引率**という概念を用います。**時間割引率**とは，将来時点に得られる報酬と比較して，今すぐに得られる報酬をどの程度好むかを表します。たとえば，今すぐに得られる1,000円か，1年後に得られる1,000円のどちらかを選ぶとすると，すぐ得られる1,000円を好む人が多いでしょう。すぐに得られる1,000円と，1年後の1,100円ではどうでしょうか。現在の報酬をどの程度重視するかは人によって異なり，たとえば，Aさんは，時間にはそれほどこだわらず，1年後の1,100

円は現在の1,000円と同じ価値と考え，現在の報酬をより重視するせっかちな
Bさんは，1年後の1,100円よりは現在の1,000円を好み，1年後の1,200円で
あれば現在の1,000円と同じ価値があると評価します。このとき，せっかちな
Bさんの**時間割引率**（20%）は，時間にこだわらないAさん（10%）よりも大
きくなります。このように，将来の報酬と比較した現在の報酬に対する選好の
ことを，**時間選好**と呼びます。

　時間選好は，貯蓄や投資などの異時点間の行動に影響を与えます。そのため，
時間選好が個人間でどのように異なるか，経済行動にどのような影響を与える
かを知るためには，**時間選好**の指標を得る必要が生じます。ここでは，具体的
な計測方法を紹介します。

　表7-5は，**時間選好**の計測に用いる質問群の一例を示しています。たとえ
ば，質問番号1では，20,000円を実験当日に受け取る（選択肢A）か，21,000円
を実験の150日後に受け取るか（選択肢B）を選択します。この質問では，受
け取り額に大きな差がないので，多くの人はすぐに受け取ることができる選択
肢Aを選ぶでしょう。次に質問番号2について考えると，まだ差が小さいので，
すぐに受け取れる選択肢Aを選ぶかもしれません。質問3，4と進むにつれ，
差額が大きくなり，受け取りまでの日数が短くなるので，どこかで選択肢B
を選ぶ点（スイッチポイント）がでてくると考えられます。質問番号8では，す

表7-5 時間選好指標の計測

質問番号	選択肢A	選択肢B	
	X円	Y円	t日後
1	20,000	21,000	150
2	17,000	19,000	120
3	17,500	21,000	90
4	14,000	19,000	60
5	13,500	20,000	30
6	11,000	19,000	20
7	9,000	20,000	14
8	7,500	21,000	7

出所：筆者作成。

ぐに 7,500 円を受け取るか，7 日後に 21,000 円を受け取るかという選択で，選択肢 A と B の受取額の差が大きく，受取までの日数は短いので，多くの人は選択肢 B を選ぶことになり，その場合，質問 1 から 8 のどこかで選択肢 A から B にスイッチします。

　このスイッチポイントは，実験参加者の時間選好を反映しているので，時間選好の指標として分析に使います。たとえば，**時間割引率**が低く，現在の報酬と将来の報酬の間であまり違いを感じない人が，初めの質問から選択肢 B を選ぶかもしれません。その場合のスイッチポイントは「1」となります。また，質問番号 1 から 3 までは選択肢 A を選び，質問番号 4 から 8 は選択肢 B を選んだ場合，その人のスイッチポイントは「4」となります。中には，現在の報酬を重要視するため**時間割引率**が高く，質問番号 8 でもすぐに 7,500 円を手に入れたいと考え質問番号 A のままスイッチしない人もいますが，その場合はスイッチポイント 9 となります。したがって，スイッチポイントが高いほど**時間割引率**が高い指標として，異時点間の経済行動に関する分析に用いることができます。

　この**時間選好**は，第 12 章で詳述する**マイクロ・インシュランス**購入の決定因の分析など，さまざまな経済行動を分析する際に使われます。

2) 現在バイアス

　従来の経済学では，割引率は時間の長さに関わらず一定と仮定していました。現在と 1 年後を比較した**時間割引率**が 10％であれば，1 年後と 2 年後を比較しても 10％，という仮定です。しかし，行動経済学の成果は，期間が長くなればなるほど，割引率が低くなるという反証を示しました。1 年目と 2 年目では割引率は異なるということです。

　図 7 - 7 は，**現在バイアス**の傾向を反映させた**時間割引率**を図示しています。この曲線は，「今日か明日」という現在から近い将来での 1 日と比べて，「1 年後の今日か明日」という 1 日の差はほとんど気にならなくなるという，現在バイアスの効果を反映しています。つまり，直近の時点から将来の利得を考える場合の時間割引率は，将来時点からさらに将来の利得を考える場合の時間割引

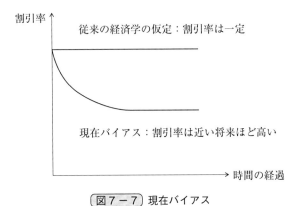

（図7-7）現在バイアス

出所：筆者作成。

率より高くなるということです。このような**現在バイアス**を考慮することで，経済主体の行動をより正確に理解することが可能となります。

4 まとめ

1) 発展途上国農村では，慣習的な贈与や，平等に分け合う規範など，従来の経済学では説明できない，一見すると非合理的な人間行動が多く観察される。このような行動に影響を与える利他性について，行動経済学の分析手法を使うと，**独裁者ゲーム**の枠組みを用いることで**利他性**の指標を得ることができる。また，途上国農村では，相互の**信頼**や組織，ネットワークといった，**社会関係資本**の果たす役割は大きく，**投資ゲーム**で**信頼**度の計測を行うことで，ひとびとの行動を深く理解することが可能となる。

2) 天候リスクや健康リスクなど，不確実性が生活に与える影響は大きく，リスクを緩和するための支援や政策を考える上で，行動経済学の分析枠組みが有用となる。従来の経済学では，リスクへの態度に関する分析枠組みとして期待効用理論が用いられるが，観察事実から**アレのパラドックス**などの反例が示された。これらの反証は，代替的な理論的枠組みである，**プロスペクト理論**を用いることで説明をすることができる。

3) **時間選好**とは，将来の報酬と比較した現在の報酬をどの程度好むかを示す概念を指す。**時間選好**の指標を測定する方法として，すぐに得られる報酬と，将来時点に得られる報酬に関する質問群を提示して，いずれを好むかを選択してもらう方法がある。**時間選好**に**現在バイアス**があると，直近の時間ほど割引率が高く，遠い将来については割引率が低く評価される。**時間選好**を考慮することで，経済主体の行動をより正確に理解することができる。

【注】
1 ）　行動経済学については，友野［2006］などの入門書が多くありますので参考にしてください。
2 ）　フィールド実験については，高野［2007］，カーラン・アペル［2013］が詳しく，国内農業への応用について高篠［2018］を参照ください。
3 ）　独裁者ゲームの応用については Camerer［2004］が参考になります。
4 ）　ジャワ農村の事例については福井他［2014］を参照ください。一般的な信頼と個人的な信頼については山岸［1998］の信頼と安心の議論が参考になります。

引用文献

Camerer, C. F., and Loewenstein, G. [2004] "Behavioral Economics: Past, Present, and Future," in *Advances in Behavioral Economics*, ed. Camerer, C. F., and Loewenstein, G., and Rabin, M. Princeton: Princeton University Press.

Cardenas, J-C and J. Carpenter [2008] "Behavioral Development Economics: Lessons from field labs in the developing world" *Journal of Development Studies*, 44(3), 337-364.

Gneezy, U., and Imas, A. [2017] "Lab in the field: Measuring preferences in the wild" In: A. V. Banerjee, and E. Duflo (Eds) *Handbook of Field Experiments*, Volume 1. Amsterdam: North-Holland, 439-464.

Kahneman, D., and Tversky, A. [1979] "Prospect theory: An analysis of decision under risk" *Econometrica*, 47, 263-291.

Karlan, D., and Appel, J. [2011] *More than Good Intentions*, Dutton.（ディーン・カーラン，ジェイコブ・アペル／清川幸美訳［2013］『善意で貧困はなくせるのか？—貧乏人の行動経済学』みすず書房）

Schechter, L. [2007] "Traditional trust measurement and the risk confound: An experiment in rural Paraguay" *Journal of Economic Behavior & Organization*, 62(2), 272-292.

Tanaka, T., Camerer, C. F., and Nguyen, Q. [2010] "Risk and Time Preferences: Linking Experimental and Household Survey Data from Vietnam" *American Economic Review*, 100(1), 557-571.

高篠仁奈［2018］「途上国農村研究におけるフィールド実験の課題：国内農村研究への応用に向けて」『農林業問題研究』54(1), 15-23.

高野久紀［2007］「フィールド実験の歩き方」, 西條辰義編『実験経済学への招待』NTT 出版, 183-218.

友野典男［2006］『行動経済学 経済は「感情」で動いている』光文社新書.

福井清一・高篠仁奈・アグンヘリヤント［2014］「「信頼」の指標とリスク選好・社会的選好の関係について：ジャワ農村におけるフィールド実験より」, 福井清一編『新興アジアの貧困削減と制度』勁草書房, 補論, 117-131.

山岸俊男［1998］『信頼の構造：こころと社会の進化ゲーム』東京大学出版会.

📖 **学生に読むことをお勧めしたい参考文献**

世界銀行［2015］『世界開発報告（WDR）2015：心・社会・行動』世界銀行.（英語版は"World Development Report 2015：Mind, Society, and Behavior"）

ディーン・カーラン, ジェイコブ・アペル／清川幸美訳［2013］『善意で貧困はなくせるのか？―貧乏人の行動経済学』みすず書房.

依田高典［2016］『「ココロ」の経済学：行動経済学から読み解く人間のふしぎ』ちくま新書.

─── 第**8**章 ───

途上国の農村制度

　発展途上国の農村は，一般に，近代的な産業が発展せず所得水準が低い国ほど農村に居住する人口比率が高く，都市にくらべて所得水準が低く貧困者比率も高い傾向があります（表 8 - 1）。

　低所得国，下位中所得国などの所得水準の低い国々の場合，農村人口が世界の人口に占める割合は，過去 70 年ほどの間に低下しておらず，依然として多くの人々が農村に居住しています。

　開発経済学では，古くから農村の貧困問題に関心が持たれ，農村地域固有の経済制度が貧困と深く関わっていると考えられてきました。1970 年代に入ると，不確実性や情報の経済学，ゲーム理論の発展ともあいまって，農村制度の経済学的研究が進みました。

　現代経済学では，不確実性，**情報の非対称性**，外部性・公共財の存在，およ

表 8 - 1　農村人口の割合（1960 年，2021 年）

所得水準	1960 年 農村人口 （％）	1960 年 農村人口／世界人口 （％）	2021 年 農村人口 （％）	2021 年 農村人口／世界人口 （％）
低所得国	87	4.9	66	5.4
下位中所得国	80	24.6	57	27.9
上位中所得国	72	27.4	32	10.2
高所得国	36	9.3	19	3.0
計		66.2		46.5

出所：World Bank, *World Development Indicators* より筆者作成。

び，人間の**機会主義的行動**により，競争的市場メカニズムが機能せず「市場の失敗」が起こるという考え方が受け入れられています。途上国の農村では，経済的活動に際して，不確実性（農業生産の不安定性など），**情報の非対称性，外部性・公共財の存在**（灌漑設備や共有林などの共同利用）などに直面する機会が近代的産業社会よりも格段に多く，これらの要素によって取引に関連する費用が高くなり，「**市場の失敗**」が引き起こされる可能性は高いのです。しかし，現実には，途上国農村における日常の経済取引は比較的スムーズに行われているように見えます。

　これは，**市場の失敗を補完するインフォーマル**[1)]**な農村制度**の存在が，取引によって生じる種々の取引費用（情報を探索する費用，交渉する費用，契約の履行強制費用など）を削減する役割を果たしているためであると考えられます。ここで，**インフォーマルな農村制度**とは，青木［2001］に倣い，「農村の住民や商人が，日常の社会経済的交流（経済的取引，個人的付き合い，社会的活動など広範囲の交流を含む）を通じて，内生的に創出し，彼らの心のなかに抱かれて自己拘束性（相手も従うだろうと信じ，自らも進んで従おうとする）をもつにいたったルールである」というほどの意味であるとします。

　土地などの不動産取引の場合，日本では通常，不動産市場に関する情報を持った多くの不動産仲介業者が，多くの供給者（売り手，貸し手）と需要者（買い手，借り手）の間を取り持ち，市場の状況を考慮しながら価格などの取引条件が決まるのが普通です。しかし，途上国農村の場合，このような取引は一般的ではありません。たとえば，農地の賃貸借は多くの場合，農地の所有者（地主）と借り手（小作農）の間で相対で交渉が行われ，賃貸借の条件が決定されます。賃貸借料の契約形態も，土地の単位面積に対して一定額あるいは一定量の現物を支払うタイプ（定額小作）だけではなく，収穫物の一定割合を支払うという**分益小作**が比較的多く観察されています。たとえば，Otsuka ら［1992］は，1970年のアジアで小作地の84.5％が分益小作地であることを見出しています。また，インドでは，高収量品種などの新しい技術が普及する以前の1970年代初頭で，小作地の48％は**分益小作**であり，近代的な技術が普及した近年においてすら分益小作が28.7％を占めています（Mani［2016］）。

表8－2 低所得国・中所得国・高所得国別の
金融機関と親戚・友人からの融資割合（%）

	金融機関から	親戚・友人から
低所得国	13	43
下位中所得国	13	33
上位中所得国	35	28
高所得国	56	14

出所：World Bank, Global Findex Data, 2021 をもとに筆者作成。

　お金の貸し借りについても，日本では，銀行のような，資金が余っている預金者と資金が不足する借り手の間を仲介する業者が多数存在し，これらの業者が互いに競争しながら金利，融資額，返済期間などを決定します。しかし，途上国では一般に，このような金融機関がお金の貸し借りの仲介をするような市場（信用市場と呼びます）は未発達で，村の高利貸し（商人や地主）から高金利・無担保で融資を受けたり，親戚・友人から無利子でお金を借りたりするケースが多いのです（表8－2）。

　さらに，低所得国農村に居住している人々は，一般に農業依存度が高く，彼らの日常生活は農業生産の不確実性や生産性の低さに起因する所得の不安定と，生活環境・労働環境の劣悪さにより，疾病，働き手の死亡などのリスクにさらされることが多いとされています。日本であれば，農業生産に関しては農業共済制度（一種の農業保険制度）がありますし，疾病については国民健康保険制度があり，死亡については生命保険を掛けておくことができ，不測の事態に遭遇した場合には保険で対応できます。しかし，途上国では，保険会社などが保険サービスを提供する保険市場，公的機関により運営される保険制度が発展しておらず（世界銀行［2014］），予測不能な出来事により損失を被る場合に備え，貧困層があらかじめ保険を掛けておくことは困難です。このため，人々は，そのような場合に備え，貴金属や牛などの家畜を保有したり，親戚や友人，村組織などからの融資や贈与を受けることができるように相互扶助的制度などの**インフォーマルな保険制度**に参加したりするなどの対応をしているのです。

　この章では，途上国農村で，なぜ市場の失敗が起こるのか，なぜ**インフォーマルな農村制度**が市場の失敗を補完できるのかについて，経済学的視点から解

説します。そのために，**分益小作制度**，親戚・友人間の信用供与，**相互扶助的贈与慣行**などを，インフォーマル農村制度の例として取り上げます。

　以下では，1節で，**分益小作制度**を取り上げ，正統派経済学の視点からは非効率で選択されないはずの制度であることを説明した後，現実に**分益小作**が選択される理由についての諸仮説を紹介します。2節では，信用市場における貸し手と借り手の間の情報の非対称性によって生じる**逆選択**と**モラル・ハザード**が，なぜ**市場の失敗**を生み出すのか，それを回避するために，血縁関係や友人関係などのような貸し手と借り手の間の人間関係や返済不履行した場合の**社会的制裁**（村八分のような）が重要な役割を果たしうることを説明します。そして最後に，3節で，農民間の**インフォーマルな保険制度**を取り上げ，**モラル・ハザード**が起きる場合には，そのような保険契約は破綻してしまうこと，保険契約が存続するには，**社会的制裁**の存在や農民間の個人的な人間関係が重要な役割を果たすことについて解説します。

1　農地賃貸借市場—分益小作論

　分益小作制度は，収量水準が低く不安定で貧しい地域で，より多く観察され，アダム・スミスの時代から，資源配分の非効率性を生み出す，劣った制度であるといわれてきました。

　理論的には，農地の賃貸借市場が完全競争的で賃貸借契約に関して取引費用がゼロであれば，後述のように，**分益小作**でも**定額小作**でも同じ資源配分の効率性を達成できます（Cheung [1969]）。しかし，現実の世界では，資産の取引に際しての取引費用は高くつきます。たとえば，地主は小作農の生産活動を常に監視できるわけではありませんし，仮にできたとしても監視したり契約を履行させたりするには，そのための費用が高くつくでしょう。したがって，地主が小作農の生産活動をコントロールするのは困難であるというのが現実的です。

　マーシャル [1985] は，この点を考慮して次のような部分均衡モデルを用い，分益小作制度の非効率性を説明しました。

　いま，単純化のために，投入要素を労働と土地のみとし，小作農が利用でき

る小作地面積は一定であるとします。また，収穫量の不確実性は存在せず，生産物市場，労働市場は競争的（生産物価格はP，賃金率はWでそれぞれ一定）で，土地賃貸借市場では面積当たり一定の小作料，または収穫量の一定割合rを小作料として支払うことで賃貸借が可能であるものとします。このとき，地主が雇用労働を使い自分で耕作するか，または，小作農が**定額小作契約**（金納，物納を問わず）で土地を借入し，利潤極大化行動を取る場合には，労働の限界生産力（F'）と賃金率の均等化が成立するところまで（図8−1のl_2まで）労働を投入することになります。一方，小作農が**分益小作**契約で土地を借入し，利潤極大化行動を取れば，地主の取り分を除いた労働の限界収入（図8−1の$(1-r)$ F'）と賃金率とが一致するところまで（l_1まで）労働を投入するので，**分益小作**契約のもとでは，BCl_2l_1の面積に等しい社会的損失が発生します。この場合，地主と小作農の損失の和は，BCFの面積に等しくなります（図8−1参照）。したがって，**分益小作制度**は，資源配分の観点から効率的でないということになります。

　ではなぜ，発展途上国と先進国を問わず，多くの地域において非効率であるはずの**分益小作制度**が観察されるのでしょうか。この点を説明する分益小作の

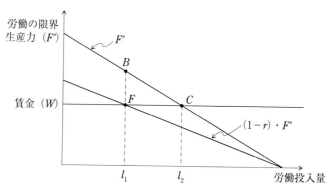

図8−1 マーシャル非効率性

l_1：分益小作契約の下での労働投入量
l_2：定額小作契約の下での労働投入量

出所：筆者作成。

特性の一つが，**分益小作制度が持つ危険分担**（リスクシェアリング）**機能**です。

この点を説明するために，以下のような単純な小作農モデルを考えましょう。

まず，ここでは，収穫量に不確実性があり，収穫の可能性として豊作と不作の２種類があり，それぞれの事象が起こる確率を，Pと$1 - P$と仮定します。このとき，一定の面積の土地を利用して農産物を生産する場合の，豊作時と不作時における収穫量を，それぞれY_gとY_bとします。つまり，小作農はPの確率で所得$Y = Y_g$を，$1 - P$の確率で$Y = Y_b$を得るということです。

小作農は小作地での農業生産のみに依存して生活していると想定し，小作農の効用Uは収穫量から得られる所得Yにより決まると仮定し，$U (Y)$を効用関数と呼びます。小作農の効用関数$U (Y)$は，第7章で説明した**危険回避的**，すなわち限界効用が逓減するタイプの効用関数であり，生産要素を無視すると，生産者が自作する場合に事前に予測する効用の水準は，次のような期待効用（効用水準を事象が起こる確率で加重平均したもの）によって表すことができるものとします。

期待効用：$PU (Y_g) + (1 - P) U (Y_b)$

一方，地主の効用関数は小作料収入に比例して効用が増加する一次関数，すなわち**危険中立的**と仮定します。このような仮定は，地主の方が土地持ちで豊かである一方，小作農は農地を所有しない零細な農民を想定していることによります。

以上のような仮定のもとで，生産者が，地主から土地を一定の小作料率（r）で**分益小作契約**によって借入する場合と，**定額小作料**（R）で借入する場合とを比較してみましょう。

分益小作の場合の期待効用W_sは，

$W_s = PU \{(1 - r) Y_g\} + (1 - P) U \{(1 - r) Y_b\}$

定額小作制度の場合の期待効用W_fは，

$W_f = PU (Y_g - R) + (1 - P) U (Y_b - R)$

となります。

　ここで，小作農の契約選択行動に着目するために，地主にとって両契約は無差別で，**分益小作**の場合も，**定額小作**の場合も，小作料収入は同額であると仮定すると，

$$PrY_g + (1 - P)\ rY_b = PR + (1 - P)\ R\ (= R)$$

が成立します。

　このとき，$(1 - r)\ Y_g < Y_g - R$，$(1 - r)\ Y_b > Y_b - R$となり，小作農がリスク回避的という仮定から，$W_s > W_f$という関係が成立します（図 8 - 2 参照）。

　つまり，**分益小作**の場合，小作農にとって，豊作時の収益は定額の場合より小さい一方で，不作時の収益は大きくなり，収益の分散は**分益小作**の方が小さいということになります。すると，分散が小さいことを好む小作農は，**分益小作**を選好するのです。

　以上のように，小作料収入が同じであれば，地主にとっては，**分益小作**も**定額小作**も無差別であるという条件のもとで，リスクが小さいことを好む小作農のリスク軽減による利益が，非効率な資源配分によって生じる損失を上回る場合に分益小作制度が選択されるのです。

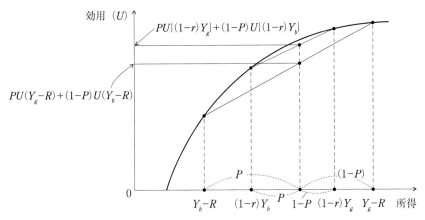

（図 8 - 2）分益小作の危険分担機能（小作農の効用と所得）

出所：筆者作成。

　このような理論的仮説に対しては，必ずしも収量変動と**分益小作制度**との関係が統計学的に有意でないという批判がある一方（たとえば，Allen and Lueck [1992]，[1999]），この仮説を支持する実証研究も報告されており（Ackerberg and Botticini [2002]），見解は分かれています。

　また，収量変動によるリスクを考慮に入れないで，**分益小作制度**の存在を説明する理論仮説が多く提唱されていますが（Allen and Luek [1999]，Prendergast [2002] など），これらの多くは，**分益小作制度**が，マーシャルの意味での非効率性を生み出すという結論を導きます。しかし，この結論は，地主と小作農間の階層的断絶が明瞭な南アジアでは支持されていますが（Shaban [1987]，Islam and Fukui [2018] など），親戚・友人間の**分益小作**が多く観察される東南アジアにおける実証研究の結果とは矛盾します（Sadoulet et al. [1997]，Fukui et al. [2002] など）。

　この点を説明するためには，親族間や友人・隣人間の属人的関係に見られる何らかの協力行動を，地主・小作関係に応用してみるのも一案です。たとえば，図8－1のモデルに，小作農と地主の双方がお互いに協力するという仮定を加えると，小作農は労働の投入量を効率的な水準まで引き上げる一方で，地主は，小作料の水準を引き下げることによって小作農の損失を補填することが可能となり，効率的な資源配分の達成が可能です。

2　信用市場─逆選択，モラル・ハザードと市場の失敗

　途上国の農村では，農業生産に必要な種子・肥料・農薬などの購入，養豚のための子豚や飼料の購入，子どもの結婚，日常の生活費などを自己資金で賄えない事態に直面することもあります。そのような場合は，他からお金を借りようとします。ここでは，お金の貸し借りの場を，金融市場，あるいは，信用市場と呼ぶことにしましょう。また，銀行や政府系金融機関などの，政府に登録し金融機関として認可されている機関からお金を借りる場合を**フォーマル金融**，親戚・友人，商人・地主などからお金を借りる場合を**インフォーマル金融**と呼びます。

　貧しい人々は，上述のような資金需要が生じても，フォーマルな金融機関か

らお金を借りることが困難です。そのような場合には，親戚や友人から無利子で借り入れをしたり，高い金利を払って，市中の高利貸しからお金を借りたりすることが多いのです。

　ではなぜ，貧困層の場合には，フォーマルな金融機関からお金を借りることが困難なのでしょうか。この点を説明するには，貸し手と借り手の間の情報の非対称性，不確実性，および，人々の機会主義的行動によって引き起こされる「逆選択」と「モラル・ハザード（道徳的危険）」という2つの要素について説明しておく必要があります。以下では，お金の貸し借りの契約を結ぶケースを例に，説明しておきましょう。

1）逆選択

　いま，お金を借りて返済する可能性の高い安全な借り手と，返済の可能性が低い危険な借り手が混在している競争的信用市場を考えます。また，貸し手は取引相手が安全な借り手か危険な借り手かのタイプについて見分ける情報を持っていないとします。このとき，貸し手は安全な借り手に対しても危険な借り手に対しても，同じ条件（金利，融資額，返済期間）でお金を貸す提案をするでしょう。安全な借り手にとって，この条件は貸し手が安全な借り手であることをわかったうえで貸した場合に比べ，金利が高く設定されるので不利なものにならざるを得ず，資金の運用計画に合わず利益が得られない場合には信用市場から退出することになります。その結果，信用市場には危険な借り手しか残らないことになります。一般に，市場競争によって質の良い商品（信用市場の場合は安全な借り手）が，質の悪い商品（危険な借り手）によって逆に淘汰されてしまうことを，**逆選択**と呼びます。

　逆選択問題が起こると，貸し手は返済不履行が頻繁に起きると予想します。そうすると，貸し手の期待金利収入が低下するので，安全な借り手の参加を期待し金利を下げます。しかし，この金利では，貸し手の資金供給量を超えた資金需要が発生し，一部の借り手が資金を借りられない状況が生じる可能性があります（Stigliz and Weiss [1981]）。このように，信用市場における貸し手と借り手の間に，借り手のタイプに関する**情報の非対称性**が存在し，資金の需給に

不均衡が生じるような状態を「**信用割当**」が起きているといいます。

2）モラル・ハザード

逆選択が，契約の前における**情報の非対称性**に起因する問題であるのに対して，**モラル・ハザード**は，貸し借りの契約を結んだ後の借り手の行動が貸し手に観察できないことに起因する問題です。

融資の契約を結んだ後，借り手がどのように資金を使うのかに関する情報を貸し手が持っておらず，借り手にとっては期待収益が高いが，貸し手にとっては不利になるような（返済履行の可能性が低い）用途に使用する場合，借り手による**モラル・ハザード**の問題が起きているといいます。

この場合も，前項と同様のモデルを用いて**市場の失敗**が起こることを説明できます。ただし，ここでは，借り手のタイプは同じものとする一方，借り手がお金を借りた後，成功する確率の高い安全な事業に投資するか，成功する確率の低い危険な事業に投資するかを貸し手は知らないと仮定します。また，安全な事業に投資する場合の期待収益は，危険な事業に投資した場合のそれより低いものとします。

もし，借り手の事後的行動が完全に観察できる場合には，安全な事業に投資する場合には低い利子率を，危険な事業の場合には高い利子率を設定することにより，借り手を安全な事業に投資するよう誘導できます。

しかし，ここで仮定されているように，借り手の事後的行動が観察できない場合，借り手は一旦契約を結んでしまうと，危険な事業に投資するでしょう。そうすると，同じ条件でお金を貸したわけですから，借り手の**モラル・ハザード**により成功の確率が低い事業に投資した場合には，貸し手にとっての期待利子所得は，完全に観察可能である場合に比べて低くなる可能性があるのです。

このように，事後的な資金の利用に関して借り手による**モラル・ハザード**が起こり得る場合にも，返済不履行が横行するという市場の失敗が起こり得るのです。

以上の説明では，取引当事者間に個人的関係が無い非属人的競争市場を仮定

してきました。しかし，現実の途上国農村では，親戚・友人から融資を受けることが多いという普遍的な事実があります。この場合，貸し手も借り手も互いに相手をよく知っており，安全な借り手か危険な借り手なのかについての情報をある程度持っています。また，親戚・友人間での貸し借りの場合，お金の貸し借りだけではなく，冠婚葬祭，村の行事，日常生活のさまざまな面で協力する必要があり，借り手が返済不履行を起こすようなことをすると，貸し手との日頃の付き合いに影響したり，評判が広まり村社会からの**社会的制裁**に遭遇したりする可能性が大きいなど，伝統的社会には，返済不履行という**モラル・ハザード**を抑制する仕組みが備わっていると考えられます。

　また，親戚・友人間のお金の貸し借りの場合，利子を取ることは稀で，返済期限も特に決めない場合が多いのです。このような現象は，途上国の農村で普遍的に観察されます。お金の貸し借りに際して，このような取り決めが可能になる一つの要因は，血縁関係，友人関係などの属人的関係のもとでの**利他性**の存在や，**相互扶助的社会規範**など，正統派経済学では考慮されない，行動経済学的な要素にあると考えられます（第7章参照）。

　このほか，**逆選択やモラル・ハザード**による**市場の失敗**を補う仕組みとして，**市場取引のインターリンケージ**（連結）があります。地主が小作農に消費信用を供与する代わりに小作農は農閑期に労働奉仕する，あるいは，農民が農産物の商人から肥料代を立て替えてもらう代わりに自分が生産した農産物を市場価格より低い価格で商人に売却するなど，生産要素市場と信用市場，あるいは，生産物市場と信用市場を連結して取引を行うというケースは，しばしば途上国農村で観察されるもので，信用割当を緩和する役割を果たしていると考えられます[2]。

3　保険市場

　すでに述べたように，途上国では**フォーマルな保険制度**を利用する人々の割合が極端に低いのです。しかし，世界のフォーマルな保険市場ではGDPの6%が保険料として支払われており（2014年），非常に多くの個人・企業な

どが保険商品を購入していることがわかります（Swiss-Re economic Research & Consultant 資料）。

　ここではまず，標準的な経済学の理論である**期待効用理論**の立場から，**フォーマルな保険市場**が成立する要因と，それに加入するメリットについて説明しておきましょう。そのために，Ray［1998］を参考に，次のような簡単な農家のモデルを考えます。

　今，農業生産のみに依存して生活している農家を想定し，この農家の効用 U の水準は，農業生産によって得られる所得あるいは消費支出 Y によって決まると仮定し，$U(Y)$ を効用関数とします。農産物を生産するには，時間を要しますので，生産計画を立てた時点で収穫量は正確に予測できません。収穫量には平年作と不作の2種類の可能性があり，それぞれの事象が起こる確率を平年作を P，不作は $1-P$ と仮定します。そして，平年作の際の所得を Y_n，不作の際の所得を Y_b とします（$Y_n > Y_b$）。

　この時，期待効用 EU を，以下のように定義します。

$$EU = PU(Y_n) + (1-P)U(Y_b)$$

　もし，この農家が，不作の際には y だけの保険金を受け取れ，平年作の場合には x の保険料を支払うという作物保険に加入すると，期待効用は以下のようになります。

$$EU^I = PU(Y_n - x) + (1-P)U(Y_b + y)$$

　ここで，農家はリスク回避的で効用関数が図8-3のような上に凸の形状を取るものと仮定しましょう。また，ここでは，農業生産が不作になった場合に備えて保険料をあらかじめ支払い，実際に不作になった場合に保険金が支払われる農業保険（契約）が，保険会社によって提供されているものとします。農業保険の市場は競争的で多数の保険会社と多数の農家が存在する市場を想定します。

　さらに，保険会社の人件費など諸経費，および，利益は無視し，保険会社から見て，保険料収入と保険金支払い額は等しくなると期待されるように保険契約

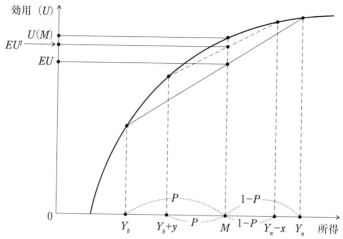

（注）$EU = PU(Y_n) + (1-P)U(Y_b)$
　　　$EU^{II} = PU(Y_n - x) + (1-P)U(Y_b + y)$

図8−3 最適な保険とセコンド・ベストの保険

出所：筆者作成。

が作成されると仮定します。これを「**収支相当の原則**」と呼び，$Px - (1-P)y$ $= 0$ が成立するものとします。

　はじめに，保険市場が競争的で農家と保険会社にとってパレートの意味で最適な保険契約（誰もその状態から他の状態に移動しようという誘因を持たない契約）が結ばれる場合について説明します。

　保険に加入していない時の期待効用は EU ですが，保険に加入していると，不作の時の所得は $Y_b + y$，平年作の時には $Y_n - x$ となり，競争的な市場の下では，$Y_b + y = Y_n - x = M$ が成立します。このとき期待効用は $U(M)$ となります。保険に加入している場合の期待効用 $U(M)$ は，加入していない場合の期待効用 EU を必ず上回りますので，保険加入は確実に所得 M を保証し，**危険回避的**な農家の期待効用を最高の水準に引き上げることになり，農家は保険への加入により最適な状態を達成することができます。

　むろん，現実には，保険会社が顧客について完全な情報を持っているわけではなく，最適な保険契約が達成されるわけではありませんが，$Y_b < Y_b + y <$

$Y_n - x < Y_n$ となるような保険契約（セコンド・ベストの保険契約）を提示することが可能で，この場合，**収支相当の原則**により，農家の期待効用 EU^I は保険に加入しない場合に比べて高くなります。

これに対して，保険市場が存在せず農家同士が相互に保険を掛けあうような場合にも，最適な保険契約が成立するでしょうか。この場合でも，農家が互いに関する情報を十分保有しており競争的な取引が行われるなら最適な状態の達成は可能です。

しかし，非属人的な取引の場合には農家同士が互いの情報を十分に保有しているとは考えられません。このような状況で農家同士が，相互に保険を掛けることについて"暗黙"の契約（契約内容について具体的な明記が無い約束事）を結ぶ場合，**情報の非対称性**のもとで**モラル・ハザード**が起こる可能性があります。

今，農業生産の不確実性や農家の効用関数に関しては，保険会社が仲介する競争的な保険市場のケースと同様の仮定を置くものとします。このとき，農家Aと農家Bが，自らが平年作で相手が不作の場合には相手に保険料（x）を支払い，自らが不作で相手が平年作になった場合には保険金（y）を受け取るという，農業保険契約を結んだとしましょう。

そして，農家Aが平年作で農家Bが不作であったと仮定します。農家Aが契約を履行すると，そのときの所得は，$Y_n - x$ となりますが，履行しないと所得は Y_n となります。農家が自分の経済的利益のみに関心があり近視眼的な経済主体である場合には，不履行の誘因が生じ，契約を履行しないという**モラル・ハザード**が起き，農家同士の暗黙の保険契約は破綻してしまいます。

しかし，現実の農村社会の経済取引において契約を不履行した場合には，取引の相手から信頼されなくなるばかりではなく，他の村人にも契約不履行の情報が伝わり，将来，農村内部での経済的取引が困難になり，そのことにより被る損失は，最初の契約不履行による短期的利益を上回る可能性があります。この場合，村人は将来のことも考慮しつつ，契約を履行するかどうかを考えるでしょう。

この点を数式で表すと，以下のようになります。

$$U\ (Y_n)\ -\ U\ (Y_n - x)\ <\ N\ [\ \{PU\ (Y_n - x)\ +\ (1 - P)\ U\ (Y_b + y)\}$$
$$-\ \{PU\ (Y_n)\ +\ (1 - P)\ U\ (Y_b)\}\ ]\ \qquad \cdots\ (1)$$

　左辺は，最初に保険契約を不履行した際の短期的利益，右辺は，その後 N 期間，保険契約が結べなくなることによる損失を示しています。ここでは，簡単化のため，将来の割引率はゼロと仮定しています。

　契約不履行により将来被るであろう経済的不利益が十分大きく，(1) 式の条件が成立する場合には，**モラル・ハザードへの誘因が抑制され契約を履行する**ことになります。

　さらに，現実の途上国農村における**インフォーマルな保険制度**の場合，保険契約は親戚・友人などの間で結ばれるため，上記のモデルで仮定した非属人的取引ではありません。信用市場について述べたように，親戚・友人間の取引の場合は，暗黙の保険契約によるお金や現物の相互贈与だけではなく，さまざまな付き合いがあり，契約の不履行を起こすことは，契約相手との日頃の付き合いに影響し，また，評判が広まり村社会からの**社会的制裁**に遭遇する可能性が大きいことから，伝統的社会では，保険市場においても，契約不履行という**モラル・ハザード**を抑制する仕組みが備わっていると考えられます。この場合，(1) 式の右辺に**社会的制裁**による損失が加わることとなり，不等式が成立する可能性がより一層高くなると考えられるのです。

　この章では，途上国に典型的に観察される農村諸制度を，市場の失敗を補う経済的制度と見なし，農地賃貸借市場，信用市場，および，保険市場に着目して説明をしてきました。これらの農村諸制度に共通しているのは，取引相手同士の属人的関係により，取引に際して生じるであろう種々の取引費用が抑制され，取引が比較的スムーズに行われている可能性が大きいという点です。

　しかし，これらの農村諸制度も，**市場の失敗**を完全には補完できていません。この点についての検証結果については，第 12 章で説明します。

4　まとめ

1) 発展途上国の農村においては，近代的な市場取引の制度が発展しておらず，それに代わる伝統的な制度が，依然，多く残っている。これらの制度は，不確実性，**情報の非対称性**，人間の**機会主義的行動**などによって生み出される取引費用を軽減し，市場取引を補完し活性化する役割を果たしているものと考えられる。

2) 途上国における農地の賃貸取引では，**分益小作**という契約形態が多く観察される。この契約形態は資源配分の非効率性を生み出すとして批判されてきたが，このタイプの小作制度は広く観察される。**分益小作制度**の存在を説明するために，**危険分担仮説**など多くの仮説が提起されてきたが，いまだに見解は一致していない。いずれの仮説も資源配分の非効率性を生み出すという帰結に変わりはなく，実証研究の結果とは必ずしも一致していない。

3) 途上国の貧困層は，**逆選択**や**モラル・ハザード**に起因する信用制約により，金融機関から融資を受けられないことが多い。このような貧困層でも，親戚・友人からお金を借りることは可能である。これは，契約不履行によって，貸し手と借り手の個人的付き合いや村社会における**協働行為**から受ける恩恵を失うかもしれないという予測が，**逆選択**や**モラル・ハザード**への誘因を抑制する機能を果たし，貸し倒れのリスクを軽減しているためであるとも考えられるし，借り手に対する**利他性**や**信頼**といった行動経済学的要素も関係している可能性がある。

4) 途上国の農村では，農業生産の不確実性や疾病のリスクに直面することが多い。保険会社が仲介する競争的な保険市場が発達していれば，保険を購入することにより日常の生活の中で生じるリスクを軽減することが可能である。しかし，途上国では一般に，**フォーマルな保険市場**が発展しておらず，非属人的な人間関係の下で相互に助け合うという暗黙の保険契約を結んでも，**情報の非対称性**や**機会主義的行動**のために契約は履行されない。

しかし，現実の農村社会において観察される相互扶助的行動のように，人々の個人的関係や村社会の共同性が強い場合には暗黙の契約が履行される可能性は高い。

【注】
1）ここで，"インフォーマル"というのは，政府など公的機関から認可を受けていないというほどの意味です。
2）市場取引の連結について，詳しくはバーダン・ウドリー［2001］の第9章を参照してください。

引用文献

Ackerberg, D., and Botticini, M. [2002] "Endogenous Matching and the Empirical Determinants of Contract Form" *Journal of Political Economy*, 110(3), 564-591.

Allen, D., and Lueck, D. [1992] "Contract Choice in Modern Agriculture" *Journal of Law & Economics*, 35(2), 397-426.

Allen, D., and Lueck, D. [1999] "The Role of Risk in Contract Choice" *Journal of Law, Economics, and Organization*, 15(3), 704-736.

Bardhan, P., and Udry, C. [1999] *Development Microeconomics*, Oxford New York: Oxford University Press, Chapters 6～9.（バーダン・プラナブ，ウドリー・クリストファー／福井清一・不破信彦・松下敬一郎訳［2001］『開発のミクロ経済学』東洋経済新報社）

Cheung, S. N. S. [1969] *The theory of share tenancy*, University of Chicago Press.

Fukui, S., Hartono, S., and Iwamoto, N. [2002] "Risk and Rice Farming intensification in Rural Java" *Japanese Journal of Rural Economics*, 4, 32-43.

Islam, M. A., and Fukui, S. [2018] "The influence of share tenancy contracts on the cost efficiency of rice production during the Bangladeshi wet season" *Economics Bulletin*, 38(3), 2431-2443.

Mani, G. [2016] "Model Agricultural Land Leasing Act, 2016: Some Observations" *Economic & Political Weekly*, 51, Issue No.42. 15 Oct. 2016.

Marshall, A. [1920] *Principles of Economics*, 8th edition, Macmillan.（アルフレッド・マーシャル／永澤越郎訳［1985］『経済学原理』岩波ブックセンター，信山社）

Otsuka, K., Chuma, H., and Hayami, Y. [1992] "Land and Labor Contracts in Agrarian Economies: Theories and Facts" *Journal of Economic Literature*, 30(4), 1965-2018.

Predergast, C. [2002] "The Tenuous trade-off between Risk and Incentives" *Journal of Political Economy*, 79(3), 578-595.

Ray, D. [1998] *Development Economics*, Princeton University Press.

Sadoulet, E., de Janvry, A., and Fukui, S. [1997] "The Meaning of Kinship in Sharecropping Contracts" *American Journal of Agricultural Economics*, 79(2), 394-406.

Shaban, R. A. [1987] "Testing between Competing Models of Sharecropping" *Journal of Political Economy*, 85(5), 893-920.

Stiglitz, J., and Weiss, A. [1981] "Credit Rationing in markets with Imperfect Information" *American Economic Review*, 71(3), 393-410.

青木昌彦［2001］『比較制度分析にむけて』NTT 出版.

世界銀行／田村勝省訳［2014］『世界開発報告 2014　リスクと機会―開発のためのリスク管理』一灯社.

📖 学生に読むことをお勧めしたい参考文献

Ray, D. [1998] Development Economics, Princeton University Press, Ch.11-Ch.15.

バーダン・プラナブ，ウドリー・クリストファー／福井清一・不破信彦・松下敬一郎訳［2001］『開発のミクロ経済学』東洋経済新報社，第 6 章～第 9 章.

福井清一編著［2014］『新興アジアの貧困削減と制度』勁草書房.

—— 第 **9** 章 ——

人的資本
―教育と保健―

　「健康」であるということは，私たちが生活をしていくうえで非常に重要です。健康な身体があってこそ，学校に通い新しい知識や技能を得ることができますし，仕事をして所得を得ることもできます。

　「子どもの健康」は特に重要です。人々の健康状態が，経済成長や貧困の削減をもたらしうる所得や経済活動（特に労働供給量と生産性など）に影響を与えていることが，多くの研究からわかっていますが，発展途上国において今後も持続的な開発・発展を達成するためには，将来の担い手となる子どもの健康を向上させることが必要不可欠といえます。それは，幼少年期の栄養状態や成長過程が，大人になった際の健康状態に強い影響を与えているからでもあります（そして，大人になってから健康状態をよくすることは難しいです）。出生時の低体重を防止し，幼少期の成長過程で十分な栄養を摂取することで栄養不良とはならず，より健康的な成長が可能となり，就労年齢に達した際に生産性が高くなるとし，子どもの健康・栄養を改善するための投資こそが，ベストな長期的な経済戦略であるとさえ主張する研究者もいます（これらの関係については，図9－1を参照）。

　健康な身体は，教育の向上に対しても大きな影響を持つことも明らかになっています。具体的には，健康・栄養状態の改善が子どもたちの就学を促し，学校への出席率を改善し，留年や中退の可能性を低め，テストの点数などで測られる学校での教育成果を向上させるなどです。

　また，親の健康状態や教育水準が，その子どもの健康と教育にも大きな影響

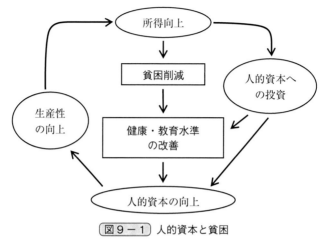

図９－１　人的資本と貧困

出所：Martorell［1999］を参考に筆者作成。

を与えうることからも，現在の子どもの健康や教育などの「**人的資本**」を向上させ，より多く蓄積することは，次世代にも大きな影響をもたらすといえます。

　そもそも人的資本（human capital）とは，人間が持って生まれた才能や技能をベースに，教育・訓練などによって身につけた知識や技能のことを指します。つまり，教育を受けることや，十分な食事（栄養）が得られること，病気などになった際も適切な治療が受けられ健康が保たれることは，人的資本を向上させることにつながります。経済学では，健康を保つための支出や教育を受けるための支出（授業料や文具・教科書の購入費用など）が投資活動の一種として考えられていて[1]，その人的資本への投資は「人的投資」として重要視されているのです。

　国際開発において，人々の健康や教育といった人的資本の役割が注目されるようになったのは，1990 年に国連の開発援助機関である国連開発計画（UNDP）が『人間開発報告書（Human Development Report）』と題する新しい年次報告書の公刊を始め，開発の目的の「**人間開発**（human development）」への転換をよびかけたことが契機とされています。UNDP が「人間開発」を提唱した背景には，それまでの成長優先主義の開発により，貧富・地域格差や社会的弱者が増大するなどの社会問題が拡大したことや，貧困削減という目標が十分に達成

されなかったことがあります。

　UNDP は 1990 年に公刊した『人間開発報告書』において，「人間開発は，人びとの選択を拡大する過程である。これらの多様な選択の中でもっとも重要なものは，永く健康な生活を送ること，教育を受けること，人間らしい生活にふさわしい資源へのアクセス手段をもつこと，がある。さらに政治的自由，人権の保障，自己尊厳も重要な選択である」としています（日本語訳は西川［2000］に準ずる）。つまり，人的資本（健康・教育）は持続的発展や貧困削減に大きな役割を果たすといえるのです。この人間開発の理念は，21 世紀に入り国際開発協力において定着しつつあります。

　ちなみに，UNDP の「人間開発」アプローチに大きな影響を与え，その思想的根源となっているのが，インドの経済学者アマルティア・センの**ケイパビリティ・アプローチ**です（Sen［1985］，［1992］）。センは，財やサービスを用いて，人がどのような状態（being）や行動（doing）をとれるかを「機能（functioning）」と呼び，潜在的に達成可能な種々の機能の広がりが「ケイパビリティ（capability，潜在能力）」であるとしました。そして，そのケイパビリティがさまざまな機能を達成できる実質的な自由をあらわしているとし，基本的なケイパビリティの絶対的剥奪の状態が貧困であり，人々のケイパビリティを拡大することが開発であると提唱しています。

　以下では，まず，1 節で人的資本と経済発展との関係についてデータも示しながら説明していきます。次に 2 節で，教育と保健を測るのに用いられる指標を紹介しつつ，発展途上国が抱える教育と保健の問題についてまとめます。3 節では教育・健康水準の決定要因と 2 節で紹介した問題への対策について考察します。

1　教育・保健開発と経済発展

　ここでは，教育と健康と経済発展（所得水準）との関係をみてみましょう。はじめに，所得層別で教育に関する指標を示した表 9 － 1 をみてください。

　学校に通っている子どもの割合（当該教育の学齢人口に占める割合）を「就学率」

表9−1 所得別の教育に関する指標

	初等教育		中等教育 就学率	高等教育 就学率	成人 識字率	一人当たり GNI（ドル）
	就学率	修了率				
低所得国	80.8%	66.7%	33.6%	9.4%	61.4%	669
下位中所得国	86.9%	91.5%	59.9%	26.55	76.5%	2,217
上位中所得国	95.5%	95.4%	82.2%	57.6%	95.8%	9,412
高所得国	96.2%	99.0%	90.85	79.4%	—	44,476
世界全体	89.4%	90.1%	66.3%	40.2%	86.7%	11,077

（注）データは2018〜2020年の最新のもの（ただし，低所得国の初等教育就学率
は2017年のデータ）。
出所：World Bank, *World Development Indicators* のデータより筆者作成。

といいます。たとえば，初等教育（小学校）の就学率であれば，小学校に通う
年齢の子どものうち，実際に小学校に通っている子どもの割合がどのくらいか
を示すのが，初等教育就学率です。初等・中等・高等教育のいずれの就学率も，
低所得国が最も低く，所得が上がるほど改善することがわかります。15歳以
上の人口のうち，文字の読み書き・計算ができる人の割合を示す「成人識字率」
についても，同様の傾向がみられます（高所得国については，成人識字率が計算さ
れていませんが，ほぼ100%でしょう）。

　ここから，所得水準の高い国ほど教育水準が高い（経済発展により所得水準が
上昇すると，教育水準が改善される）ことがうかがえます。各国のデータを用いて，
人々の（25歳以上の）教育年数の長さと所得との関係を示した図9−2の散布
図からも，教育水準と所得水準には強い相関があることがわかります。2015
年以降のデータのある国のうち，平均教育年数が最も長いのがドイツで14.1
年，次いでスイス13.9年，アイスランド13.8年となっていて，最も短いのは
順にマリが2.0年，ギニア2.1年，ブルンジ2.8年といずれもサハラ以南のア
フリカの国々が下位となっています。

　図9−2では，地域により要素（●）の形を変えていますが，それをみても
所得が低くかつ教育年数も短い国は，サハラ以南のアフリカ諸国と南アジア諸
国に多いことがわかります（◆がサハラ以南のアフリカ諸国で，✖が南アジア諸国）。

　教育と同じように，人々の健康水準と経済発展との関係も観察されていま

平均就学年数（年）

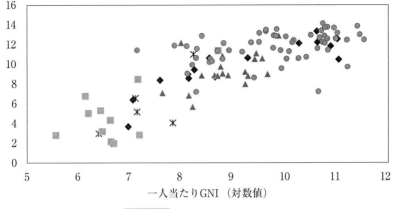

一人当たりGNI（対数値）

(図9－2) 教育水準と所得水準

(注) 一人当たり GNI は 2015 年，平均就学年数は 2015 ～ 2021 年の最新データを用いて
いる。なお，◆は東アジア・太平洋諸国，✖は南アジア諸国，■はサハラ以南の
アフリカ諸国，▲はラテン・アメリカ諸国である。
出所：UNESCO, UIS. Stat（http://data.uis.unesco.org/Index.aspx）から入手したデー
タより筆者作成 。

　す。図 9 - 3 は，（a）出生時平均余命と（b）5 歳未満児死亡率と所得水準と
の関係をそれぞれ示しています。出生時平均余命とは，0 歳児が何歳まで生き
られるかの予測年数で，平均寿命とほぼ同じと考えてください。人は健康なほ
ど長く生きることができますので，出生時平均余命はその国の健康水準を表す
指標として多用されています。図 9 - 3（a）を見ると，所得水準が高い国ほ
ど出生時平均余命も長い傾向があるという，右上がりの関係（正の相関関係とい
います）が見てとれます。
　出生時平均余命が最も長いのは香港で 85.4 歳，次いで日本が 84.6 歳となっ
ています。最も短いのは中央アフリカ共和国で 53.7 歳ですので，生まれた国
により 30 年以上も生きると予測される年数が異なることになります（30 年と
いえば 1 世代に相当しますので，大きな差ですよね）。中央アフリカ共和国は 1960
年の独立以来クーデターを繰り返し，情勢は常に不安定であることから経済は
低迷し続けています。加えて，2013 年末からは武装グループ間の激しい紛争
が続いており，多くの人々が避難を余儀なくされ，衛生環境の劣悪さや，食料

156　|

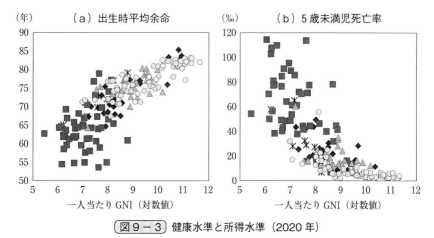

図9－3　健康水準と所得水準（2020年）

（注）◆は東アジア・太平洋諸国，✳は南アジア諸国，■はサハラ以南のアフリカ諸国，▲はラテン・アメリカ諸国である。
出所：World Bank, *World Development Indicators* のデータより筆者作成。

や医療品が十分に手に入らない環境により栄養不良の割合が増加しています。その他のサハラ以南のアフリカ諸国においても，同様の理由に加え，HIV/AIDSなどの感染症の蔓延が原因で出生時平均余命が短くなっています。

　生活・衛生環境の悪さや医療サービスへのアクセスの欠如，不十分な医療体制（病院があっても，医師・看護師がいない，技術不足のために適切な診断・治療がなされない，必要な薬が手に入らないなど）などの影響を最も受けやすいのは子どもたちです。特に乳幼児は免疫力が低く，さまざまな外的要因にその健康状態が左右されます。また，発育のための大切な時期に十分な栄養（食事）を得られないことも，健康に影響し，それが死につながることさえ少なくありません。そんな乳幼児の健康水準を測る（ひいては国全体の健康水準を測る）指標の一つが，5歳未満児死亡率で，1,000人の子どもが生まれたら，そのうちの何人が5歳の誕生日を迎える前に亡くなるかを表しています。

　図9－3（b）より，5歳未満児死亡率は所得水準が上昇すると減少する傾向があることがわかります。ちなみに，日本や北欧の先進国の5歳未満児死亡率は，出生1,000人当たり2, 3人ですが，2020年時点で最も高いソマリアでは115人，ナイジェリア114人，チャド110人となっています。その他，シエ

ラレオネと中央アフリカ共和国で 100 人を超えているのが現状です。

　これまでの多くの実証研究で，人的資本の蓄積と経済成長の間の安定的な正
の相関関係が確認されていて，特に経済発展において教育が果たす役割が注目
されています[2)]。持続的な経済成長を説明する理論モデルである「内生的成長
理論」においても，その多くが，教育投資が人的資本を向上させ，経済成長を
促すということを大前提としています（特に人的資本の蓄積に注目している代表的
なものとして，ルーカス・モデルがあります）。

　しかし，最近の研究では，教育が経済成長におよぼす効果は限定的，または
必ずしも貢献していないという議論や，教育投資が経済成長につながるには一
定の期間が必要であるといった意見もあります（Pritchett［2001］や神門［2003］
など）。さらに，Bils and Klenow［2000］は，教育が経済成長をもたらすので
はなく，経済成長が教育投資を促進するとしています。これは図 9 − 1 からも
示唆されることでしょう。

　このように，人的資本と経済発展は相互に関連していますが，多くの研究を
総合すると，かなりの程度，人的資本の蓄積が進んでいる高所得国では，成長
が人的資本開発をもたらしていて，人的資本が不十分である途上国において
は，人的資本の向上が経済成長を促すといえるようです。

2　教育・保健指標

　教育や保健は，経済成長や開発においてその重要性が認識され，さまざまな
取り組みがなされてきました。

　教育に関する大きな動きとしては，1990 年に「**万人のための教育**（Education
for All）」宣言が採択され，すべての人に基礎教育を提供することが世界共通の
目標として掲げられました。しかし，90 年代を通して初等教育就学率の伸び
は緩慢で，「初等教育の完全普及の達成」を目標の一つに掲げたミレニアム開
発目標（MDGs）が提唱された 2000 年前後から，特に低所得国のそれが飛躍的
に伸びています（図 9 − 4）。

　健康についても，「万人のための健康（Health for All）」が 1977 年に世界保健

機関（WHO）の総会で決まり，その実践のための戦略としてプライマリー・ヘルスケア（Primary Health Care）が提唱されました。プライマリー・ヘルスケアの主な取り組みとして，保健教育，栄養，水と衛生，母子保健（家族計画を含む），予防接種，風土病対策，適正医療，必須薬品提供の8つの基礎保健サービスの充実があります。その後，1995年にUNAIDS（国連エイズ合同計画）が，2002年には結核とマラリア，HIV/AIDSの三大疾病のためのグローバル・ファンド（Global Fund for Fighting AIDS, Tuberculosis, and Malaria）が設立されるなどの動きがみられています。しかし，先進国では解決済みとされた疾病がいまだに途上国の人々の健康を脅かしていて，健康格差が存在しているのも事実で，引き続きの取り組みが求められています。

　教育・保健とも状況は改善されてはいますが，MDGsで掲げられた目標[3]が達成できていない国もあり，2030年までに「世界が一丸となって取り組むべき」目標として，2015年に国連サミットで採択された**持続可能な開発目標**（SDGs）に，それらの目標が引き継がれています。

　以下では，教育と保健に関する指標を使って，世界的な取り組みの成果と現状を見ていきます。

1）教　育

　教育については，学校に行けば子どもは学習するという考えから，まずは「就学率」を高めることが重要であり，就学率の高さで人的資本の量を把握しようということがなされています。図9-4は過去45年間の就学率の推移を示しています。低所得国の初等教育就学率は，1975年では40％程度でしたが，既述のように2000年以降急速に伸び，2020年には80％まで上昇しています（図9-4（a））。

　しかし，初等教育以降については就学率の伸びが鈍く，初等教育でみられたような大きな改善はみられていません。（図では示していませんが）中等教育の就学率は，中所得国全体でみても2018年で68％，低所得国では34％未満です。高等教育についてはさらに状況は悪く，上位中所得国でも2015年でやっと50％を超え，2020年では58％というところで，下位中所得国は27％，低所

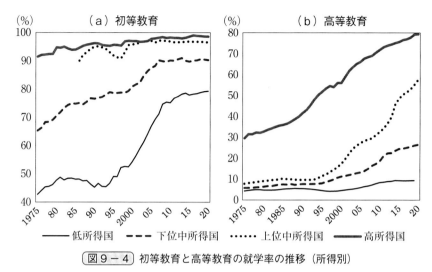

図9-4 初等教育と高等教育の就学率の推移（所得別）

（注）高等教育の就学率については、粗就学率（高等教育への就学者数と高等教育の学齢人口との比率）を用いている。

出所：World Bank, *World Development Indicators* と UNESCO, UIS. Stat のデータより筆者作成。

得国については9.4％です。図9-4（b）を見ると、下位中所得国と低所得国では高等教育の就学率の伸びが少ないのに対し、高所得国での伸びが大きくなっていることがわかります。実際、高所得国では1975年の30％から2020年には79％と、過去45年間で50％近く上昇しています。これは、いくつかの研究が指摘しているように、高所得国において、経済発展の要の一つである技術革新と相性のよい（新しい技術への適応能力がより高い）高等教育レベルの人材の賃金が高まっていることを反映しているのかもしれません（これにより熟練労働者と非熟練労働者の間の賃金格差も説明できます）。上位中所得国でも近年、高等教育の就学率が上昇しているのは同じような理由からでしょう。もしこのような傾向が続くようであれば、高所得国でさらなる人的資本の蓄積、ひいては技術革新が進み、（特に下位）中所得国と低所得国との格差が今後さらに拡大することも考えられます。

就学率を上げるために（子どもが学校に通えるようにするために）、多くの国で学費の無料化や無料の給食提供などが実施された結果、確かに初等教育の就学

率は改善し，多くの子どもが学校に通えるようになりました。しかし，小学校に入学したものの，勉強についていけずに留年したり，何らかの理由で退学を余儀なくされる子どももいます。表9－1にある，「初等教育修了率」は，小学校を修了（卒業）する年齢の子どものうち，留年などせずに規定の年数通り（日本であれば6年間で）小学校を卒業した子どもの割合を表していますが，低所得国では66.7％と，10人に3～4人は小学校を卒業できていないということになります。

　子どもが学校に通わない（途中で通えなくなる）理由としてよく挙げられるのが，児童労働です。国際労働機関（ILO）によると，5～17歳の子どものうち1億6,000万人が労働に従事していて，これは全世界の子どもの9.6％に相当します（2020年時点の数値で，うち7,900万人が健康や安全上の問題がある危険な仕事に従事，ILO and UNICEF［2021］[4]）。それなら，児童労働を禁止すればいいと考えることは容易です。

　しかし，問題はそれほど簡単ではありません。多くの親は，子どもが働くこと（働かせなくてはいけないこと）を快く思っていないはずです。それでも児童労働をさせるのは，子どもが働いて（たとえ少なくても）得る収入が，家計にとって食料購入などのための重要な資金源であり，それがないと食べるのに十分なお金がなくなってしまい，栄養状態が著しく悪化したり，生存自体が危ぶまれたりするためかもしれません。このような場合には，児童労働そのものが問題なのではなく，労働市場やそれを取り巻く環境，低所得（貧困）が問題であり，それらの状況を改善するような取り組みが必要となってきます。

　ちなみに，著者らのカンボジアの農村部での家計調査データを用いた実証分析では，児童労働（農業や牛の世話，蛙・魚・蟹などの漁獲，家庭内での家事など）がその子どもの教育や健康にマイナスの影響は与えず，むしろある程度（一定程度の時間）の労働は，（入学遅延や留年などをせず）年齢に応じた正規の学年で勉強する可能性を高め，自己評価による健康状態と長期的な栄養状態を改善しうるという結果を示しています（Miwa et al.［2010］）。このように，児童労働イコール「悪」と決めつけるのは浅見といえるでしょう。

　さらに近年，教育の新たな問題として，教育の「質」の問題がでてきました。

教育の無償化政策などによりたくさんの子どもが小学校に通うようになり，教室はもちろん，教員の数も不足しています。教員は今すぐ必要ですので，たとえ教員養成プログラムなどの制度が整っていたとしても，それを受けなくとも教員となれたり，場合によっては十分な学校教育を受けていないままに教壇に立ったりする教員も少なくないようです。また，1 クラス当たりの児童数が大幅に増えたことで，教員 1 人が教える児童数が増えたことも，教育の質を低下させる要因となっています。

　加えて，公立学校の教員の給料が安いために，教員のモチベーション低下などによる無断欠勤や，生計を維持するために副業を行っている（むしろ副業に精を出している）ことが，多くの途上国で報告されているのが現実です。たとえばカンボジアでは，小学校の教員が，（副業として）正規の学校授業後に有料の補習授業を行うことが常態化しています（補習授業の授業料は教員の懐に入ります）。カンボジアでは，小学校から中学校に進学するためには各州・郡が用意する試験を，中学校から高校の進学には国家試験を受ける必要がありますが，正規の授業だけではそれらの試験をパスすることは難しく，補習授業でその対策をしたり，試験を採点する教員が補習授業を受けている生徒を優遇したりするというようなことも報告されています（Kitamura et al. [2016]）。1 回の補習授業の費用は少額（10 ～ 20 円程度）でも，それが毎日となると家計の負担も大きくなるため，貧困家計の子どもは十分に受けられず（試験をパスできず），裕福な家庭の子どもとの教育格差も懸念されているところです。

　MDGs では，「すべての子どもが初等教育の全課程を修了できるようにする」ことが掲げられていましたが，SDGs では単に全課程を修了するのではなく，「適切かつ効果的な学習成果をもたらす，無償かつ公正で質の高い」教育課程を修了できるようにするとされていることからも，教育に質の問題の大きさが感じられます。教育の質を確かめる一つとして，OECD が実施している学習達成度調査（PISA）がありますので，詳しくはジェトロ・アジア経済研究所他［2015, 第 4 章］などを参照してください。

162 |

2）保健指標

　ユニセフ（国連児童基金；UNICEF）は，全世界で1年間に504万人（1日当たりでは13,800人）の5歳未満の子どもが亡くなっていると推測しています（うち237万人が新生児で，1日当たり約6,500人です，UNICEF［2021］）。ちなみに1990年では1,260万人でしたので，2020年はその4割に減っています。1節でみた5歳未満児死亡率でいうと，出生1,000人当たり93.4人から36.6人に減少しています。

　その5歳未満児の死亡のうち，サハラ以南のアフリカと南アジアでの死亡が全体の8割を占め，インド，パキスタン，コンゴ民主共和国，エチオピア，中国の6ヵ国での死亡が全体の半分を占めるなど，地域により死亡率に大きな違いがあるといえます。また，途上国では貧困層の5歳未満死亡率が，富裕層のそれの2倍にのぼるなど，より貧しい家庭に生まれた子どもほど健康が害される可能性が高いです。さらに，南・西アジア地域においては，女児の死亡率が男児のそれよりも高くなっていることが報告されていることからも，死亡率には地域間，所得層間，男女間でも格差が存在するといえるでしょう。

　では，子どもたちは何が原因で命を落としてしまうのでしょうか。図9－5

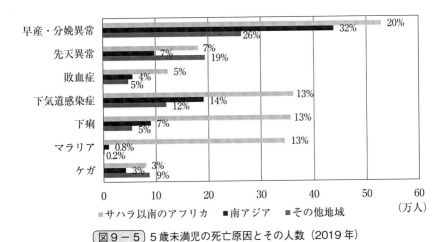

（図9－5）5歳未満児の死亡原因とその人数（2019年）

　出所：Institute for Health Metrics and Evaluation, Global Burden of Diseases のデータより筆者作成。

は，サハラ以南のアフリカ，南アジアとそれ以外の地域とでの，5 歳未満児死亡の主な原因と，その原因ごとの人数を示したものです。横棒の右側の数値は，その原因による死亡者数が各地域の全体の死亡者数に占める割合を表しています。これを見ると，いずれの地域においても，早産と分娩時の異常による死亡者数・割合がともに最も高くなっていることがわかります。これと先天異常以外では，下気道感染症（肺炎や気管支炎など），下痢，敗血症が多くなっています。肺炎は，その 99％が途上国で発生しているといわれていますし，下痢による死亡割合は，南アジアで 7％，サハラ以南のアフリカは 13％と，その他地域の 5％と比べかなり高い割合です。また，マラリアによる死亡のほとんどがサハラ以南のアフリカで発生しているということも特筆すべきでしょう。

　途上国では死亡率が高いこともそうですが，それよりも予防接種などで容易に予防できる，または安価で十分に効果のある薬などで治療可能な病気により，多くの子どもたちが犠牲となっていることが問題といえます。たとえば，肺炎は効果的なワクチンがありますし，わずか 0.4 ドルほどの抗生物質により治療が可能です（Save the Children［2017］）。そして，下痢による脱水症状で多くの子どもが死に至っていますが，この脱水症状を防ぐには，経口補水液が有効です。経口補水液は，国際機関等により途上国に無償または非常に安価な価格で配布されていますので，入手することは可能でしょう。

　WHO とユニセフは「肺炎と下痢症に対する世界行動計画（GAPPD）」を通じて，2025 年までに「肺炎と下痢による乳幼児の死亡を終わらせる」とし，肺炎のワクチンや経口補水液を多くの途上国に届ける（そしてその責任がある）としていますし，実際にすでにその取り組みがなされています（WHO and UNICEF［2013］）。しかし，それでも，安価で十分に効果のある予防方法が使われていないのは，特に途上国の遠隔地では医療施設がそもそもないことや，医療施設に行ったとしても効果的な治療が受けられるとは限らないこと（肺炎に効果的な治療薬が入手できる医療施設が 25％未満という国もあります），また，学校の教員と同じように，医師や看護師の怠業，診療所が決められた曜日・時間に開かれないといった問題も指摘されています（これらの問題については，Chaudhury et al.［2006］が詳しいです）。

　なお，早産や分娩時の異常による死は，定期的な妊婦健診，病院または医療従事者の立ち会いのもとでの出産などにより少なからず防ぐことができますし，同時に，妊産婦の死亡も防げます。母親の妊娠中の過ごし方や育児に関する情報が記載され，母子の健康状態や子どもの成長を記録できる日本発祥の「母子手帳（母子健康手帳)」がさらに普及することが，妊娠・出産に関わる死を減らす一助になるかもしれません。その母子手帳は，途上国を含めすでに30ヵ国以上で導入され，妊娠，出産，産後の継続的な見守りに役立っています。

　最後に，子どもの死因の上位には入りませんが，栄養不良（栄養失調）も途上国が抱える大きな健康問題です。栄養不良はそれ自体が死をもたらすわけではありませんが，それにより免疫力が下がり，他の病気にかかりやすくなり，その結果命を落としてしまいます。実際，5歳未満児の死因の3分の1に栄養不良が関係しているといわれています。また，栄養不良が原因で脳や身体の発達が妨げられる「発育阻害」の子どもは，1億4,920万人いるとされ（発育阻害の36％が南アジアで，38％がサハラ以南のアフリカで起きています)，この症状は幼少期をすぎると回復が不可能で，その後の人生を通して病気を繰り返し，進学も難しくなり，極めて困難な一生を送ることになります。ユニセフは栄養治療食（栄養価の高い治療食)，治療用ミルク，ビタミンAの投与，地域保健員の配置などにより，栄養不良をなくそうと取り組んでいて，栄養状態を改善する取り組みを，病気の予防などとともにさらに推進していくことが求められています。

3　教育・保健水準の決定因と収益率

　特に将来の担い手である子どもの教育と健康状態は，何で決まるのでしょうか。途上国を対象とした研究を中心にまとめると，性別や出生順位，出生時の体重などの子ども自身の特性に加え，親の教育水準や社会経済的な地位（職業など)，家計所得・資産，家族やきょうだいの人数，学校や医療施設などの公共サービスへのアクセス，地域のコミュニティーの特性などが影響を与えていることがわかります。親の教育については，母親の教育の影響が大きいとする

研究，父親の影響のみが観察されるもの，両親とものそれが影響を与えるとするもの，そして，教育そのものより教育が知識を増加させることや情報（メディア）へのアクセスを容易にすることで間接的に影響を与えると結論づけている研究もあります。また，子どもの健康に関しては，妊娠中の母親の行動（妊娠中のヘルスケアの利用や飲酒・喫煙行動）も重要なようです。

　さらに，教育水準や健康水準を高めることを投資だと捉えた場合，**信用制約**の問題がでてきます。信用制約とは，たとえ収益性が高い投資であっても，担保となる資産を持たない貧困層などが低い利子率で十分な融資を受けられないことをいいます。Fuwa et al.［2012］は，信用制約がある家計とない家計の子どもの生活時間を比較し，信用制約により，就学時間と余暇時間（余暇時間も子どもの健やかな成長を促す意味で広義の教育投資に含める）が減り，労働に従事する時間が増えることを明らかにしています。

　子どもがより高い教育を受けるほど，将来的により高い所得を得られることがわかっていますので，**教育の収益率**は高いといえるでしょう。途上国の多くの親も教育の重要性を理解していますが，それでも子どもに教育を受けさせられないのは，その金銭的負担が大きいからです。特に貧しい家計にとっては，子どもが学校に通うことで，学校に通わずに児童労働をした場合に得られたであろう収入（機会費用）も考えると，その負担はさらに大きいでしょう。

　教育に関する信用制約を緩和する方策として行われている取り組みの代表的なものが，**条件付き所得移転**（条件付き給付）で，メキシコの PROGRESA という政策が有名です。PROGRESA は，第 6 章で説明したランダム化比較実験（RCT）により，農村の貧困家計を対象に子どもの学校への出席などを条件に奨学金を毎月給付するというもので，児童の平均就学年数や女子の中学校就学率を改善するなどの一定の成功を収めています。他の途上国でも，政府教育機関や NGO などの支援団体が積極的に奨学金（その多くは返済義務のない給付型）を供与し，子どもが教育を受けられるような環境づくりが進んでいます。

　情報面での介入も教育普及には有効であることがわかってきました。Jensen［2010］は，ドミニカ共和国において 8 年生（小学校の最終学年）の男子生徒に対して，中等教育を修了した場合の将来の期待収入に関する情報をランダムに

提供するという RCT を行いました。その結果，情報を受けた生徒の方が，就学年数が長くなるという結果が得られています。また，インド農村部の女子中高生を対象として，IT 関連の就職情報をランダムに提供するという実験からも，情報を受けた女子の結婚や出産が遅くなり，その代わりに進学率が上昇し，卒業後に就職する割合が上がるということがわかっています（Jensen ［2012］）。

保健分野では，HIV 検査の結果を伝えることで，HIV 陽性者のコンドーム購入率が高まることが指摘されていますし（Thornton ［2008］），インターネットで適切な保健に関する情報を手に入れられること（健康情報についての情報活用能力である「ヘルスリテラシー」を身につけること）が健康改善につながるために重要であるともいわれています（Nutbeam ［2000］ など）。

2 節で指摘した，教員や医師の欠勤や怠業を防ぐためには，出勤日数に応じて給料が決定する仕組みや，生徒の成績（テストの点数）の伸び具合に応じて先生にボーナスを支給すること，授業風景をカメラで撮影させて出勤をモニタリングする方法も有効かもしれません（Duflo et al. ［2012］ や Muralidharan and Sundararaman ［2011］ など）。

教育の質の問題について，1 人の教員が教える生徒の数が増えている（増えすぎている）点に対しては，1 クラスの人数を減らすことよりも，新たに教員を雇う，特に雇用契約が毎年更新されるかどうかが生徒の成績により決まるような雇用形態の教員を，学校が独自に雇うことの方が有効であると指摘する研究もあります（Duflo et al ［2015］）。また，（これは情報介入とも関連しますが）近隣の学校の学業成績を，各学校や保護者に伝えることで，学校や教員が教育の質を向上させ，生徒の成績改善につながるという研究結果もあります（Andrabi et al. ［2017］）。

保健については，ヘルスケアワーカーや健康推進員の育成・普及といったことや，プライマリー・ヘルスケアの考えにもとづく取り組みの強化のみならず，妊婦健診の促進や，妊娠中の女性への栄養教育・カウンセリング等も実施することにより，妊娠中の女性の健康が守られるだけでなく，子どもの出生時体重や出産時のリスクの軽減にも効果があるでしょう。

また，屋内での空気の汚染，主に調理や暖房に利用する薪や石炭，牛糞など

の固形燃料の屋内での使用が原因の空気の汚染による健康被害の深刻さが広く
知られるようになってきています。WHO によると，屋内での空気の汚染によ
り，2020 年に世界で 320 万人が死亡していますが，そのほとんどは途上国で
発生しています。屋内での大気汚染は明らかに健康リスクを高めることがわか
っていて，またその影響は主に調理を担う女性や母親と家で過ごすことの多い
子どもが特に受けやすいとされています。室内での空気の汚染を減らし，人々
の健康を守るためには，よりクリーンな燃料と技術（太陽光，電気，バイオマス，
LP ガス，天然ガス，バイオマス・ストーブなど）の利用を促進することが重要です。
またより広く普及させるには，よりクリーンな技術・燃料の購入のための補助
金の提供，換気システムや住宅デザインの改良，そしてクリーンエネルギーの
利用を促すためのコミュニケーション・キャンペーンといった政策が必要なよ
うです（WHO［2022］）。

4　まとめ

1）人的資本である教育と健康は密接に関係していて，かつ，幼少期のそれが
　　将来を考える上でも大切であるということが明らかとなっている。また，
　　経済発展や所得水準と人的資本との間には相関関係がみられ，所得水準が
　　高い国では，教育指標も健康指標もどちらもより良いことが知られている。
2）教育について，初等教育の就学率は 2000 年以降大きく改善しているが，中
　　等・高等教育については，特に中・低所得国でいまだ低調であり，また教
　　育の新たな問題として「質」の問題も大きくなっている。
3）発展途上国では，子どもの死亡率が高いことに加え，予防接種や安価な薬
　　などで予防・治療可能な病気により多くの子どもが犠牲となっていること
　　も問題である。
4）教育や健康状態の決定要因としては，子ども自身の特性や親・家計の特性，
　　地域の特性などさまざまである。また，教育・健康水準を高めること，そ
　　れへの支出を投資だと捉えた場合，信用制約の問題も指摘されていて，そ
　　れを緩和する方策としては条件付き所得移転などがある。その他，教育普

及や健康改善を促進するより効果的・効率的な施策を検証するために RCT
の手法を用いた研究などが盛んになされている。

補論：教育の収益率とその推計

　大塚・黒崎 [2003] は，教育に収益（教育の効果がもたらす金銭的な便益）が存
在する理由として，①文明化されたマニュアルや新聞などを通じて，新しい情
報や技術に対するアクセスが高まること，②新しい技術や情報がもたらされた
際の情報の解読という問題に対して，知識や経験が的確な判断を可能にし，生
産性を高めることを挙げています。

　その教育の収益は，「教育の収益率」により測ることができ，それはミンサー
方程式（ミンサー型賃金関数）を用いて推計されることが多くなっています。ミ
ンサー方程式とは，具体的に次のような式です。

$$\ln W = \alpha + \beta \cdot S + \gamma \cdot X + u \qquad (1)$$

　ここで，W は賃金（$\ln W$ は賃金の対数値をとったもの），S は教育年数，X は教
育年数以外の個人の特性（年齢，性別，親の学歴，勤続年数，居住地域など）で，α
は切片，β と γ はパラメータ，u はかく乱項をそれぞれ示しています。

　教育年数 S の係数 β は，教育年数が増えた場合の賃金の伸び率（教育年数が
1 年増えた場合に賃金が何 % 上昇するか）を示していますので，この β を教育の収
益率として解釈することができます。

　ミンサー方程式を用いた教育の収益率の推計については，多くの研究がなさ
れていますが，Patrinos [2016] は，（教育年数が 1 年増えた時の）収益率を世界
平均で 9.7 % と推計しています（表 9 - 1A）。地域別では，サハラ以南のアフリ
カが最も高く 12.5 % で，これは相対的に教育水準が低いためと考えられます。
男女別で見ると，いずれの地域においても，女性の収益率の方が男性の収益率
よりも高いことがわかります。これは，女性の方が男性よりも賃金が高いとい
うことを意味しているわけではなく，女性・女児に対する教育に投資をする方
が収益率は高いということです。

（表 9 － 1A）ミンサー方程式による教育の収益率の推定結果

	収益率（%）	男女別の収益率（%）		平均教育年数（年）
		男性	女性	
高所得国	10.0	9.5	11.1	9.5
途上国（地域別）				
サハラ以南のアフリカ	12.5	11.3	14.6	5.2
ラテン・アメリカ	9.3	8.9	10.8	7.3
東アジア・太平洋	9.0	8.8	10.8	6.9
ヨーロッパ・中央アジア	7.8	7.4	9.8	9.1
南アジア	7.2	6.3	9.2	4.9
中東・北アフリカ	6.5	6.0	10.2	7.5
世界全体	9.7	9.1	11.5	8.0

出所：Patrinos［2016］および Psacharopoulos and Patrinos［2018］より筆者作成。

Psacharopoulos and Patrinos［2018］にも，1950 〜 2014 年の間に発表された研究のレビューによる教育の収益率と，過去の自身の研究での収益率の再推計の結果がまとめられていますので，併せて参照してください。

【注】
1）これは「人的資本論」の考え方です（詳しくは，大塚・黒崎［2003］を参照してください）。
2）教育の経済成長への貢献についての理論的説明は，小塩［2002］や大塚・黒崎［2003，第 1 章］などを参照してください。
3）保健に直接関わる主なターゲットとしては，「5 歳未満児死亡率を 3 分の 1 に削減」「妊産婦の死亡率を 4 分の 1 に削減」「HIV/AIDS の蔓延を阻止し，その後減少させる」「安全な飲料水と衛生施設を利用できない人口の割合を半減させる」が掲げられていました。
4）児童労働の人数は統計が発表され始めてからの過去 20 年間は減少傾向でしたが，Covid-19 の影響により 2020 年に増加に転じています（ILO and UNICEF［2021］）。

引用文献
Andrabi, T., Das, J., and Khwaja, A. I.［2017］"Report Cards: The Impact of Providing School and Child Test Scores on Educational Markets" *American Economic Review*, 107(6), 1535-1563.

Bils, M., and Klenow, P. [2000] "Does Schooling Cause Growth?" *American Economic Review*, 90(5), 1160-1183.

Chaudhury, N., Hammer, J., Kremer, M., Muralidharan, K., and Rogers, F. H. [2006] "Missing in Action: Teacher and Health Worker Absence in Developing Countries" *Journal of Economic Perspectives*, 20(1), 91-116.

Duflo, E., Hanna, R., and Ryan, S. P. [2012] "Incentives Work: Getting Teachers to Come to School" *American Economic Review*, 102(4), 1241-1278.

Duflo, E., Dupas, P., and Kremer, M. [2015] "School Governance, Teacher Incentives, and Pupil-Teacher Ratios: Experimental evidence from Kenyan Primary School" *Journal of Public Economics*, 123, 92-110.

Fuwa, N., Ito, S., Kubo, K., Kurosaki, T., and Sawada, Y. [2012] "How Does Credit Access Affect Children's Time Allocation? Evidence from Rural India" *Journal of Globalization and Development*, 3(1), 1-28.

International Labour Organization (ILO) and United Nations Children's Fund (UNICEF) [2021] *Child Labour: Global estimates 2020, trends and the load forward.*

Jensen, R. [2010] "The (Perceived) Returns to Education and the Demand for Schooling" *The Quarterly Journal of Economics*, 125(2), 515-548.

Jensen, R. [2012] "Do Labor Market Opportunities Affect Young Women's Work and Family Decisions? Experimental Evidence from India" *The Quarterly Journal of Economics*, 127(2), 735-792.

Kitamura, Y., Edwards, Jr., D. B., Sitha, C., and Williams, J. H. (eds) [2016] *The Political Economy of Schooling in Cambodia: Issues of Quality and Equity*, Basingstock, Palgrave Macmillan.

Martorell, R. [1999] "The Nature of Child Malnutrition and Its Long-term Implications" *Food and Nutrition Bulletin*, 20(3), 288-292.

Miwa, K., Han, P., and Fukui, S. [2010] "Does Child Labour Have a Negative Impact on Child Education and Health? A Case Study in Rural Cambodia" *Oxford Development Studies*, 38(3), 357-382.

Muralidharan, K., and Sundararaman, V. [2011] "Teacher Performance Pay: Experimental Evidence from India" *Journal of Political Economy*, 119(1), 39-77.

Nutbeam, D. [2000] "Health Literacy as a Public Health Goal: A Challenge for Contemporary Health Education and Communication Strategies into the 21st Century" *Health Promotion International*, 15(3), 259-267.

Patrinos, H. A. [2016] "Estimating the Return to Schooling Using the Mincer Equation" *IZA World of Labor 2016*.

Pritchett, L. [2001] "Where Has All Education Gone?" *World Bank Economic Review*, 15(3), 367-391.

Psacharopoulos, G., and Patrinos, H. A. [2018] "Returns to Investment in Education:

A Decennial Review of the Global Literature" *Education Economics*, 26(5), 445-458.

Save the Children [2017] *Fighting for Breath: A Call to Action on Childhood Pneumonia*.

Sen, A. K. [1985] *Commodities and Capabilities*, Amsterdam: North-Holland.（アマルティア・セン／鈴木興太郎訳 [1988]『福祉と経済学―財と潜在能力』岩波書店）

Sen, A. K. [1992] *Inequality Reexamined*, Oxford University Press.（アマルティア・セン／池本幸生・野上裕生・佐藤仁訳 [1999]『不平等の再検討―潜在能力と自由』岩波書店）

Thornton, R. L. [2008] "The Demand for, and Impact of, Learning HIV Status" *American Economic Review*, 98(5), 1829-1863.

UNICEF [2021] *Levels and trends in Child Mortality: Report 2021*.

World Health Organization (WHO) [2022] *Household Air Pollution and Health*（https://www.who.int/news-room/fact-sheets/detail/household-air-pollution-and-health, アクセス日：2022 年 8 月 30 日）.

WHO and UNICEF [2013] *Ending Preventable Child Deaths from Pneumonia and Diarrhoea by 2025: The Integrated Global Action Plan for Pneumonia and Diarrhoea (GAPPD)*.

大塚啓二郎・黒崎卓編著 [2003]『教育と経済発展』東洋経済新報社.

小塩隆士 [2002]『教育の経済分析』日本評論社.

神門善久 [2003]「教育と経済的キャッチアップ―日韓米の長期比較」, 大塚啓二郎・黒崎卓編著『教育と経済発展』第 2 章, 東洋経済新報社.

ジェトロ・アジア経済研究所・黒岩郁雄・高橋和志・山形辰文編 [2015]『テキストブック開発経済学 [第 3 版]』有斐閣ブックス.

西川潤 [2000]『人間のための経済学』岩波書店.

📖 学生に読むことをお勧めしたい参考文献

OECD-WHO 編／岡伸一・坂間治子訳 [2006]『開発途上国における貧困と保健』学文社.

大塚啓二郎・黒崎卓編著 [2003]『教育と経済発展』東洋経済新報社.

黒田一雄・横関祐見子編 [2005]『国際教育開発論』有斐閣.

小松太郎編 [2016]『途上世界の教育と開発―公正な世界を求めて』上智大学出版.

佐藤寛・青山温子編著 [2005]『シリーズ国際開発第 3 巻　生活と開発』日本評論社.

ダニエル・A・ワグナー／前田美子訳 [2020]『SDGs 時代の国際教育開発学―ラーニング・アズ・ディベロップメント』法律文化社.

コラム Column カンボジアの母子手帳

　いつの時代も，どこの国でも，子どもの健やかな成長は親にとっての大きな願いです。著者は，カンボジアを研究対象の一つとしていて，農村部で家計調査を行っています。家計調査の際に，何人家族でどういう構成になっているのかを知るために，家計構成員の性別や年齢，教育年数，職業，家長との関係などを聞き取ります。おそらく皆さんは自分の生年月日は間違いなく答えられるでしょう。そして，親ときょうだいの誕生日もわかっていることでしょう。しかし，調査で年齢（または生年月日）を尋ねると，「う～ん，私何歳だったかしら？」「夫の年齢？　何歳かしら？（様子を見に来た隣人に向かって）ねぇ，誰か知らない？」といった具合になることが多々あります。しかも，身分証明書なども持っていませんから確認するすべがありません。

　そんな中，ある時期から「自分の年齢はよくわからないけど，子どものなら，ほらここに書いてある！」といって，黄色い小冊子を差し出されることがでてきました。それが，写真のような，日本でいうところの母子手帳のような，子どもの誕生・成長と予防接種等を受けた日を記録する小冊子で，カンボジア保健省（Ministry of Health）が発行しているものです（ただし，内容は日本の母子手帳ほど充実していません）。

　カンボジアの農村部ではコミューンと呼ばれる数ヵ村が単位となった行政区があり，各コミューンにだいたい１つは診療所（ヘルス・センター）があり，そこで子どもたちは予防接種や乳幼児健診を受けることができ，先の小冊子もそこで配布されているようです。診療所は，一次医療施設として位置づけられていますので，医師・看護師が常駐し，それ以外にも，病気やケガをした人の手当て・治療，公衆衛生活動も行われています。

　調査の際に休憩所として利用させてもらうことの多い，村の集会場内にも，妊婦の定期健診や予防接種を啓発するポスターや，手洗いの実行や家の周りを清潔に保つことの重要性を謳うポスターなどが所狭しと貼られています。こうしたポスター（とそれらを用いた各種保健プログラム）や母子手帳の配布などを通じ，今後もカンボジアの人々，カンボジアの将来を担う子供たちが，より健やかな暮らしを送れることを切に願うばかりです。

写真① カンボジア版の母子手帳
（男の子向け）

写真② 予防接種を記録するページ

出所：筆者撮影（家計調査時にある家庭で拝見したもの）。

─── 第10章 ───

新しい労働移動の経済学

　第1章や第4章でも紹介したように，多くの発展途上国が製造業など近代的産業の発展を梃子に高い経済成長率を達成しています。近代的産業で雇用されると，通常，在来的な農業，家内手工業，小商業などで働くよりは多くの収入を得ることができます。

　その結果，都市，あるいは，都市近郊に立地する近代的産業で職を得ようと，都市地域に多くの人々が移動して行きます。

　国連の資料によると，50万人以上の都市における，2000年から2018年の間の人口増加率は平均2.4％でした。この平均増加率の2倍以上の速さで人口が増加した都市は36あり，このうち，35都市がアフリカとアジアに位置します。表10－1は，急速に人口が増加しつつある発展途上国の大都市を示したものです。この表によると，これらの都市の人口増加率は国全体のそれより高く，周辺からの人口流入が大きいことがわかります。

　しかし，農村地域や都市周辺地域から移動してきた人々は，必ずしも近代的産業，関連産業で安定して賃金水準も高い職が得られるとは限りません。

　彼らの多くは，低賃金・低収入で雇用が保証されない不安定な職業（人力車の車夫，路上の物売り，日雇い賃金労働，廃品回収業など）に就かざるを得ないのです。このような人々は，通常，単独の仕事だけでは家族が養えず複数の雑多な職業を勤務するので「**雑業層**」と呼び，多くの場合，不完全就業（能力以下の仕事に従事している）状態にあります。

　そして，**雑業層**の多くは公有地などの無断居住者となり，上下水道の設備も無いような土地にスラムを形成します。このようにして形成されたスラムは，ゴミが無秩序に散乱し汚水が垂れ流されるため，生活環境としては劣悪で，治

表10-1　増加する発展途上国の大都市人口

都市名	国	2000-2018年 人口成長率（%）	2018年，人口 （百万人）
ダルエスサラム	タンザニア	5.4	6.05
ヤウンデ	カメルーン	4.6	3.41
ラゴス	ナイジェリア	3.4	13.46
広州	中国	2.7	12.64
ダッカ	バングラデシュ	3.6	19.58
カラチ	パキスタン	2.5	15.40
デリー	インド	3.3	28.51

出所：United Nations, The World's City in 2018, Data Booklet より筆者作成。

表10-2　途上国における都市のスラム人口（2019年）

地域	都市人口の割合（%）	都市人口に占める スラム人口の割合（%）
サハラ以南のアフリカ	41	54
ラテン・アメリカ	81	21
東アジア・太平洋	60	26
南アジア	34	38
発展途上国	42.3	29.0

出所：World Bank, World Development Indicators より筆者作成。

安面でも問題を引きおこすことがしばしばあります。したがって，**都市雑業層**の人々は農村地域から移住してきたからといって必ずしも豊かになれるとは限りません。

　にもかかわらず，このようなスラムに居住する人口の割合は都市人口の多くを占め，所得水準の低いサハラ以南のアフリカや南アジア地域では，途上国の平均を超える高さとなっています（表10-2参照）。

　労働移動は国内の農村地域から都市への**労働移動**だけではありません。海外への**労働移動**も増加しています。2020年の時点で世界の人口の3.6%は移民で，そのうち，83%は発展途上国からの人々です（Batalova [2022]）。

　表10-3は，比較的GDP規模の大きな発展途上国への海外からの仕送り額を示したものですが，多くの途上国で**出稼ぎ労働者**からの仕送りが国の経済に影響を与えるほど大きいことがわかります。GDP規模の小さな国々の場

表10−3 途上国への海外からの仕送り（2020年の予測値）

国	海外からの仕送り額 （百万ドル）	対 GDP 比（%）
ナイジェリア	17,208	4.0
エジプト	29,603	8.2
バングラデシュ	21,750	6.6
インド	83,149	3.1
パキスタン	26,105	9.9
フィリピン	34,913	9.6
ベトナム	17,200	5.0

出所：World Bank, Migration and Remittances 2021 および
World Development Indicators より筆者作成。

合，GDP に占める仕送りの割合が20%を超える国もあり，国の経済を支える重要な役割を果たしています。たとえば，タジキスタン（27.3%），キルギスタン（29.4%），ネパール（23.5%），レバノン（32.9%），ソマリア（35.3%）などです。

　以上のような発展途上国における国内外の**労働移動**と仕送りは，家計や国の経済にさまざまな影響をおよぼしていますが，仕送りは残された家族の生活を改善する可能性がある一方で，家計員の不在が残った家族にマイナスの影響を与える可能性もあり，これらの影響についてはまだわかっていないことが多いのです。

　この章では，まず，必ずしも生活が改善しないかもしれないのに，なぜ農村地域から都市地域への**労働移動**が起こるのかについて，そのメカニズムを説明する理論を紹介します。次に，国内外への**労働移動**が，家計や国の経済にいかなる影響をもたらしているのか，それを分析する理論的・実証的手法と分析の結果について解説します。

1　農村＝都市労働移動のモデル

　農村から都市への大量の**労働移動**のメカニズムについては，トダロとハリスが提案した基本的モデルにより説明します。

　この**トダロ＝ハリス・モデル**では，都市における近代的産業セクター（フ

ォーマル部門），農業セクター，および，都市雑業セクター（インフォーマル部門）が併存し，これらの部門で雇用される労働力は，農業セクターから供給される，と仮定されます。

$$\text{農業セクター}\ (W_a) \quad \begin{matrix} \nearrow \ \text{都市フォーマル・セクター}\ (W_f) \\ \searrow \ \text{都市インフォーマル・セクター}\ (W_i) \end{matrix}$$

都市フォーマル・セクターでは，労働組合側からの要求，あるいは，政府による賃金政策などにより，自由な労働市場で決定される水準より高い下方硬直的な賃金（W_f）が支払われ，企業あるいは雇用主はこの賃金を所与として利潤を最大化する水準まで労働者を雇用します。また，利潤最大化行動のもとで企業は賃金が低いほど雇用を増やすと仮定します。

　農業セクターでは，制約のない農村労働市場で賃金（W_a）が決定されます。農業経営者も農業労働者も，この市場賃金を所与として自らの利益を最大にするような行動をとります。また，**都市フォーマル・セクター**と同様，農業経営

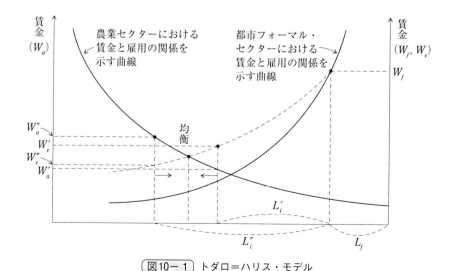

（図10-1）トダロ＝ハリス・モデル

出所：Corden and Findley［1975］を参考に，筆者作成。

者も利益最大化行動の下で，賃金が低いほど雇用は増加すると仮定します。

　都市インフォーマル・セクターの賃金（W_i）は，生存してゆくのに最低限必要な所得に等しくなると仮定します。

　以上から，各賃金の大小関係は，$W_f > W_a > W_i$ となります。

　農村から都市に移動した場合に，労働者は**都市フォーマル・セクター**での仕事に就ける場合（企業等に雇用してもらえる場合）と，そうとはならず，**都市インフォーマル・セクター**での仕事に従事せざるを得なくなる可能性もあります。そこで，上記の諸仮定の下で，農村に居住する労働者は，都市に移動した場合に得られると考えられる賃金（期待所得；W_e）と農村賃金（W_a）とを比較し，前者が後者より大きければ都市に移動し，逆の場合は**都市インフォーマル・セクター**で働く労働者が帰農するという行動仮説を設けます。

　ここで，L_f をフォーマル・セクターで雇用される労働力，L_i をインフォーマル・セクターで雇用される労働力として，都市での期待賃金を

$$W_e \equiv \frac{L_f \cdot W_f}{(L_f + L_i)} + \frac{L_i \cdot W_i}{(L_f + L_i)}$$

と定義します。

　L_f が一定であるとすると，以上の仮定の下では，インフォーマル・セクターで雇用される労働力が多い（都市に移動してもフォーマル・セクターに雇用される確率が低い），図10−1の L_i'' のような状況では，$W_e'' < W_a''$ となり都市での期待賃金が農村賃金を下回るため，移動がためらわれます。他方で，インフォーマル・セクターで雇用される労働力がさほど多くない L_i' のような状況では，$W_e' > W_a'$ となるため，都市への移動が促され，結果としてインフォーマル・セクター従事者が増加することになります。なお，期待賃金の定義式より，$W_e'' < W_a''$ のために都市インフォーマル・セクターでの雇用が減少することは，期待賃金を上昇させることを意味し，$W_e' > W_a'$ の状況で都市への移動者が増加することは期待賃金の低下を意味します。

　したがって，賃金が低下すると雇用量は増えるという仮定のもとで，最終的に $W_e = W_a$ という均衡（他の状態に移動するという誘因が働かない状態）が成立します。この均衡状態では，農業セクターの賃金（W_a）の方が都市インフォーマ

ル・セクターにおける生存水準ギリギリの賃金（W_j）より高いにもかかわらず，都市の不完全就業が存在し維持され続けることになるのです。

　以上のような，トダロとハリスによる農村＝都市労働移動のモデルは，**都市フォーマル・セクター**の労働者と農村住民との所得格差が維持されるという実態と整合的であり，また，**都市インフォーマル・セクター**における所得が低いにもかかわらず，農村から**都市インフォーマル・セクター**への労働移動が起こるという実態をも説明できるという意味で，今日なお魅力的な理論モデルといえます。

　しかし，このモデルには，いくつかの問題点が指摘されています（バーダン・ウドリー［2001］，第 5 章Ⅱ・Ⅲ節参照）。

　トダロ＝ハリス・モデルでは，労働者の能力は同じであり，**都市フォーマル・セクター**における賃金水準は，政府による賃金政策や労働組合からの要求により外生的に決定されると仮定されていましたが，はたしてそれが現実的かという疑問です。近代的産業における高い賃金は，高い技能と能力を備えた労働者に支払うという，企業の雇用戦略により内生的に決まると考える方が，より現実的かもしれません。

　近代的産業においては，同じ産業でも企業ごとに作業工程や内部の組織が異なり，そこで必要とされる技術やノウハウも異なります。したがって，近代的産業で働く労働者は，個々の企業に特殊的な技能を身につけることが求められます。そして，企業に特殊的な技能を身につけた労働者の当該企業における生産性は，そうでない労働者より有意に高いと考えられます。この特殊的な技能を習得するには，ある一定の基礎的能力を必要とするかもしれません。このような場合，企業が特殊的な技能と能力を備えた労働者を確保するには，そのような技能や能力を持たない労働者と区別して，より高い賃金を支払う必要があります。しかし，一般に，雇用する側は，雇用される側である労働者の技能や能力について十分な情報を持っているわけではありません。したがって，雇用する側である企業は，企業に特殊的な技能や能力を備えた労働者向けに，より高い賃金と彼らにしかできない職務をセットにした雇用契約を提示し，そのような技能と能力とを持たない労働者向けには，低い賃金と誰にでもできる職務

内容をセットにした雇用契約を提示することにより，高賃金の技能労働者と低賃金の非熟練労働者を区別することができるのです。

　また，**トダロ＝ハリス・モデル**では，農村から都市に移動してきた労働者が近代的産業で雇用される確率は，すべての移動労働者の間で等しく，農村賃金と都市で働く場合の期待賃金とを比較して移動の意思決定を行うと仮定されていました。しかし，現実には，若くて教育水準が高いほど近代的産業で職を得る確率も高くなるでしょうし，近代的産業ですでに働いている人々とのネットワークが確立されているほど，新規に就職先を探し都市での生活条件に適応する費用は低くなるでしょう。

　実際，農村出身で近代的産業で職を得ることのできるのは，若くて教育水準がある程度高い人たちが多いですし，同じ農村社会から移動してきた人々は，都市の同一地域に居住する傾向があります。したがって，教育水準，年齢，ネットワーク等を考慮に入れて将来の期待所得を最大化するという基準で，移動の意思決定をしていると考える方がより現実的です。

　このように，トダロとハリスの農村＝都市労働移動のモデルを出発点として，多くの，より現実的なモデルが考案されています。

2　新しい労働移動の経済学

1）労働移動の動機

　トダロ＝ハリス・モデルでは，個々の労働者が，現状より高い賃金を求め労働移動の意思決定を行うと仮定されていました。実際，米国への移民，出稼ぎ労働が多いメキシコと米国の賃金は，2018年時点で1：9の格差があります（National Institute of Statistics and Geography, Mexico）。

　しかし，多くの場合，個々の労働者には家族がおり，家族全体の生活を改善するために，出稼ぎ家計員からの仕送りを得ることを目的とし，家族単位で労働移動を決定していると考えることもできます。

　たとえば，今，途上国の貧困農村で生活する農家家計を考えてみましょう。貧しい農村地帯では，通常，農家が経営する農地面積は零細で農業だけで家族

は生活してゆけません。したがって，農業以外の仕事で収入を得る必要がありますが，貧困農村では，そのような雇用機会が限られているのが普通です。また，養豚や養鶏など，副次的な収入を得るためには資金が必要ですが，金融機関は，貧困家計は返済不履行の可能性が高いので融資を躊躇しますし，市中の金貸しなどから融資を受けようとすると高い金利を要求され，必要な資金を借り入れるには厳しい制約があります。

　もし，労働市場や信用市場でこのような制約が無ければ，農家は，農業以外の仕事に従事するか養豚や養鶏に投資をして収入を増やすことが可能です。

　このように，労働市場や信用市場の厳しい制約の中で収入を増やし生活を改善してゆくのが困難な状況にある中で，都市や外国で十分な雇用機会と高賃金が得られるなら，貧困家計が仕送りを期待して家計員の誰かを出稼ぎ労働者として送り出すと考えるのは無理のない推論です。

　以上のような視点から労働移動，特に，出稼ぎ労働を，家族が居住する地域で直面する種々の制約を緩和するための手段と考え，出稼ぎや仕送りという行動を説明する経済学の潮流を，Stark［1993］は "新しい労働移動の経済学" と呼びました。

2）仕送りの理由

　ただ，現実には，出稼ぎに出た人々が全員，仕送りを家族にするわけではありません。たとえば，『カンボジア社会経済調査2009』によると，全標本世帯の13.8％が出稼ぎ家計員を送り出していますが，出稼ぎ家計員のいる家計で仕送りを受け取っているのは66％ということです（Fukui and Luch［2017］）。では，出稼ぎ家計員が家族に仕送りをする動機はどこにあるのでしょうか。

　この点について，de Janvry and Sadoulet［2021］は，Lucas and Stark［1985］による先駆的な研究を引用し，出稼ぎ家計員による仕送りには，以下のような理由が考えられるとしています。

　まず，親から過去に供与された，養育費，食費，教育費，出稼ぎに必要な資金（出稼ぎ先を探す費用，旅費など）などを返済するという動機です。この仮説を検証するには，仕送り額と，出稼ぎ家計員が過去に親から受け取った金額と

の関係について統計学的に分析を行う必要があります。

　次に，自身が出稼ぎにより親の生活に協力できないことで，親の資産の兄弟間での相続割合が低下しないよう，仕送りによって親の生活費を補填し，この割合を維持しようという動機です。この仮説を検証するには，仕送り額と親の資産，相続権のある兄弟等の数，誰が相続するのかなどの制度，資産の種類等に関する情報が必要となります。

　3番目の動機は，健康保険制度や年金制度などの社会保障制度が整備されていない発展途上国において，親が高齢あるいは病気などの理由で働けなくなった時に生活を支援するというものです。この種の動機と仕送りとの関係を検証するには，社会保障制度が整備されているかについての情報，親の年齢，所得・資産などに関するデータと仕送り額との関係を分析する必要があります。これらを考慮したペルーにおける仕送りなどの所得移転に関する研究によると，社会保障制度が無い場合には，所得移転額が20％増加するということです（de Janvry and Sadoulet［2021］，p.315）。

　さらに，仕送りを，何らかの予想できない家計所得の変動を緩和する手段として利用するという動機があるといわれていて，この点については多くの実証研究が行われています。最近の研究としては，フィリピンの海外**出稼ぎ労働者**からの送金が保険の機能を持ち，所得変動の影響を緩和していることを明らかにした，Yang and Choi［2007］があります。

　最後に，人間が持つ**利他性**に起因する動機です。経済学では，人間は利己的で経済合理的な経済人であると仮定して分析することが多いのですが，現実には，他人の利益も考慮して行動していることが，多くの実験により明らかにされています（たとえば，奥野［2008］，pp.217-219参照）。一般には，夫，妻，子供，親，兄弟などに対して，このような感情が，より強く働くでしょう。ただし，この仮説に関する実証研究の結果は，見解が分かれているようです。

　以上のように，仕送りを行う動機については，いくつかの仮説がありますが，いずれが決定的かについては，必ずしも見解が一致しているわけではありません。

3) 新しい労働移動の経済学：理論的説明

　新しい労働移動の経済学では，出稼ぎや仕送りが家計の厚生にどのような影響を与えるのかに焦点が当てられていますが，図10－2を利用し，その分析の枠組みについて，やや詳細に説明しておきましょう。

　今，家計は2種類の農産物（Q_0とQ_1）を生産できると仮定します。Q_0は低収益の農産物（たとえば食用穀物）の生産量，Q_1は高収益の農産物（たとえば野菜などの換金作物）の生産量を示し，家計は一定の自作地（T）と労働力，肥料などの生産要素を使用し，右下がりの生産可能性曲線に沿って2種類の生産物を生産できると仮定します。食用穀物は肥料や労働の投入が相対的に少なくて生産できますが，換金作物は多くの投入量が必要です。低収益の農産物の市場価格をP_0，高収益の農産物の市場価格P_1とします（$P_0 < P_1$）。

　農家が肥料代や雇用労賃を払うための十分な資金を保有していれば，この価格体系のもとで，農家は高収益作物の生産に特化し，換金作物をQ_1^*だけ生産することで収益を最大化できると考えます。しかし，資金制約（C）があり

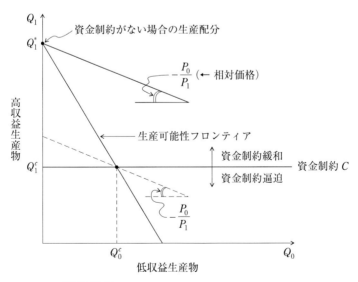

（図10－2）新しい労働移動の経済学—理論的説明
出所：Taylor et al.［2003］を参考に，筆者作成。

生産要素の購入資金が十分でない場合は，肥料や労働力を十分購入できないので，換金作物の生産に特化できず，食用穀物の生産も行わざるを得ません。これは，図10－2の点 $[Q_0^c, Q_1^c]$ で示されています。

このことは，出稼ぎや仕送りにより農業生産のための生産要素を購入する際の資金制約が緩和されればされるほど，食用穀物の生産を減らし換金作物の生産を増加させることができ，収益を増加させることが可能となることを意味しています。

4) 労働移動，仕送りの家計への影響：実証分析

出稼ぎ者からの仕送りは，家計の信用制約や農作物被害や疾病などによる予測できない損失を緩和することを可能にしますので，所得の上昇や所得の安定化にはプラスの影響があると期待できます。一方，出稼ぎ家計員が他出してしまうことは，家族労働力が減少するということですので，それ自体，所得を減少させたり，残った子供の教育にマイナスの影響を与えたりする可能性があります。

では，実際に，出稼ぎ労働者の増加は，家計の生活水準，子供の教育，消費生活の安定など，家計の厚生に貢献しているのでしょうか。

この点を検証するには，統計学的分析が必要です。本書は学部レベルの入門書ですので，高度な統計学的考察は行わず，分析の方法の概略を説明したうえで実証研究の成果を紹介しておきたいと思います。

統計学的分析というのは，一般に，回帰分析と呼ばれるものです。回帰分析については，第6章ですでに基本的説明が行われていますので，ここでは省略し，次のような回帰方程式を考えることから始めます。

W（所得水準，資産，子どもの教育，事業への投資 etc.）

$\quad = \alpha + \beta \cdot$（家計特性）$+ \gamma \cdot$（村特性）$+ \delta \cdot$（出稼ぎ家計員の有無）

$\quad + \lambda \cdot$（仕送り額）$+ \varepsilon$

ここで，Wは，家計の満足度や投資行動などを示す指標だとします。これらの変数は，家計の厚生最大化行動の結果として導かれる最適化された変数であると仮定します。回帰分析では，これが被説明変数となります。そして，家

計の最適化された満足度や投資行動は，その家計の特性（家族構成，年齢構成，保有資産，教育水準等）や家計が居住する村の特性（地理的条件，世帯数，灌漑などの社会的インフラ，出稼ぎ労働者の数等）のほか，出稼ぎ家計員の有無や仕送り額によっても影響を受けると考えます。

　なお，α は定数項，β, γ, δ, λ は，それぞれ，家計特性，村特性，出稼ぎ家計員の有無，仕送り額のパラメータを，ε はかく乱項を表します。

　家計調査などにより収集したデータを用いて，この回帰方程式を種々の手法により推計するわけです。

　ただし，単純な回帰分析の手法をそのまま適用したのでは問題が生じます。2－2）節，および，2－3）節で説明してきたように，出稼ぎ家計員を送るか否か，あるいは，出稼ぎ家計員が仕送りを家族に送るか否かについては，家計や出稼ぎ家計員自らが決めることであり，第6章で説明されたように，個々の経済主体が自分で意思決定を行った結果（出稼ぎに出るか否か，仕送りをするか否か）を説明変数として用いる場合には，いわゆる，内生性の問題が生じる可能性が大きいからです。

　実は，新しい労働移動の経済学に関連した分野では，おびただしい数の実証研究が創出されているのですが，多くはこのような内生性の問題を克服するための工夫に多くの努力が傾注されています。内生性に関する専門的な議論についての説明は，第6章に委ね，ここでは，まず，出稼ぎ労働に関するレビューした論文である Adams［2011］を参考に，労働移動が，所得，投資，子供の教育・健康など，家計の厚生におよぼす影響について考察しておきましょう。

　多くの実証研究では，仕送りが所得水準におよぼす影響の推計をとおして，貧困削減におよぼす影響を検討しています。

　世界71ヵ国の家計調査データを用いた研究によると，海外への出稼ぎの場合，出稼ぎ家計員からの仕送りが貧困削減におよぼす影響は，内生性の問題を考慮しない単純な手法を用いた場合に，海外からの仕送りが10％増えると貧困者比率（貧困線以下の人口の割合）が3.5％低下するということです。自己選択による内生性の問題を考慮した計量モデルを，ラテン・アメリカ諸国10ヵ国のデータに適用した研究では，仕送り額が1％増加すると**貧困者比率**は0.4％

低下するという結果を得ています。

　また，ネパールやフィリピン，メキシコ，ガーナなどの国別の家計調査データを用いた研究でも，仕送りが貧困を削減する効果を持つことが明らかにされています。

　このように，仕送りが，家計所得をある程度増加させる効果があることは，いずれの研究でも確認されていますが，では，増加した所得はどのように使われているのでしょうか。

　この点については，仕送りにより増加した所得は現在の消費に使われるだけで，ビジネスや家の改築，教育など，将来のための投資には使われないという分析結果もあります。しかし，グアテマラやフィリピンにおける最近の研究では，出稼ぎ家計員からの仕送りがある家計は，家の改築や子供の教育により多く支出することが明らかにされています。ビジネス投資については国によって結論は異なります。ドミニカ共和国の場合は，仕送りのビジネス投資への効果が認められず，メキシコにおいては，仕送りが小規模な企業の事業拡大のための投資に使われていることが報告されています。

　次に，仕送りが教育や子供の健康などの人的資本の蓄積に影響するのかについて見てみましょう。子供の健康については，メキシコから米国への出稼ぎ労働者からの仕送りは，栄養水準の向上，母親が家事・育児に専念できること，疾病治療費の支出増加などを通して子供の健康状態が改善することで，**乳幼児死亡率**を低下させ，また，子供の体重を増加させる効果があることが報告されています。

　教育への影響については見解が分かれています。これは，親や大人の家計員が出稼ぎにより不在となることによる負の影響と，仕送りによる教育支出の増加による正の効果が混在していることが一つの要因だと考えられます。また，中学・高校以上の年代の子供の場合は，彼ら自身が出稼ぎに出る場合があり，その場合には就学に負の影響がおよびます。

　この他，2－2）節で述べたように，仕送りが家計所得の変動を緩和し，消費の平準化に寄与している可能性もあります。これについては，フィリピンを事例に，降雨量の変化による家計所得の一時的変動と海外**出稼ぎ労働者**からの仕送りとの関係が分析され，仕送りが所得の一時的変動を相殺する役割を果たし

ていることが明らかにされています（Yang and Choi［2007］）。

3　国際労働移動がマクロ経済におよぼす影響

　2 節では，労働移動が家計におよぼす影響について説明しました。では，労働移動が国全体の経済におよぼす影響についてはどうでしょうか。

　実は，経済成長への影響については，分析結果はさまざまであり結論は一致していません（Adams［2011］）。その理由の一つは，一国の経済成長を決定する要因は多様で，それらの要因と**労働移動**や仕送りが複雑に関係しあっているため，それを解きほぐして**労働移動**や仕送りのみの効果を検出することが難しいという問題があることです。

　他の理由は，海外からの仕送りにより実質為替レートが上昇し，労働力の流出により国内の労働市場が逼迫することにより，国内産業の国際競争力が低下する可能性があることです。実際，海外**出稼ぎ労働者**などからの仕送りは年々増加しており，海外からの資金流入額全体に占める割合は，**ODA** による資金流入額をしのぎ，直接投資やその他の資金流入額に迫る勢いです（表10 － 4 参照）。また，Mishra［2007］は，メキシコから米国への出稼ぎはメキシコの地

表10－ 4　国際資本移動における仕送りの相対的重要性
（2000-2015 年，百万ドル：3 年移動平均値）

年　　　　　　資本移動の形態	2000	2005	2010	2015
仕送り	104,114	183,831	273,189	383,216
	23.1%	28.6%	30.4%	35.3%
非 ODA	264,651	322,962	481,429	523,265
	58.8%	50.1%	53.5%	48.2%
ODA	81,041	137,069	145,083	179,526
	18.0%	21.3%	16.1%	16.5%
合計	449,806	643,862	899,701	1,086,007

（注）非 ODA には，ODA 以外の公的資本流入，公的輸出信用，FDI が含まれる。
　　　下段の数値は，それぞれの形態が占める割合を示す。
出所：仕送りは World Bank，その他は DAC 統計（http://www.oecd.org/dac/stats/beyond-oda.htm）をもとに筆者作成。

方における賃金を7%上昇させる効果があったと推計しています。

　ただし，これらの点については，未だ詳しい検証がされるに至っていません。

4　まとめ

1) 発展途上国における大都市人口の増加率は高く，農村地域から多くの労働者が移動してくる。しかし，農村から移動してきた人々の多くは，賃金水準の低い雑多な仕事に従事し生計を立て，農村より劣悪な環境の中で生活することが多い。このような現象は，農村地域，都市インフォーマル・セクターに居住する人々が，都市フォーマル・セクターにおける高賃金と都市インフォーマル・セクターにおける低所得との期待値と農村地域での賃金とを比較し，移動の意思決定を行うという仮定のもとに説明できる。

2) 移動先と移動元の間の賃金格差以外にも，家族への仕送りを目的に，より高い賃金を求めて都市や海外に移動するという動機も労働移動の動機と考えることができる。しかし，家計員の出稼ぎは，必ずしもプラスの影響を持つとは限らず，出稼ぎ家計員の不在は，残った家族にマイナスの影響をもたらすかもしれない。出稼ぎ家計員が仕送りを行うか否かは，本人の選択による。仕送りを行う動機としては，親への返済，親からの資産相続の確保，親の老後の面倒をみる，予期できない所得の一時的変動をカバーし安定させる，利他性などが考えられる。

3) 労働移動が残った家族の家計に与える影響を検証するには，労働移動と仕送りの意思決定は内生的に決まるので，自己選択による内生性の問題を考慮した実証研究が必要である。実証研究の結果は，仕送りが，所得水準の向上や貧困削減，教育投資，家の改築への投資には効果があることを示しているが，ビジネスへの投資については結果が分かれている。また，子供の健康については，効果があるという分析結果が示されているが，教育への効果については見解が一致していない。所得の安定化への仕送りの影響については，概ね，肯定的である。

4) 海外への出稼ぎ労働者からの仕送りが，海外からの資金流入に占める割合

は，年々上昇しており，国民所得を増加させる効果がある一方，国内産業の国際競争力を弱める可能性もあり，評価は定まっていない。

（引用文献）

Adams, Jr R. H. [2011] "Evaluating the Economic Impact of International Remittances on Developing Countries Using Household Surveys: A Literature Review" *Journal of Development Studies*, 47(6), 809-828.

Bardhan, P., and Udry, C. [1999] *Development Microeconomics*, Oxford New York: Oxford University Press. （バーダン・プラナブ，ウドリー・クリストファー／福井清一・不破信彦・松下敬一郎訳 [2001]『開発のミクロ経済学』東洋経済新報社）

Batalova, J. [2022] "Top Statistics of Global Migration and Migrants", July 2022 http://www.migrationpolicy.org/article/top-statistics-global-migration-migrants.

Corden, W., and Findley, R. [1975] "Urban Unemployment, Intersectoral Capital Mobility and Development Policy" *Economica*, 42, 59-78.

de Janvry, A., and Sadoulet, E. [2021] *Development Economics: Theory and Practice*, 2nd Edition, London and New York: Routledge.

Fukui, S., and Luch, L. [2017] "The Impacts of Migration and Remittances on School Attainment of Children in Rural Cambodia"『生物資源経済研究』No.22, 41-60.

Harris, J., and Todaro, M. [1970] "Migration, Unemployment and Development: A Two-Sector Analysis" *American Economic Review*, 60(1), 126-142.

Lucas, R., and Stark, O. [1985] "Motivations to Remit: Evidence from Botswana" *Journal of Political Economy*, 93(5), 901-918.

Mishra, P. [2007] "Emigration and Wages in Source Countries: Evidence from Mexico" *Journal of Development Economics*, 82(1), 180-199.

Stark, O. [1993] *The Migration of Labor*, Cambridge, MA: Blackwell Publishers.

Taylor, J.E., Rozelle, S., and DeBrauw, A. [2003] "Migration and incomes in source communities: a new economics of migration perspective from China" *Economic Development and Cultural Change*, 52(1), 75-101.

Yang, D., and Choi, H. [2007] "Are remittances insurance? Evidence from rainfall shocks in the Philippines" *World Bank Economic Review*, 21(2), 219-248.

（📖 学生に読むことをお勧めしたい参考文献）

de Janvry, A., and Sadoulet, E. [2021] *Development Economics: Theory and Practice*, 2nd Edition, London and New York: Routledge, Ch. 12.

バーダン・プラナブ，ウドリー・クリストファー／福井清一・不破信彦・松下敬一郎訳 [2001]『開発のミクロ経済学』東洋経済新報社，第5章。

コラム　カンボジアの縫製工場で働く女工さんたち

　カンボジアの変化は目を見張るものがあります。著者の一人がカンボジアを初め
て訪れたのは 2000 年 2 月のことで，当時は首都プノンペンに信号が 1 つ出来たと
いう頃でした。その後，2005 年から 10 年ほど，年に 1 回ないし 2 回は研究調査
等のために訪れていましたが，行くたびにプノンペンでは新しい建物（高層ビル）
やお店，レストランなどが増え，さらにはバイクと自動車の数が増えているのには，
驚かされました。調査をしている農村部では，相変わらずのんびりとした時間が過
ぎていましたが，それでも，少しずつ変化しているのを感じました。家の周りに立
派なブロック塀ができたと思ったら，翌年は家が建て替えられていたり，村長さん
と携帯電話で連絡が取れるようになったり…

　このようなカンボジアの成長を支えている産業の一つが，縫製・製靴業（以下，
縫製業）です。縫製業はカンボジアの輸出額の約 7 割を占め，1100 以上の工場で，
70 万人以上の労働者が働いています。ユニクロやアディダス，GAP，ベネトンなど，
みなさんにも馴染みのあるブランドの製品がそこで製造され，Made in Cambodia
のタグが付けられています。その縫製工場で働くのは，多くが若い女性（女工さん）
です。最近でこそ，郊外での工場建設・稼働が見られていますが，工場の多くはプ
ノンペン周辺に立地しており，そこに多くの女性が働きに来ています。農村部から
の出稼ぎの場合，10 代後半になると働き始める場合が多く，工場の近くに借りた
部屋に姉妹や同郷の仲間と生活しながら，毎月の給料の一部を農村に住む両親や家
族に仕送りしています。

　プノンペン近郊に住む労働者は，毎日通勤をするのですが，その主な通勤手段が
トラックです。正確には，トラックの荷台にぎゅうぎゅう詰めで立って通勤してい
ます。女性たちは砂埃を避けるためか，多くがマスクをし，特に楽し気に隣の人と
おしゃべりをするわけでもなく，ただ静かに荷台に立っているという印象です。農
村での調査の帰り道に，クーラーの効いた座席にも比較的余裕のある著者と調査

アシスタントを乗せたミニバ
ンと，帰宅の途につくこのよう
なトラックとすれ違う度に，何
とも言えない気分になったこと
は，一度や二度ではありませ
ん。しかし，確かにそこにいる
女性たちがカンボジアの経済や
成長を支えているのです。

写真　女工さんの通勤風景

出所：Hong Sokheang 氏撮影。

───── 第11章 ─────

マイクロ・ファイナンス

　発展途上国の低所得層は，作物の不作や災害，家族の病気，事故といったさ
まざまな外的ショックに直面した際に，十分な蓄えがないために対応できず，
生活水準が落ち込み貧困状態となる危険性があります。外的ショックに直面し
ても困窮状況に陥らないように，生活水準を底上げする必要がありますが，事
業を行うための元手となる資金がなく，銀行から融資を受けようとしても資産
がないため担保を提示することができません。また，突然の出費や投資に備え
て貯蓄をしようにも，遠隔地などで銀行へのアクセスがない場合や，口座開設
の初期費用や手続きが障害となり，貯蓄口座を持つことができないこともあり
ます。

　このような状況を改善するために，**マイクロ・ファイナンス**と呼ばれる小規
模金融が活用されています。**マイクロ・ファイナンス**は，主に貧困層を対象と
した貯蓄・信用事業であり，政府や地方自治体が官営の銀行や信用・協同組合
などの金融機関を通じて実施する場合や，NGO，民間金融機関が事業者とな
る場合もあり，**マイクロ・ファイナンス機関**（Microfinance Institutions：MFI）
の形態は多様です。また，銀行が小規模な資金を個人に貸し付ける方法以外に，
グラミン方式と呼ばれるグループを対象とした貸付や，伝統的な貯蓄信用組合
の仕組みを活用した村落貯蓄信用組合（Village Savings and Loans Associations：
VSLA）と呼ばれる融資，インドの**自助グループ**（Self-Help Group）による融資
など，さまざまな形態があります。

　1983年にムハマド・ユヌスがグラミン銀行を創設して以来，**マイクロ・フ
ァイナンス**の成功事例は注目を集め，ユヌス氏が2006年にノーベル平和賞を
受賞したことも世界各地で貧困削減を目指す**マイクロ・ファイナンス**事業を

加速させました。**マイクロ・ファイナンス・サミット**の報告書によると，1997年には**マイクロ・ファイナンス**から融資を受けた貧困層の数は760万人でした。その数は，2013年末には1億1,400万人となり，およそ15倍となっています。近年も**マイクロ・ファイナンス機関**の数は増加し続けており，Convergences [2019] によると，2018年の時点で981機関となっています。2018年末ま?にはサービスを利用する貧困層は1億3,900万人に達し，貸付金は約1,140億ドルと推定されています。借り手の数を地域別にみると，グラミン銀行で知られる南アジアが8,380万人と最大の市場となっていて，次に南アメリカ（2,340万人），東アジアおよびオセアニア（1,920万人），サハラ以南のアフリカ（680万人），東欧および中央アジア（280万人），中東および北アフリカ（260万人）となっています。表11-1は，借り手の数の多い国，上位10ヵ国を示しています。この表からも，世界中で**マイクロ・ファイナンス**が拡大していることがわかります。

　しかし，**マイクロ・ファイナンス**が万能ではないことも明らかとなってきています。**マイクロ・ファイナンス**が家計の経済厚生（所得，消費，資産，コミュニティー活動への参加，女性のエンパワメント等々）におよぼす効果に関しては，すでに多くの研究があるものの，必ずしも見解が一致しているわけではありません（Akotey and Adjasi [2016], Banerjee et al. [2015], Mazumder and Liu [2015],

表11-1　2017年のマイクロ・ファイナンス借手数，上位10ヵ国

順位	国名	借手 （百万人）	借手増加率 （%）	融資額 （億ドル）	融資増加率 （%）
1	インド	50.9	5.8	171	26.3
2	バングラデシュ	25.6	3.5	78	17.0
3	ベトナム	7.4	2.8	79	18.9
4	メキシコ	6.8	-3.8	44	5.5
5	フィリピン	5.8	16.3	13	17.5
6	パキスタン	5.7	25.9	18	39.6
7	ペルー	5.1	9.5	126	17.0
8	ブラジル	3.5	1.1	26	2.7
9	コロンビア	2.8	-0.7	63	5.6
10	カンボジア	2.4	-4.7	81	21.6

（注）借手増加率，融資増加率は前年比の値。
出所：Convergences [2018] にもとづき筆者作成。

Ganle et al.［2015］)。たとえば，カンボジアでは，小規模融資の利用が家計の厚生指標である家計支出にマイナスの影響をおよぼすという研究も報告されています（Seng［2018］)。**マイクロ・ファイナンス**での問題点を克服するために，近年では，伝統的な貯蓄・信用組合の仕組みを活かした融資を行う，貯蓄主導型の**マイクロ・ファイナンス機関**も増えています。

　この章では，まず，**マイクロ・ファイナンス**が注目される前から存在し，また，近年増加している貯蓄主導型マイクロ・ファイナンスでも活用されている回転型貯蓄信用講について述べます。次に，**マイクロ・ファイナンス**が注目されたきっかけとなった，**グラミン銀行**型のグループ融資について成功要因と課題を説明し，最後に，貯蓄主導型の**マイクロ・ファイナンス**について紹介します。

1　伝統的な金融組織：回転型貯蓄信用組合

　マイクロ・ファイナンスが貧困削減への処方箋として注目される以前から，世界各地の農村には伝統的に形成された金融組織が存在していました。ここでは，伝統的な金融組織の多様な組織形態と，その役割を説明します。

1）インドネシア農村の例

　世界各地の農村で，伝統的に存在する金融組織として，近隣住民や親戚，職場での助け合いを目的とした**インフォーマルな貯蓄信用組合**が観察されます。たとえば，インドネシアでは，**アリサン**（arisan）と呼ばれる伝統的な貯蓄・信用組合があります。中部ジャワ農村で，現在も行われている**アリサン**は，次のような過程で会合が開催されます。

　まず，一人の住民が近隣住民を自宅や村の集会所に呼び集めて，毎週，毎月といった形で定期的に会合を開きます。会合では，各メンバーは抽選の参加料を支払い，参加料の総額（当選報酬）を受け取るメンバーをくじ引きにより決定します。たとえば，10人のグループで一人当たり千円が参加料とすると，当選報酬は1万円となります。一度当選すると，その後の当選権を失います。

しかし，全員が当選するまでは抽選参加料を支払い続けなければなりません。この会合がメンバーの数と同じだけ繰り返され，全員が当選すると1つのラウンドが終了します。1ラウンドを通して，全員が1万円の資金（千円×10回）を出し同額の当選報酬（1万円×1回）を得るという，無利子の金融取引が行われていることになります。多くの場合，1つのラウンドが終了すると当選権は全員リセットされ，次の新しいラウンドが始まり，次のラウンドでも，同様の活動が続いて行きます。

　このような，資金を定期的にメンバーに分配する金融組織は，世界各地で観察されます。その成立形態は，地域によってさまざまですが，いずれの形態でも，参加者が資金を得た後，離脱せず参加費を支払い続ける動機は，直感的には理解が難しく感じられます。なぜ，このような金融組織が世界各地で自然発生的に存在し，メンバーが離脱することなく持続的に活動を続けているのかという観点から，存続の理由に関する研究が蓄積されました。

2) 回転型貯蓄信用組合と蓄積型貯蓄信用組合

　初期の研究は，世界各地の貯蓄信用組合の形態を分類し，比較することでその特徴を明らかにしました（表11-2）。形態を分類する1つの基準として，資金蓄積の有無があります。先ほどの**アリサン**の例の場合では，1ラウンド終われば各メンバーは資金を得ますが，組織として保有する残金はなく，資金を蓄積することはありません。このような，資金の蓄積がない貯蓄信用組合は，資金がメンバーの間をまわっていくように見えることから，**回転型貯蓄信用組**

表11-2 伝統的な金融組織の分類

	資金蓄積	資金配分	利子
回転型貯蓄信用組合	なし	抽選	なし／あり
		オークション	あり
混合型	一部あり	抽選＋貸付	あり
		オークション＋貸付	
蓄積型貯蓄信用組合	あり	貸付	あり

出所：著者作成。

合（ROSCAs）と呼ばれます（Ardener and Burman［1995］）。

　これに対し，資金蓄積のある貯蓄信用組合は，**蓄積型貯蓄信用組合**（ASCAs）として区別され，メンバー間の口頭の合意でインフォーマルに成立する信用組合などがあります。蓄積型貯蓄信用組合では多くの場合，銀行のような書面での契約はありません。グループの資金は，すべての資金が，毎回，即時的に誰かに配分されるわけではなく，代表者が保管し，メンバーの希望に応じて貸出用の資金として運用されます。そのため，貸出用の会費の支払いや，貸出資金の配分（借り入れ）は不定期に行われ，一定期間内に複数の借り入れが可能となります。この点において，1回の周期中に一度しか配分を受けられない**回転型貯蓄信用組合**と比較すると，高い金融機能を持つといえます。一方で，このような形態はメンバー間の会合などがなくても成立可能であり，会合をともなう組織と比較すると社会交流を促進する機能は低くなります。

　上述の**回転型貯蓄信用組合**と**蓄積型貯蓄信用組織**の両方の特徴を併せ持つ，混合型（Hybrid）と呼ばれるような金融組織も各地にあります。混合型では，資金の一部は**回転型貯蓄信用組合**と同様に，毎期一人のメンバーに配分され，残りの資金は貸出のために積み立てるなどの資金蓄積が行われます。**回転型貯蓄信用組合**に貸出のための資金積立が併設された組織や，オークションによる配分で手数料を貸付資金として運用する組織などがあります。

　資金の配分ルールによる違いについて，**回転型貯蓄信用組合**では，参加料を抽選やオークションといったルールによって配分します。抽選の場合は上述の通りで，オークションの場合は，会合で集めた総額を対象に，メンバー同士でオークションを行います。たとえば，千円の参加料，10 人の組織で，1 万円をオークションする場合は，各参加者は 1 万円に対していくらまで手数料を支払うかを表明します。資金をすぐに必要としない参加者は手数料 0 円と表明し，一方，急ぎで資金が必要な参加者は 500 円を払ってでも残額 9,500 円を受け取りたいと考えるかもしれません。最も高い手数料を提示した参加者が，その日の資金を受け取ることができます。オークション形式の中でも，ラウンド終了時にメンバー間で手数料を分配する形態（蓄積なし）と，手数料を蓄積してメンバーへの融資や贈与に使用する形態（蓄積あり）など多様性があります。

　貯蓄信用組合は，利子支払いの有無からも分類できます。オークション形式では，早い段階ほど配当権のある参加者数が多く，オークションの競争で手数料が高くなる傾向にあります。回を追うごとに配当権のある参加者の割合は減り，最後の回では配当権は一人のみとなりオークションをする必要がなく，手数料はゼロとなります。そのため，オークション形式の手数料は，早く資金を得ることに対する利子支払いと解釈することができます。抽選形式でも，当選者と交渉し，その日の当選報酬に対して手数料を支払うことで譲り受け，当選権を交換するという場合は，同様に利子支払いが行われていると考えられます。

　資金の払い込み方法や，参加料の設定についても違いがあります。参加者が所定の場所（集会所や代表者の家，前回当選者の家など）に持参する場合と，代表者が各参加者のもとへ出向いて集金する場合があります。会合を開かない形態の場合には，社会交流を促進するという機能は低いといえます。参加料についても，全員が一定の参加料を払う場合と，そうでない場合が存在します。

3）回転型貯蓄信用組合の役割

　貯蓄信用組合の存在・存続理由について，特に，融資機能のない**回転型貯蓄信用組合**はなぜメンバーの離脱が起きないのでしょうか。近年の経済学者による分析は，貯蓄や保険といった**回転型貯蓄信用組合**の経済的な側面に焦点を当てています。Besley and Loury［1993］は，金額が大きく分割することのできない耐久消費財を購入する場合には，競争的市場で購入資金を調達するよりも，**回転型貯蓄信用組合**に参加する方が効率的になることを指摘しています。Baland and Anderson［2002］は，妻が夫の浪費から家計費を守るという，安全な貯蓄の役割を指摘しています。また，Ambec and Treich［2005］は，時間選好の観点から，現在バイアスがあるため一人では計画的に貯蓄を行えない人は，強制的に貯蓄ができる仕組みの**回転型貯蓄信用講**を好む要因となることを示しています。これらの研究は**回転型貯蓄信用組合**の成立要因として貯蓄に焦点を当てていますが，Klonner［2003］は保険としての役割に注目し，オークションで資金配分を決定する形態の**回転型貯蓄信用組合**が，一種の消費保険として機能し，参加者の経済厚生を改善することを示しています。

　文化人類学者のギアツは，経済的な側面だけでなく，社会関係を維持する機能の重要性を指摘しています（Geertz［1962］）。ギアツは，世界各地でみられる**回転型貯蓄信用組合**の共通点について，「経済的，社会的なニーズを満たし，金融機関として機能しながら，伝統的な方法と近代的な方法の橋渡しをしている」と説明しています。地縁・血縁にもとづく社会的な関係性や，お互いの信頼にもとづく伝統的な取引形態を基礎としながら，銀行のような近代的な金融機関としての特徴を併せ持つということです。インドネシアの**アリサン**についても，抽選で楽しい時間を共有することで，メンバー間の親交を深める側面が重要視され，日本の**頼母子講**と呼ばれる組織でも，会合に参加することで促進される社会交流や，資金が必要なメンバーに当選権を交換することによる助け合いなどの側面が指摘されています（Izumida［1992］）。交流を通して社会的な関係を維持し信頼関係を強めることで，メンバーは互いの長期的な協力関係の利点を保つ誘因が大きくなり，支払いや返済の不履行によるトラブルを避けたいと考えるようになります。その結果，社会的な機能は経済的な金融機関としての機能を補完することとなります。

2　連帯責任制度下でのグループ融資

1）グループ融資の成功要因

　グラミン銀行が登場するまで，小規模融資は銀行にとって採算が合わず，多くの貧困層は金融機関へのアクセスがありませんでした。貧困層は担保となる資産がなく，融資は**有限責任**となります。**有限責任**とは，借り手が利子や元本の返済について限定された範囲でのみ責任を負うことを指します。銀行から見ると，貸し倒れの際に資金が回収できないということです。また，貸付を行う際，貸し手が借り手のことをよく知らないという，**情報の非対称性**のために，銀行にとって費用がかかりすぎるという問題から，貧困層への融資は事業としての成立が難しい状況でした。

　しかし，**グラミン銀行**の成功が，**マイクロ・ファイナンス**のブームを引き起こし，**グラミン方式**と呼ばれる**連帯責任制度**でのグループ融資が世界中で実施

198

されることになりました。この方法では，借り手は5人〜10人程度のグループを形成し，互いに返済への連帯責任を負います。多くの場合，融資を受けるために，まず一定額の貯蓄をすることが条件となります。返済は翌週など，融資開始から短期間で始まり，頻繁にメンバー間でミーティングを開き，貸し手はミーティングで返済金を集めます。初回の融資は少額であり，完済すると次回から融資上限額が拡大するという方法がとられます。**グループ融資**の普及にともない，その成功要因について理論的な研究が蓄積されました。表11−3は，**情報の非対称性**の観点から成功要因を分類しています。

　先進国の金融機関が融資を行う場合は，所得状況やクレジットカードの利用履歴など，借り手の返済能力の審査が行われます。しかし，途上国ではこのような審査は難しく，少額の融資のために所得状況などを調査するには費用がかかりすぎます。そのため，貸し手が借り手に関する情報をもたないことによる**逆選択**の問題が生じます（逆選択について詳しくは第8章2節を参照）。**グループ融資**では，**連帯責任制度**を採用することでこの問題が緩和されます。借り手同士はお互いの性格や経済状況など，返済可能性についてよく知っています。それは，連帯責任制のために，返済できそうにない仲間を選ぶと，自分が返済を肩代わりすることになるためで，グループを作る時にリスクの高い借り手がグループから排除され，**逆選択**の問題を回避すると考えられています。このような効果は，**相互選抜**と呼ばれています（Ghatak［1999］，Tassel［1999］）。

　グループ融資では，**モラル・ハザード**の問題も克服が可能となります（モラル・ハザードについて詳しくは第8章2節を参照）。**グループ融資**では，仲間が怠

表11−3 グループ融資の特徴と機能

グループ融資の特徴	情報の非対称性の緩和		グループ融資の機能
	逆選択	モラル・ハザード	
相互選抜	◎		借手同士でリスクの低いメンバーを選抜する。
相互監視		◎	借手同士で他のメンバーの行動をモニターする。
履行強制		◎	社会的懲罰が戦略的債務不履行を防ぐ。
逐次的融資拡大	○	○	リスクの高い借手を発見し，返済の誘因を上げる。
分割払い		○	貸手が借手の行動をモニターできる。

出所：黒崎・山形［2017］を参考に著者作成。

けて返済ができなくなった場合に自分が返済しなければなりません。そのため，他のメンバーの肩代わりを避けるため，メンバーの行動を注意して見張ります。このような効果は**相互監視**と呼ばれ，貸し手の代わりにメンバー同士が見張ることで，**モラル・ハザード**の問題を回避することができます（Stiglitz [1990]，Banerjee et al. [1994]）。

　融資を受けた事業がうまくゆき，返済に十分な収益が得られたとしても，借り手が嘘をつき実際の収益を隠して返済しないという**戦略的債務不履行**の問題もあります。これも，**モラル・ハザード**の問題であり，法制度による立証や罰則が十分に機能しない途上国では特に深刻な問題となります。しかし，グループ融資では，**相互監視**と同様に，メンバー間の社会的な懲罰が有効であれば，社会的な関係が物的担保の代わりとなり，返済率は高くなることが知られています（Besley and Coate [1995]，Karlan [2007]）。

　最初は少額だけ融資をし，返済が滞りなく終了した場合には次回の融資の上限を引き上げるという方法を，**逐次的融資拡大**と呼びます。この方法により，貸し手は融資額の小さい段階で問題のある借り手を発見し，その後の融資を控えることができるため，**逆選択**の問題が緩和されます。また，借り手は，将来融資額が増えることを考慮し，リスクの高いプロジェクトを選ぶ誘因が減少し，返済へのインセンティブが大きくなるので，**モラル・ハザード**の問題も緩和されます（黒崎・山形 [2017]，Chowdhury [2005]）。また，**グループ融資**では，融資の開始後すぐに返済が始まり，毎週・毎月といった高い頻度での分割払いにより返済されるという特徴があります。分割払いにより，借り手は返済しやすくなり，貸し手は，借り手の行動を定期的に監督し**情報の非対称性**を緩和することができます（黒崎・山形 [2017]）。また，貸し手は定期的な返済と情報共有を通して，借り手の融資プロジェクト以外での収入について把握することができるという利点も考えられます（Armendáriz and Morduch [2009]）。

2）グループ融資の課題と個人貸付
　初期のグループ融資の成功を受け，小規模融資事業を活用し，雇用や所得を拡大することが期待されました。しかし実際には，小規模融資での事業では雇

用の拡大への影響は小さい一方，所得拡大効果は長期的にあることがわかっています。消費の平準化や，消費水準の向上，教育年数や，就学率には良い影響がありましたが，資産形成や土地資産の拡大にはつながっていないことが明らかとなりました。農業・農村開発への効果も限定的で，農村におけるインフラ建設への直接的な効果は小さく，零細企業育成の効果についても，総合的には技術の向上，生産・雇用の増加をもたらしたとはいえませんでした。

　グループ融資では，**相互選抜**により最貧困層が融資から排除されてしまうという課題もありました。そのため，Grameen II と呼ばれる，最貧困層向けの特別融資プログラムが実施されるようになりました。この方法は，連帯責任ではなく強制的貯蓄も必要としない融資で，借り手の状況に応じて返済スケジュールを決定できるという特徴があり，収入を向上させるための訓練を実施し，最貧困層をグループ貸付に参加できるように改善させるインセンティブを銀行職員に与えました。

　このような変化には，最貧困層が排除されるという問題だけでなく，借り手側が**連帯責任制**を嫌うという背景もありました。一つには，グループ融資での**連帯責任制**によるお互いの監視や圧力を好まない借り手がいたことです。そのため，Grameen II では，債務不履行者が貸し手に返済の猶予を依頼するなど再交渉を容認しました。また，社会的懲罰が十分ではなく，返済しなくても困らない借り手が債務不履行を起こすという**フリー・ライダー**の問題が発生することで，安全な借り手にとって**連帯責任制**は不利なものとなっていました。**相互選抜**や**相互監視**が十分に機能しない場合には，安全な良い借り手には肩代わりのリスクがあり，**フリー・ライダー**が多くなれば**グループ融資**のメリットはありません。また，メンバー間で必要とする融資額の違いも，**連帯責任制**の障害となっていました。少額融資を希望するメンバーは，多額の融資を希望するメンバーの保証人となって大きなリスクをとることを躊躇したのです。

　このような**グループ融資**の課題を踏まえ，最近の傾向として，個人責任へと貸付形態が変わりつつあります。**グループ融資**は果たして個人責任融資よりも有効なのか，という問いに対して，Gine and Karlan［2010］は，フィリピンの**マイクロ・ファイナンス機関**とともに**ランダム化比較実験**（RCT）を行って

います（ランダム化比較実験については第6章を参照してください）。彼らは，すでに存在した169の借り手グループをランダムに2つのグループに分け，半分は連帯責任制のまま，残りの半分を個人責任貸付に切り替えて比較しました。その結果，**連帯責任制**と**個人責任貸付**の間に返済率の差がないことが明らかとなりました。また，個人貸付の方が新規顧客を獲得することができることもわかっています。**連帯責任制**は万能ではなく，うまく機能しない場合には修正が必要と考えられます。

　さらに，**マイクロ・ファイナンス機関**の収益性の観点からも，融資事業には課題があります。一件当たりの融資額が少額であると，一定の地域や範囲当たりでの運営費が高くなり，一つの支店で得られる収益が低くなります。また，**マイクロ・ファイナンス機関**が増加したことにより，良い借り手の獲得競争が起きています。いわゆる，**ミッション・ドリフト**（mission drift）と呼ばれる問題が生じつつあります。ミッション・ドリフトとは，社会にとって有用な目的のために活動するはずの組織が，本来の目的以外の活動に向かうことを指します。本来，貧困層の生活改善を目指していた**マイクロ・ファイナンス機関**が，その目的から離れて，収益確保のための顧客獲得競争を重視せざるを得ない状況に直面しています。また，**マイクロ・ファイナンス機関**の増加は，多重債務の問題も招くこととなりました。**マイクロ・ファイナンス**から融資を受け，返済できなくなった人が，別の**マイクロ・ファイナンス機関**からも借金をして返済不能になり困窮するという問題です。このようなことが起こらないよう，自己資金を利用して小口の融資を行う貯蓄組合を基礎とした**マイクロ・ファイナンス**の普及が試みられています。

3　貯蓄とマイクロ・ファイナンス

　グループ融資による開発支援では，プロジェクトが終了した後は融資が継続しない例も多く，返済が悪化しているという状況も少なくはありませんでした。そのため，**マイクロ・ファイナンス**を導入し，自律的に持続させるためには，融資以上に貯蓄が重要であるという認識が広がりました。**マイクロ・ファ**

イナンス機関の多くは，貯蓄口座も提供しますが，融資と連動して行う貯蓄が主体であり，貯蓄を重視して共同体内での資金を活用したり，貯蓄サービスのみを提供したりする機関はあまりありませんでした。しかし，近年，貧困層の生活改善のために貯蓄が果たす役割の重要性が指摘されるようになり，貧困層を対象とした**マイクロ貯蓄**サービスを提供する貯蓄主導型の**マイクロ・ファイナンス**事業が増えています。

1) ROSCAs を活かした貯蓄主導型マイクロ・ファイナンス

多重債務問題や，**マイクロ・ファイナンス機関**の経営悪化を避けるために，近年では，コミュニティーを基礎とした蓄積型貯蓄信用組合による**マイクロ・ファイナンス**の普及が試みられています（Burlando and Canidio［2017］）。このようなコミュニティーを基礎とした貯蓄組合方式による小規模融資の家計の厚生への効果についての研究はまだ少なく，貧困削減への効果について見解が一致しているわけではありません。

多くの研究は，村を基盤とした蓄積型貯蓄信用組合によるマイクロ・クレジットを対象に，**RCT** の手法を用いて組織に参加することの**処置効果**（Treatment Effect）を推計しています。消費と食料消費，資産について，Annan et al.［2013］や Ksoll et al.［2016］，Beaman et al.［2014］は正の効果を見いだしていますが，Karlan et al.［2017］は効果が見いだせないとしています。一方で，Karlan et al.［2017］は，女性のエンパワメントには効果があることを示すのに対し，Ksoll et al.［2016］，および Beaman et al.［2014］はそのような効果がないとしています。コミュニティーへの参加等の社会関係資本蓄積については，Ban et al.［2015］や Karlan et al.［2017］は，効果がないという分析結果を示しています。家族で経営するビジネスへの投資については Karlan et al.［2017］が分析し，投資を促す効果があることを示しました。教育への影響についても，Cameron et al.［2015］が正の効果があるという結果を得ています。

2) マイクロ貯蓄

世界銀行によると，2017 年時点で，17 億人の人々が銀行に口座を持ってい

1 百万人
10 百万人
100 百万人
200 百万人

図11－1 2017 年時点で口座を持たない 17 億人

出所：Demirguc-Kunt et al.［2018］にもとづき筆者作成。

ませんでした（Demirguc-Kunt et al.［2018］）。図 11 － 1 は口座を持たない人の所在地を示しており，アジアやアフリカの途上国に多いことがわかります。途上国では，日本のように ATM がどこにでもあるわけではなく，口座の開設や引き出しに費用がかかるため，貯蓄口座は気軽に利用できるサービスではありません。口座を持たない低所得層は，金やプラチナといった貴金属，牛・ヤギなどの家畜，オートバイクやタンス預金の形態で余裕資金を保管しています。しかし，これらの貯蓄は安全性が低く，現金化するのに手間や費用がかかります。貯蓄口座を持つことにより，お金を安全，安定的に保管することができ，安全な預金や支払い，家族が出稼ぎに出ている場合の送金の受取りなども可能となります。まとまった資金があれば，投資の資金として使うことや，急なショックに対応することができるようになります。実際，1 節で紹介したROSCAs などのインフォーマルな貯蓄の工夫は，低所得層が貯蓄を必要としていることを示しています。

　低所得層が口座開設費用を払うことなく貯蓄口座を利用できれば，彼らの生活は改善するでしょうか。Dupas and Robinson［2013］は，392 の自営業者を対象に RCT を行い，口座開設料を代わりに支払い，実験参加者に無料で貯蓄

口座を提供した場合の効果を検証しました。引き出しの手数料はかかるので，実質の貯蓄金利はマイナスです。その結果，女性のトレーダーを中心に，投資額や消費の増加といった生活水準の向上が見られました。

　また，貯蓄には自制心が必要となります。自制心をコントロールするような金融商品が貧困層の生活を向上させるでしょうか。Ashraf et al.［2006］は，顧客の貯蓄目標にもとづく強制貯蓄の商品を，無作為に選んだ人に提案しました。その結果，4分の1の人が口座を開設し，口座を持たない人に比べて1年後の貯蓄額が高くなるということがわかりました。

　貯蓄を通した貧困削減という観点から，ドナーも**マイクロ貯蓄**を支援する動きがあります。たとえば，世界最大の慈善基金団体で，途上国の問題にも関心の高いゲイツ＆メリンダ財団は，東南アジアやラテン・アメリカ，アフリカの**マイクロ・ファイナンス機関**に対し，貯蓄商品を増やせるよう資金を提供しています。このような動きは，着実な成果として現れています。世界銀行によると，2021年の世界人口のうち，銀行口座を保有するのは76％で，2011年の51％から大きく上昇しました（Demirguc-Kunt et al.［2022］）。**マイクロ貯蓄**が増加することは，**マイクロ・ファイナンス機関**の経営の改善にもつながります。銀行は，融資を行うための資金を十分に確保する必要がありますが，政府や支援団体からの援助等，外部資金に頼るのではなく，貯蓄を動員することができれば，より安定的な経営を行うことが可能となります。

　マイクロ貯蓄が機能するためには，金融機関の取引費用を大幅に下げる必要があります。そのため，**マイクロ貯蓄**の普及には，IT技術や携帯電話が活用されています。近年，携帯電話を用いたモバイルマネーなどのデジタル金融サービスは急拡大しています。途上国では，毎月の支払を必要としないプリペイド式の携帯電話が普及しているため，貧困層であっても携帯電話の保有率が高い傾向にあります。ケニアでは，モバイルマネー・プラットフォームの**M-Pesa**が利用できるようになり，利用者がより効果的に貯金できるようになりました。このような動きがより一層広がることが期待されています。

4　まとめ

1) 発展途上国の低所得層は，さまざまな経済ショックに直面した際，十分な蓄えがないために対応できず，生活水準が落ち込み貧困状態となる危険性がある。担保を持たない貧困者の生活水準を底上げするために，**マイクロ・ファイナンス**が活用されている。**マイクロ・ファイナンス**は，主に貧困層を対象とし，政府や地方自治体，制度的な金融機関，NGO を通じて実施される小規模な貯蓄・信用事業である。

2) **マイクロ・ファイナンス**の成功が注目される以前から，世界各地の農村には伝統的に形成された金融組織が存在していた。伝統的な金融組織には，**回転型貯蓄信用**や**蓄積型貯蓄信用組合**など，多様な組織形態がある。**回転型貯蓄信用組合**は，経済的な貯蓄・融資・保険の役割と，社会関係を維持する役割を併せ持つ。

3) **連帯責任制**下での小規模融資は，**情報の非対称性**問題を緩和し高い返済率を実現した。**連帯責任制度**では，**相互選抜**，**相互監視**，履行強制により**逆選択やモラル・ハザード**の問題を回避することができる。また，**逐次的融資拡大**や分割払いの方法も**情報の非対称性**緩和に役立った。初期のグループ融資の成功を受け，小規模融資事業への期待は高まったが，貧困削減への効果の限定性も明らかとなってきた。連帯責任制では，最貧困層が排除されるという問題や，借り手側が**連帯責任制**を嫌うという課題もあり，また，**マイクロ・ファイナンス機関**の収益性が低くなり，持続性の課題も生じた。

4) **マイクロ・ファイナンス**を自律的に持続させるためには貯蓄が重要との認識が広まり，貯蓄主導型の**マイクロ・ファイナンス機関**や事業が増えている。IT 技術や携帯電話を活用し，取引費用を低下させることで，貧困層向けの少額貯蓄商品が普及し，貧困削減へとつながることが期待されている。

(引用文献)

Akotey, J. O., and Adjasi, C. K. D. [2016] "Does Microcredit Increase Household Welfare in the Absence of Microinsurance?" *World Development*, 77, 380-394.

Ambec, S., and Treich, N. [2007] "Roscas as financial agreements to cope with self-control problems" *Journal of Development Economic*, 82(1), 120-137.

Annan, H., Bundervoet, T., Seban, J., and Costigan, J. [2013] *A Randomized Impact Evaluation of Village Savings and Loans Associations and Family-based Interventions in Burundi*, USAID; International Rescue Committee.

Ardener, S., and Burman, S. [1995] *Money-go-rounds : the importance of rotating savings and credit associations for women*, Oxford, UK.

Armendariz, B. A., and Morduck, J. [2009] *The Economics of Microfinance*, 2nd ed., MIT Press.

Ashraf, N., Karlan, D., and Yin, M. [2006] "Tying Odysseus to the Mast: Evidence from a Commitment Savings Product in the Philippines" *Quarterly Journal of Economics* 121(2), 635-672.

Baland, J. M., and Anderson, S. [2002] "The Economics of Roscas and intra-household resource allocation" *Quarterly Journal of Economics*, 117, 963-995.

Ban, R., Gilligan, M. J., and Rieger, M. [2015] "Self-Help Groups, Savings and Social Capital: Evidence from a Field Experiment in Cambodia" *Policy Research Working Paper*, 7382, World Bank.

Banerjee, A., Duflo, E., Glennerster, R., Kinnan, C. [2015] "The miracle of microfinance? Evidence from a randomized evaluation" *American Economic Journal; Applied Economics*, 7(1), 22-53.

Banerjee, A. V., Besley, T., and Guinnane, T. W. [1994] "Thy Neighbor's Keeper: The Design of a Credit Cooperative with Theory and a Test" *The Quarterly Journal of Economics*, 109 (2), 491-515.

Beaman, L., Karlan, D., and Thusbaert, B. [2014] "Saving for a (Not So) Rainy Day: A Randomized Evaluation of Savings Group in Mali" *Technical Report*, NBER.

Besley, T., and Coate, S. [1995] "Group Lending, Repayment Incentives, and Social Collateral" *Journal of Development Economics*, 46.

Besley, T. S. C., and Loury, G. [1993] "The Economic of Rotating Savings and Credit Associations" *American Economic Review*, 83, 792-810.

Burlando, A., and Canidio, A. [2017] "Does group inclusion hurt financial inclusion? Evidence from ultra-poor members of Ugandan savings groups" *Journal of Development Economics*, 128, 24-48.

Cameron, S., and Abanga, E. D. [2015] "Savings Groups, Livelihoods and Education: Two Case Studies in Ghana" *Journal of International Development*, 27, 1027-1041.

Chowdhury, P. R. [2005] "Group-lending: Sequential Financing, Lender Monitoring and Joint Liability" *Journal of Development Economics*, 77(2), 415-439.

Convergences [2019] *Microfinance Barometer 2019*, https://www.convergences.org/wp-content/uploads/2019/09/Microfinance-Barometer-2019_web-1.pdf

Demirguc-Kunt, A., Klapper, L., Singer, D., Ansar, S., Hess, J. R. [2018] *The Global Findex Database 2017: Measuring Financial Inclusion and the Fintech Revolution*, Washington, D.C.: World Bank Group.

Demirguc-Kunt, A., Klapper, L., Singer, D., and Ansar, S. [2022] *The Global Findex Database 2021: Financial Inclusion, Digital Payments, and Resilience in the Age of COVID-19*. Washington, DC: World Bank.

Dupas, P., and Robinson, J. [2013] "Savings constraints and microenterprise development: Evidence from a field experiment in Kenya" *American Economic Journal: Applied Economics*, 5(1), 163–192.

Ganle, J. K., Afriyie, K., and Segbefia, A. Y. [2015] "Microcredit: Empowerment and disempowerment of rural woman in Ghana" *World Development*, 66, 335-345.

Geertz, C. [1962] "The Rotating Credit Association: A "Middle Rung" in Development" *Economic Development and Cultural Change*, 10, 241-263.

Ghatak, M. [1999] "Group lending, local information and peer selection" *Journal of Development Economics*, 60(1), 27-50.

Giné, X., and Karlan, D. [2010] "Group versus Individual Liability: Long Term Evidence from Philippine Microcredit Lending Groups." Working Paper.

Izumida, Y. [1992] "The Kou in Japan: A Precursor of Modern Finance," In *Informal Finance in Low-income Countries*, ed. Adams, D. W., and Fichett, D. Colorado, Westview Press.

Karlan, D. [2007] "Social Connections and Group Banking" *The Economic Journal*, 117 (517), F52-F84.

Karlan, D., Savonitto, B., Thuysbaert, B., and Udry, C. [2017] "Impact of savings groups on the lives of the poor" *PNAS*, 114(12), 3079-3084.

Klonner, S. [2003] "Rotating Savings and Credit Associations when Participants are Risk Averse," *International Economic Review*, 44, 979-1005.

Ksoll, C., Lilleør, H. B., Lønborg, J. H., and Rasmussen, O. D. [2016] "Impact of Village Savings and Loan Associations: Evidence from a cluster randomized trial" *Journal of Development Economics*, 120, 70-85.

Mazumdar, M. S., and Liu, W. [2015] "What impact does microfinance have on rural livelihood? A comparison of governmental and non-governmental microfinance programs in Bangladesh" *World Development*, 68, 336-354.

Microcredit Summit Campaign [2015] "State of the Campaign Report" Washington, DC: Results Educational Fund.

Seng, K. [2018] "Rethinking the Effects of Microcredit on Household Welfare in

Cambodia" *The Journal of Development Studies*, 54(9), 1496-1512.

Stiglitz, J. E. [1990] "Peer Monitoring and Credit Markets" *World Bank Economic Review*, 4(3), 351-366.

Tassel, V. [1999] "Group Lending under Asymmetric Information" *Journal of Development Economics*, 60(1), 3-25.

黒崎卓・山形辰史 [2017]『開発経済学 貧困削減へのアプローチ』増補改訂版，日本評論社.

📖 **学生に読むことをお勧めしたい参考文献**

アビジット・V・バナジー，エステル・デュフロ／山形浩生訳 [2012]『貧乏人の経済学——もういちど貧困問題を根っこから考える』みすず書房.

ディーン・カーラン，ジェイコブ・アペル／清川幸美訳 [2013]『善意で貧困はなくせるのか——貧乏人の行動経済学』みすず書房.

泉田洋一 [2003]『農村開発金融論——アジアの経験と経済発展』東京大学出版会.

万木孝雄・櫻井武司 [2018]「戦前期（1915～1930年）日本の農村信用組合と農業——貸付が農業生産と小作料に及ぼした効果」『農業経済研究』第90巻，第3号，177-193.

三井久明・鳥海直子編著 [2009]『よくわかるマイクロ・ファイナンス』DTP出版.

コラム Column　インドネシアのアリサン

　本文中で紹介した，回転型貯蓄信用組合のアリサンは，現在も活発に活動するグループがあります。世界全体で見ても多様な形態があることは本文の通りですが，中部ジャワ農村の中だけでも実に多様です。たとえば参加者の属性は，女性限定や，若者中心に構成するグループ，学校の先生のアリサンなどがあります。会合の開催日程も，毎週，毎月，ジャワ歴での1ヵ月（35日），2ヵ月ごとの場合もあります。さらに，参加料はお金で払うとは限らず，砂糖や，家の建築や補修に使うセメントを参加料とするグループも存在します。

　写真は，中部ジャワ農村のある村で2005年ごろに撮影した女性グループのアリサンの会合の様子です。メンバーが座っている，四角い箱のようなものは何かわかるでしょうか。これは，魚の養殖池です。この数年前から，この村周辺ではナマズの養殖が現金獲得の手段として注目されていました。この日の会合の主催者の家でも，養殖池を作って参入したようですが，思ったより利潤があがらなかったのか，もっぱら会合の場所として利用されていました。

　本文中で，ギアツが回転型貯蓄信用組合を「伝統的な方法と近代的な方法の橋渡し」と表現していることを紹介しました。砂糖たっぷりの甘いお茶と，それ以上に甘いお菓子をつまみながら談笑する様子はまさにジャワ農村の伝統的なスタイルです。この村では，アリサンに参加できない貧困層はおらず，困ったことがあれば融資を受け，相互扶助としての機能が働いていました。一方，グループにはリーダーと会計係，書記がいて，細かく参加費を会計簿に付け，融資も管理するシステムは，近代的な金融取引への橋渡しの役割を担っていました。

　貧困層にとって，アリサンは貴重な貯蓄・融資の手段です。彼らがアリサンに参加できる理由の一つは，参加料が高額ではないからです。一口，チルピア（約10円）から参加できるグループが多くありました。口数は選べる場合もあり，二口払えば，2回くじに当たります。では富裕層は，たくさんの口数にするかというと，どうもそうではないようでした。そもそも彼らは，テレビは口座の貯金で買えるし，ナマズの養殖池を作るための投資は銀行が貸してくれるので，アリサンでの金融機能にはそれほど関心はありません。しかし，広い農地を持つ農家であれば農作業に隣人の労働力が必要であり，村の道路や水路はみんなの共同作業で整備し，冠婚葬祭があれば村の人が手伝います。富裕層は，村の人達との関係を円滑に保ち，何より楽しむためにアリサンに参加していたのです。

　このように，回転型貯蓄信用組合は，その形態も，参加する人のモチベーションも多様です。貧富の格差がとても大きい村や，近代化の影響で隣人の助けがなくとも業者を呼べる村では，その存在意義は大きく異なるでしょう。世界各地の回転型貯蓄信用組合の特徴をよく理解し，マイクロ・ファイナンスを上手く活用することで，人々の生活向上につながることが期待されます。

写真①　女性グループのアリサンの会合　　　写真②　アリサンの会計係と書記
出所：筆者撮影。

第12章

マイクロ・インシュランス

　発展途上国は，先進国に比べ，上下水道，灌漑施設，電力供給施設，道路などの社会的共通資本が未整備で，所得水準も低いため，劣悪な生活環境・生産環境に置かれている人口が多いという特徴があります。とりわけ，貧困層は，自然災害，家計員の病気・けがなど予期できない出来事に遭遇した場合に損失を被りやすい状況にあります。

　損失を被るような予期できない出来事は，先進国でも起こり得ますが，先進国では，このような事前に予測できない損失に対して，保険会社から損害保険を購入したり，金融機関からお金を借りたりすることにより，損失を被るリスクを減らすことが可能です。一方，途上国の場合，このような保険を販売する会社の数は限られており，かつ，商業ベースで販売される保険は割高で，貧困層は購入することが困難です。また，金融機関からの借り入れについては信用制約があります。

　第8章で説明したように，貧困層は，このような事態に対し，親戚・友人間での相互贈与・融資，共同体的相互扶助，気象変動や病害虫に耐性のある品種の使用，家畜や農産物の救貧販売など，慣行的なリスク対応の仕組みを準備してきました。しかし，このような，事後的に損失を被るリスクを緩和する慣行的な仕組み（以下では「**インフォーマル保険制度**」と呼ぶ）だけでは，損失を完全にはカバーできないことが，1990年代に行われた多くの研究により明らかにされています（バーダン・ウドリー［2001］第8章参照）。

　援助機関，途上国政府，開発NGOなどは，予期できないショックによって貧困層が被る損失をカバーするインフォーマルな仕組みを補完する新たな保険プログラムの普及を試みました。そして，このような貧困層向けの保険制度を

「マイクロ・インシュランス（小口保険）」と呼び，マイクロ・クレジットに続く「次世代の革命」と考えられたのです（Morduch［2006］）。

　当初は「革命」とまでいわれましたが，**マイクロ・インシュランス**の購入者数は期待したほど増加せず，普及事業は顕著な成果が上がらないまま，今日に至っています。**マイクロ・インシュランス**には，生命保険，財産保険，農業保険，医療保険などのタイプがありますが，加入率は低い傾向にあります。

　表12－1によると，アジア・太平洋，アフリカ，ラテン・アメリカ地域における**マイクロ・インシュランス**の加入率は4〜15％と低く，農業保険と医療保険について見ると，購入者数は極めて低い状況です。

　マイクロ・インシュランスには，貧困線以下の全最貧困層を対象に，政府が保険料を全額支払い被保険者の負担が無料のタイプ（インドのRastriya Swasthya Bima Yagana：RSBY，カンボジアのHealth Equity Fund；HEFなどの最貧困層向け公的医療保険）と，被保険者が任意で保険を購入する有料のタイプ（インドのマイクロ・ファイナンス機関であるBASIXが販売している作物保険，モンゴルのIBLIPが販売している家畜保険，ルワンダのMUSAが行っているコミュニティーを基礎とした医療保険など）の保険とがあります。

　第1章で説明したように，世界の貧困線以下の人口は急速に減少していますが，一方で，貧困線以上であるが平均的な所得水準より低い層の人口は増加しています（de Janvry and Sadoulet［2021］，pp.68-69）。これらの人々の多くは，無料の公的保険制度を利用することができず，商業的保険を購入することも困難

表12－1　マイクロ・インシュランスの加入割合と加入者数（2020年）

地域	目標加入者数に占めるマイクロ・インシュランス加入者数の割合（%）	農業保険加入者数（百万人）	医療保険加入者数（百万人）
アジア	7〜15	0.69	87.32
アフリカ	4〜9	1.12	16.76
ラテン・アメリカ	4〜12	—	0.30

（注）アフリカ，アジア，ラテン・アメリカ30ヵ国における224保険供給者を対象にした調査結果である。
出所：Micro Insurance Network, *The Landscape of Microinsurance 2021* より筆者作成。

な人々であり，こうした人々を対象とした有料の**マイクロ・インシュランス**の普及が求められているのです。

　この章では，加入率が低い有料の**マイクロ・インシュランス**のうち農業保険と医療保険を取り上げ，なぜ，これらのタイプの保険加入者が増加しないのか，増加するためにはどのような対策が必要なのかについて説明します。

　以下では，まず1節で，貧困層はリスクに対処するためのインフォーマル保険制度だけでは，損失を100％カバーできていないことを明らかにした実証研究について説明します。次に，2節では，不完全なリスク対応を補完するために考案された**マイクロ・インシュランス**のうち，作物保険，特に，収量をインデックスとしたものと降雨量などの気象条件をインデックスとしたタイプについて，その仕組みを解説し，購入者が増加しない諸要因（**Basis Risk**，保険会社への不信，被保険者の教育水準，**逆選択問題**，**現在バイアス**，損失回避性向）と，これらの問題への対策について説明します。3節では，医療保険の仕組みを解説し，医療保険の購入者が期待したほど増加しない諸要因（**Basis Risk**を除く作物保険と同様の要因以外に，医療保険特有の要因として，医療機関・保険会社への不信，保険スキーム）と，これらの問題への対策について考察します。

1　インフォーマル保険制度のショック緩和機能とマイクロ・インシュランス

　先述のように，貧困層への信用制約が厳しく，先進国のような保険市場や保険制度が発展していない途上国農村では，フォーマルな制度に代わって不測の事態によるショックを緩和する機能を果たすと考えられるさまざまなインフォーマルな仕組みが埋め込まれています。しかし，第8章で取り上げたインフォーマルな相互保険の例でもわかるように，相手がある場合には，情報の非対称性や機会主義的行動により，必ずしもリスクを完全に取り除くことはできないかもしれません。また，自己資産を保有する**自己保険**の場合，天候不良が続くことや働き手の長期療養などにより，その資産がゼロに近づくこともあり，その場合には所得の減少は一時的ではなくなります。

　それでは，実際のところ，上述のリスク緩和のためのインフォーマルな仕組みは，どの程度，家計による所得や消費の変動を緩和できているのでしょうか。

　この点についての検証は，1990 年代に多くの研究によって行われましたが，インフォーマルな仕組みは多様なので，ここでは，3 つのタイプの仕組みのショック緩和効果に関する実証研究の成果について概説します[1]。

　はじめに，農村社会の内部では，一時的に所得が減少した家計が存在する一方，一時的に所得が増加する家計も併存するでしょう。このような場合に，所得が増加している家計から減少している家計に所得移転や融資を行う相互扶助の仕組みがあります。その規範が，家計の所得や消費水準の変動におよぼす効果について検証が行われました。

　Udry［1994］は，ナイジェリアの農村における村内の互酬的な相互融資制度が，個々の家計が負ったリスクをどの程度，村社会の中でプールしているかを検証し，「村社会による**リスクのプール**が家計間のリスク配分の効率化を達成している」という仮説を否定（棄却）する結果を示しています。Townsend［1993］は，村社会がリスクをプールする仕組みよりも，むしろ，家計に特殊的な所得変動が家計消費におよぼす影響に着目し，インド農村の家計消費に関するパネル・データを用いて，家計の一時的所得変動が家計消費におよぼす効果について検証しました。その結果，対象となった村では，コミュニティー内部の**パレート効率的なリスク配分**（村落の社会的厚生関数を最大にするよう各家計所得の変動を再配分すること）が達成されていなかったことを明らかにしています。

　このほかにも，コミュニティー内部の相互扶助的なインフォーマル保険が所得や消費の平準化におよぼす影響について多くの実証研究が行われましたが，そのほとんどが，**パレート効率的なリスクの配分**は達成されていないと結論づけています。

　次に，コミュニティー内部の相互扶助的インフォーマル保険による効果を補完する一つの方法として，個々の家計による金融機関などを利用した融資や貯蓄などの自己保険があります。

　Paxon［1992］は，タイの稲作農家の家計データと降雨量データを利用し，

降雨量の変動によって生じる**一時的所得**変動が貯蓄におよぼす効果を推計しました。そこでは，家計消費は**恒常所得**（家計が保有する人的資本やその他資産によって決まる所得）にのみ依存するという，以下のような「**恒常所得仮説**」から導かれる仮説を検証しています。

　今，恒常所得を Y_p とすると，家計所得 Y は，恒常所得と**一時的所得** Y_t の和として表せます。

$$Y = Y_p + Y_t$$

家計消費 C は**恒常所得**のみに依存するので，以下のように表せます。ここで，a, b は正の係数です。

$$C = a + bY_p$$

また，家計所得は消費と貯蓄 S に配分されますので，

$$Y = C + S$$

となり，以上の式より，

$$S = (1 - b) Y_p + Y_t - a$$

という式が導かれます。この式からわかるように，**恒常所得仮説**が成り立ち，Y_p, a, b が一定なら，**一時的所得**の変動はすべて貯蓄されるはずです。パクソンの推計結果は，一時的に変動した所得（ΔY_t）は，すべて貯蓄されるという**恒常所得仮説**から導かれる仮説（ΔY_t の係数は 1 となる）を棄却し，所得が一時的に変動しても，その部分がすべて貯蓄されずに一部が消費に回されることを示しています。このことは，**自己保険**では，一時的な所得変動による消費が変動しないという意味での**消費の平準化**が達成されていないことを意味しています。

　これ以外にも，信用市場を利用した家計**消費の平準化**に関しては多くの研究が行われていますが，その結果はおおむね，完全な平準化は達成されていないというものです。

　最後に，穀物や家畜の備蓄も**自己保険**の一手段です。Fafchamps et al.［1998］は，ブルキナファソ農村における牡牛の保有が，干ばつによる一時所得の減少の緩衝機能を果たしているかを検証しています。それによると，ほとんどの農家は消費の平準化を図るために牡牛を売却していますが，その効果は限定的で，牡牛の売却は消費減少の 15％〜 30％程度しか補填していないという分析結果を示しています。インドや他のアフリカ諸国を対象に行われた研究でも，家畜の保有が完全な**消費の平準化**を達成しているという報告はなされていません。

　以上のように，途上国農村における実証研究は，**インフォーマルな保険制度**によってリスクを完全に取り除くことはできないことを示しています。

　インフォーマルな保険制度に関する，これらの膨大な実証研究の成果は，貧困層向け保険である**マイクロ・インシュランス**普及事業の必要性を喚起しました。**マイクロ・インシュランス**は，保険会社や NGO が仲介する保険事業ですので，二者間で直接の暗黙の契約を結ぶこともなく，モラル・ハザードにより保険制度が崩壊することは少ないでしょうし，通常，貧困層でも購入できるように政府や援助機関からの補助金が支給され保険料も低く設定されています。

　第 8 章で説明した期待効用理論による保険の理論にしたがえば，途上国の貧しい人々でも保険を購入するはずです。にもかかわらず，保険購入率が低いという実態は，標準的な保険理論では説明できません（Platteau et al.［2017］）。したがって，作物保険の購入率が低い理由を説明するには，期待効用理論に代わる不確実性下の人間行動仮説が必要なのかもしれません。

　次節以降では，なぜ，途上国の人々はこの種の保険を購入しようとしないのか，期待効用理論を前提にした保険の理論から離れて，その理由について考えてみましょう。

2　農業保険

　農業保険には，コメやとうもろこし，木綿などの耕種作物を対象にした作物保険や，牛や豚のような家畜を対象にした家畜保険がありますが，ここでは，

作物保険を取り上げて説明します。

　農業保険は一種の損害保険ですので，ある一定の水準の損害を被った時に，はじめて保険金が支払われます。では，損害はどのように測定するのでしょうか。

　損害を正確に測定するには，収量や価格，生産費などの情報をもとに，正常年における収益と，当該年における収益を計算する必要があります。しかし，保険金を払う保険供給者側が収量や生産費を正確に測るのは困難ですし，農家は常に真の収穫量や生産費についての情報を開示するとは限りません。また，干ばつや病虫害など，外生的な要因で収益が低かったのか，農家が意図的に収益を低くしたのかについても，保険の供給者は十分な情報を持っていないのが普通です。

　つまり，保険供給者である保険会社やNGOと保険購入者である農家との間に，一種の情報の非対称性が存在し，それにともない取引費用（収量や生産費についての情報収集にかかる費用，収量・生産費を確定するための交渉費用，保険の需要者と供給者による契約の履行監視費用など取引にかかる金銭的・時間的費用）が高くなる場合には，保険契約が結ばれない，いわゆる**市場の失敗**が起こります。

　このような場合，保険契約が成立するためには，どのように保険金支払いのルールを決めたらいいのでしょうか。

　もし，収量と収益性との間に何らかの一定の関係があれば，収量水準を基準に保険金支払いのルールを決めておくことで，保険契約を結ぶことが可能かもしれません。しかし，保険が無い場合の収量と収益性との間の関係は，あくまで，そのような状況で農家が勤勉に働いた場合の情報をもとに推計されたものです。保険契約が結ばれた場合には，上述のような保険加入者が保険支払いを受けるために意図的に収益を低くするような行動をとる**モラル・ハザード**の問題や，そのような農家ばかりが保険に加入しようとする**逆選択**の問題が起こる可能性が高くなります。また，客観的な情報が得られない場合には，保険供給者も，保険金を支払わないなど契約を履行しない可能性があります。

　これらの問題を克服するために考案されたのが，降水量や気温，湿度などの客観的で外生的な気象インデックスを指標にした作物保険です（**天候インデッ**

クス保険とも呼ばれています）。気象情報は，通常，気象観測所などで測定された
降雨量，温度，湿度などから客観的な情報が得られるので，この利点を生かし
たアイデアです。

　図12‒1は，このような気象インデックス基準の作物保険のうち，降水量
インデックス基準の作物保険のスキームを図示したものです。

　ここで，Mは保険金の最大支払い額，Sは保険金支払いの臨界降水量（降水
量がこの水準を上回ると保険料が支払われない水準），λは保険金と降水量とを関係
づける係数，xは降水量をそれぞれ示します。なお，ここでは降水量が少ない
場合（干ばつ）を問題としています。

　この図からわかるように，保険金支払い額 I を数式で表すと，

$$
\mathrm{I} = \begin{cases} M & if \ \ x \le \lambda \cdot S \\ \dfrac{S-x}{S(1-\lambda)} \cdot \tilde{M} & if \ \ \lambda \cdot S < x < S \\ 0 & if \ \ x \ge S \end{cases}
$$

となります。つまり，降水量が保険金支払いの上位臨界点 S を下回ると，保
険金と降水量を関連づける関数，$\dfrac{S-x}{S(1-\lambda)} \cdot \tilde{M}$ にしたがって保険金を支払うが，

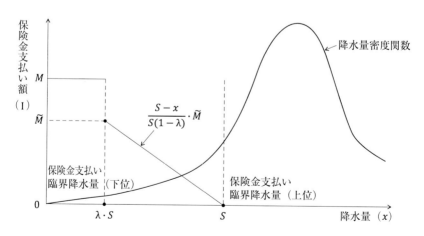

図12‒1 降水量インデックス基準の作物保険スキーム

出所：Giné, Townsend, and Vickery［2008］を参考に筆者作成。

下位臨界点λ・Sを下回るまで降水量が低下すると，それより降水量が少なくても一定の最大保険金支払い額Mを支払う，という契約を表しています。なお，保険料は，過去のデータから計算された保険金支払い額の期待値に保険事業運営費や税金を加算して決定されます。

　次に，このような仕組みの**気象インデックス基準の作物保険**の購入者がなぜ増えないのか，その要因について考えてみましょう。

1）曖昧さ回避

　ところで，気象インデックス基準の保険の場合に，必然的に生じる Basis Risk という問題があります。これは，保険を購入することにより，直面するリスクによる損失を保険供給者に移転する場合，保険金の額と実際の損失との間に差が生じることをいいます。

　たとえば，農家が図 12 − 1 で示したような**降水量インデックス基準の作物保険**を購入したとしましょう。そして，雨が少なく降水量が臨界点を下回ったとき，たとえ収量と収益は豊作の場合と大差なかったとしても保険金は支払われるということも起こり得ます。この場合，保険供給者が必要のない保険金支払いをしなければならないという意味で損失を被ることになります。逆に，降水量が臨界点を超えていても（作物の生育に十分な雨が降ったとしても），病虫害のような他の要因により収量・収益が著しく減少することがあります。この場合には，農家が，保険の主旨からすると支払われなければならない保険料を受け取れないという意味で損失を被ります。つまり，降水量は収量・収益を必ずしも正確には予測しないので，降水量インデックス基準の保険にはこの種のリスクが付きまとうのです。

　このような Basis Risk が存在することを作物保険の潜在的購入者が知っていたとすれば，保険に加入し，降水量インデックス基準の保険契約で規定されたとおりに保険金が支払われるか否かは，曖昧にならざるを得ません。これは，他のタイプのインデックス基準の作物保険の場合にも当てはまる議論です。

　期待効用理論では，人々は確率的な事象が起こる頻度（上述の事例の場合，豊作・不作の起こる確率）を知っていると仮定しており，この種の曖昧さは考

慮していません。もし，人々が，曖昧さを回避する傾向にあるなら，有名な
Ellsberg［1961］のパラドクスが主張するように，**期待効用理論**で人々のリ
スク対応を説明することは難しいかもしれません。実際，Elabed and Carter
［2015］は，実験経済学の手法を用いて，曖昧さを回避する性向が，農家に**降
水量インデックス基準の作物保険**の購入を躊躇させる一因であることを示して
います。

　気象インデックス基準の作物保険が有する曖昧さを減少させるには，より正
確に収量水準を把握できるインデックスの開発が必要です。この点で，衛星リ
モートセンシング技術を応用して，収量とバイオマスとの関係を測定する方法
は有効な技術革新となるかもしれません（Carter et al.［2014］, pp.27-28）。

2）現在バイアス

　現在バイアスについては，第 7 章で詳細に説明されるので，ここでは，農業
保険を事例に直感的な説明をしておきましょう。

　今，収量の不作で収入が激減する可能性があるため，作物保険を購入するか
否か思案している農家を考えます。保険を購入するということは，保険料の分
だけ現在の消費を我慢し，将来不作になった時に保険金収入を得ることを意味
しますので，農家は，現在の消費を節約することによる損失と将来の保険金収
入から得られる利益の期待値とを比較します。

　一般に，人間には未来の効用を（現在の効用よりも）割り引いて考える性向が
あります。このときの割引率のことを「**時間選好率**」と呼ぶことにします。

　たとえば，今 1 万円の保険料を支出して，将来に保険加入により 2 万円相当
の期待利益を得られることがわかっていて，農家は保険購入のリスク分散のメ
リットがあることを理解しているとしましょう。この場合でも，時間選好率が
高い，つまり，将来の利益より現時点での利益（現時点での消費）を重視するほ
ど，現在の保険料支出による損失を将来の期待利益より大きく評価してしまう
可能性が高くなり，保険の購入にメリットがあることを理解しながらも，購入
しないことになります。そのため，保険の購入には農家の**時間選好率**が影響す
ると考えられます。

220

時間選好率に現在バイアスがある場合，特に大きく農家の選択に影響します。今，ある農家が近い将来（たとえば1年後）に保険を購入しようと考えているとしましょう。その場合，1年後の保険料支出による損失と，その時点からの将来の期待利益を比べることになりますが，どちらも未来のことなので，1年後の保険料支出による損失よりも将来の期待利益の方が大きく感じられ，保険を購入するかもしれません。そうなるとこの農家は，将来のある時点（1年後）で，その時点での小さな利益（保険料支出をせずに消費をすることによる利益）より，その時点（1年後）からの将来の利益の方が大きいということを理解しているということになります。それにも関わらず，現時点で保険を購入するかどうかの選択の際には，今の消費の方（現時点での小さな利益の方）が将来の保険金収入による利益よりも，より重要と評価してしまうことを，**現在バイアス**があるといいます。

現在バイアスは，作物保険のみならず，他の保険についても保険購入を躊躇させる要因であると考えられていますが，この仮説は未だ検証されていません（Platteau et al.［2017］）。

3）損失回避性

農業保険にせよ医療保険にせよ，これらの保険は一種の損害保険です。第7章で詳しく説明していますが，不確実性下の人間行動を観察してみると，期待効用理論と矛盾することが少なからずあります。このような不確実性下における人間行動と整合的な理論として**プロスペクト理論**が提唱されています（第7章参照）。

プロスペクト理論の一つの特徴は，人間の価値評価（期待効用理論の効用に対応）を**価値関数**で表し，価値は確率的事象が起こった後の事後的な所得水準ではなく，所得の変化分によって決まり，かつ，損失分については**危険愛好的**（下に凸の価値関数）になると仮定することにあります（図12-2参照）。また，損失側の**価値関数**は，利得側の**価値関数**よりも，反応度が高くなることを想定しています（損失側の関数は縦軸方向に長い）。これは，人間が一般に，（たとえば5万円の）利益から得られる満足よりも，同じ5万円の損失から得られる苦痛の

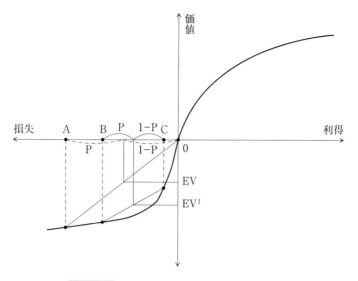

（図12－2）プロスペクト理論と保険加入の効果

出所：筆者作成。

ほうが大きい（利益を得るよりも損失を被ることを嫌う）という性向のためで，このような性向は，損失を利得よりも大きく評価することを意味するので，**損失回避性**と呼ばれています。

　先の作物保険のケースについて，**プロスペクト理論**により保険を購入した場合としなかった場合とを比較してみましょう。

　図12－2で，A点は保険を購入しなかった時に不作であった場合の損失，原点は豊作であった場合の損失（この場合はゼロ）を表しています。豊作となる確率が P，不作の確率が $1-P$ の時，農家の期待価値は EV となります。一方，保険を購入した場合，不作であれば保険金がもらえるので損失は B，豊作であれば保険料を払わなければならないので損失は C となり，期待価値は EV^I となります。この場合，保険を購入した場合の期待価値 EV^I は，しなかった場合の期待価値 EV よりも小さくなり（つまり，保険を購入した方が損失は大きくなる），**損失回避性**により保険購入のメリットは無いということになるのです。

　このように，**損失回避性がマイクロ・インシュランス**加入率の低さを説明す

るという議論は魅力的ですが，それを支持する実証的証拠は未だ限られている
のが現状です。

4) 保険制度の理解不足

　よく知られたマイクロ・インシュランスが普及しない要因は，保険制度の仕
組みについての理解が不足していることです。

　降水量インデックス基準の作物保険の場合，保険金支払いの条件や保険料の
水準がどのように決定されているかなどをわかりやすく説明することには，そ
もそも困難がともないますし，農家に保険制度を理解する能力・知識が欠如
していると，一層理解が難しくなり，保険購入を躊躇させる要因となります。
これに対しては，一般教育よりも，保険制度の理解を深めるため金融実務を
学ぶ訓練を施すなどの対策の方が有効のようです（Gaurav et al.［2011］；Gine et
al.［2014］）。

5) 保険料と保険購入者の信用制約

　途上国でマイクロ・インシュランスを購入しない理由を聞くと，最も多い回
答は，保険料が高すぎて払えない，他人から保険料支払いのために融資を受け
ることも困難だ，という答えです。

　確かに，**降水量インデックス基準の作物保険**については，保険料の水準が低
いほど需要が増え，多くの資産を持っている家計ほど保険需要が大きいという
研究報告はあります（Carter et al.［2014］，4.7）。しかし，この理由では，先に
紹介したように，政府が補助金を出したり，農家に低金利での融資を行い貧困
層でも保険料を払える環境を整えたりしても加入率は上昇しないという事実は
説明できません。

6) 保険供給者への信頼の欠如

　農家が作物保険を購入しない理由として，保険供給者に対する信頼の欠如も
挙げられます。**気象インデックス基準の作物保険**の場合，保険料と保険金とを
どのように設定するかは，主として，保険供給者が収集した情報にもとづいて

計算され，農家は十分な情報を持っていません。不作でも降水量が臨界水準を上回っているので保険金が支払われないようなことが起こると，そのような情報が広まり，潜在的保険購入者である他の農家は保険供給者に対する不信感を抱きます（保険制度上は問題がなくても，不作だったのに保険金が支払われないとなると，不作時の損失を回避するために保険を購入している農家にとっては素直に納得することは難しいでしょう）。

　不信感は，保険を購入しようとしている農家の保険金の支払予想額を低く想定させますし，保険料の支払い意思額を低下させるため，作物保険の購入率を低下させる大きな要因となっているようです。これに対しては，信頼できる第三者の保証人を立てることで，作物保険に対する農家の信頼を高めることが有効な対策かもしれません（Cole et al. [2017]）。

3　医療保険

　この節では，インフォーマルな職業に従事する貧困層を対象にした任意で有料の医療保険の仕組みと，それが普及しない要因について説明します。

　途上国では，病気やケガで働き手が収入を得られなくなり，その結果わずかな資産を売却し，家族が路頭に迷うケースが少なくありません（Yagura [2005]）。農産物の不作や家畜の盗難などの場合は，他の仕事で働けば損失を補填することも可能ですが，重篤な病気やケガの場合，多額の治療費を払わねばならないうえ回復するまで収入が得られないため，損失補填は容易ではないのです。このため，貧困層が医療保険に加入することは貧困緩和に大きく貢献すると期待されているのですが，農業保険と同様，加入率は増加しないのが現実です。

　貧困層を対象にした医療保険は，NGO や病院グループなどが，貧困層を顧客として医療保険を供給するもので，通常，保健省などの政府機関が管理します。医療保険のスキームは，保険利用可能な医療サービスを提供する医療機関の種類，受けられる医療・その他のサービスの種類，保険料，保険契約期間，契約時期（1 年中いつでも契約できるか，あるいは決まった月にしか契約できないか）

表12－2 貧困層向け医療保険スキームの例（2016年12月時点）

項目	簡易型	標準型	プレミア型
保険料	$6／年・人	$8／年・人	$9／年・人
契約期間	6ヵ月以上		
契約医療機関	RH, PH	RH, PH, HC	RH, PH, HC, NH
医療サービス	通常の外来診察，入院治療		
運営	NGO が運営（NGO 職員，販売促進員，病院常駐職員による）		
医療サービス代金の支払い方法	RH, HC に対しては一括前払い，PH, NH については診療に応じ事後支払い		
適用外サービス	慢性的病気*の治療，眼科・歯科の外科手術，健康診断		

（注）RH は郡立病院，PH は県立病院，HC は簡易保健所，NH は国立病院を，それぞれ示す。
　　　＊慢性的病気には，精神病，糖尿病，高血圧，癌が含まれる。
出所：Budhism for Health（NGO）資料より，筆者作成。

などから構成されています。表12－2は，筆者達がカンボジアで調査した医療保険スキームの例です。

　医療保険の加入率が低い要因として，農業保険と共通する要因と，医療保険に特有の要因があります。**現在バイアス**や**損失回避性**などの要因については，危険を回避する手段としての保険購入を躊躇するという心理的なものであり農業保険と共通した要因といえます。また，保険制度と契約内容に対する理解不足，保険料，被保険者の信用制約についても同様です。一方，作物保険で問題となる **Basis Risk** の問題は，何らかのインデックスを基準として保険金を支払う必要のない医療保険の場合，重要ではありません。

　ここでは，医療保険に特有の要因と考えられる，医療サービスの質と保険スキームの設計，被保険者による**逆選択**と**モラル・ハザード**の問題について説明します。

1）医療サービスの質

　医療サービスの質を規定する要素としては，契約している医療機関のスタッフの医療技術，医療機関の設備，医師・看護師による保険購入者への対応などの側面があります。

　途上国の医療機関における医療スタッフの技術水準は，十分な教育・訓練を受けていない場合が多く，必ずしも高くありません。また，財政難のため医療設備も未整備で，簡単な医療機器すら装備できていない病院もあります。このため，十分な診療が行えない契約医療機関もあり，人々は保険を購入してまで，そのような医療機関で診察を受けようとはしないでしょう。

　そのような問題が比較的少ない病院の場合でも，保険による診療を受けようとする患者に対する医療スタッフの対応に問題があり（医療保険を使って診察を受けようとすると順番を後回しにされることや，丁寧な診察をしてもらえないなど），これが医療機関への不信を招き保険購入を躊躇する要因となっている多くの事例が報告されています（Fukui et al.［2018］およびそこでの引用文献参照）。

2）保険スキームの設計

　医療機関の質に問題が無くても，保険契約の内容に不備があれば，その保険に対する評価は低くなり，潜在的保険購入者にとって保険料は割高となります。

　たとえば，表12 – 2に示されたカンボジアのケースでは，契約医療機関は公立の病院，あるいは簡易保健所だけですが，対象地域では，診察料が高くても，地方の公立病院より近隣の個人開業医による診察を好みます。これは，同じ公立病院の場合，診察料金は安価ですが最低限の治療しかしないのに対し，開業医は高額でも患者の希望する治療をしてくれるからで，カンボジアでは一般的な状況です（Fukui et al.［2018］および引用文献参照）。

　開業医も契約医療機関に含めることも考えられますが，公立病院と異なり政府の管理下に置かれていないため，水増し請求などモラル・ハザードの問題により保険契約が遵守されないかもしれません。開業医に保険契約を遵守させるために，開業医を含めた場合に保険料を高く設定することが考えられますが，高額の保険料を潜在的購入者が支払う意思があるかは不透明です。

　また，病院の施設の不備や医師の技術水準の低さから，患者が必要としている医療サービスが保険契約に含まれていないことも，購入を躊躇させる要因となります。たとえば，カンボジアのケースでは，糖尿病，高血圧，癌などの慢

性的病気の治療に対する需要は大きいのですが（Fukui et al.［2018］および引用
文献参照），それらは貧困層向け医療保険による医療サービスから除外されてい
ます。

3) 保険購入者による逆選択，モラル・ハザードの問題

　医療保険では，健康に不安のある人と健康な人を保険供給者が選別すること
が困難な場合，どちらのタイプも一定の保険料を支払うのであれば，健康に不
安のある人がより多く保険を購入することになり（いわゆる**逆選択**問題），保険
料収入に比して費用（保険金支払いなど）が高くなってしまいます。一定の保険
料収入の下で費用が高くなれば，保険供給者が保険を販売する誘因は低下しま
す。

　また，一旦，保険を購入すると，医療機関で治療を受ける必要がないかもし
れないのに医療機関で診察を受ける傾向がでてきます。実際，保険購入者が非
保険購入者に比べて医療機関を訪問する頻度が高いという事例は多くの国で報
告されています。もし，医療機関での診察が必要ないのに医療機関を利用する
という，一種の**モラル・ハザード**の問題が起きているなら，必要以上に医療費
が掛かっていることになり，この場合も，保険供給者の販売意欲は低下するで
しょう。これらの保険購入者の**逆選択**や**モラル・ハザード**についての仮説につ
いては，多くの研究者が検証していますが，結論は一致していません。

　以上に説明した要因以外に，予期できないショックによる損失を補填する代
替的な方法が存在することも保険加入率が低い要因かもしれません。たとえ
ば，作物保険の場合，不作の場合に農業以外の仕事に従事し損失をカバーする
ことが可能です。作物保険も医療保険も他人からの融資や贈与に頼ることが可
能なら，保険を購入しなくていいかもしれません。

　実際，村の人々の間の共同性が強いほど，**マイクロ・インシュランス**のよう
な外部から与えられた保険を購入することを選択する確率は低くなることが，
理論的にも実証的にも示されています（Fukui and Inada［2017］および引用文献
参照）。

4　まとめ

1) 途上国の農村社会に組み込まれている**インフォーマルな保険**の仕組みは，ある程度，貧しい人々が直面するリスクを緩和できているが，完全なリスクプールには成功しておらず，それを補完するフォーマルな制度の普及が試みられている。

2) しかし，**気象インデックス基準の作物保険**の場合，購入者の比率は依然として低いままである。その理由としては，この種の保険特有の Basis Risk に起因する**曖昧さ回避**，保険加入による将来の利益より現在の消費を重視する**現在バイアス**，および，損失に関しては危険愛好的になり，損失に対する感応度が高くなるという**損失回避性**など，**期待効用理論**で想定された不確実性下の人間行動原理とは異なる原理の存在が指摘されている。

3) **気象インデックス基準の作物保険**の場合，この他にも，①保険金や保険料の設定方法と気象インデックスとの関係など複雑な保険制度の仕組みに対する理解が不十分であること，②貧困層にとっては保険料が割高で保険料支払いのために融資を受けるのも困難であること，③気象インデックス基準と実際の収穫高との乖離により，農家と保険供給者の間に見解の相違が生じ相互不信に陥るなど，実践面での阻害要因が報告されている。

4) 医療保険の場合，**現在バイアスや損失回避性**などの行動経済学で想定する人間行動の原理以外に，医療技術の水準，医療設備，医療スタッフによる保険利用者の不当な扱いなど，契約医療機関における医療サービスの質の問題，潜在的保険購入者が必要とするサービスが保険スキームに含まれていないという制度設計上の不備，および，保険購入者による**逆選択**，モラル・ハザードの問題などが指摘されている。

【注】
1）バーダン・ウドリー［2001］第8章参照。

[引用文献]

Bardhan, P., and Udry, C. [1999] *Development Microeconomics*, Oxford New York: Oxford University Press. (バーダン・プラナブ, ウドリー・クリストファー／福井清一・不破信彦・松下敬一郎訳 [2001]『開発のミクロ経済学』東洋経済新報社)

Carter, M., de Janvry, A., Sadoulet, E., and Sarris, A. [2014] "Index-based weather insurance for developing countries: A review of evidence and a set of propositions for up-scaling" *FERDI Working Paper*, No.P111, France: FERDI.

Cole, S., Gine, X., and Vichery, J. I. [2017] "How Does Risk Management Influence Production Decisions? Evidence from a Field Experiment" *The Review of Financial Studies*, 30(6), 1935-1970.

de Janvry, A., and Sadoulet, E. [2021] *Development Economics: Theory and Pracitice* 2nd Edition, London and New York: Routledge.

Elabed, G., and Carter, M. R. [2015] "Compound-risk aversion, ambiguity and the willingness to pay for microinsurance" *Journal of Economic Behavior & Organization*, 118, 150-166.

Ellsberg, D. [1961] "Risk, ambiguity, and the savage axioms" *Quarterly Journal of Economics*, 75(4), 643-669.

Fafchamps, M., Udry, C., and Crukas, K. [1998] "Drought and saving in West Africa: are livestock a buffer stock?" *Journal of Development Economics*, 55(2), 273-305.

Fukui, S., and Inada, M. [2017] "Crowding-out Effects of Microinsurance and Solidarity: A Study by Artefactual Experiment in Cambodia" *Review of Behavioral Economics*, 4(3), 241-273.

Fukui, S., Wakamatsu, H., Takashino, N., and Miwa, K. [2018] "Attributes Evaluation for Micro Health Insurance in Cambodia: Discrete Choice Modelling Analysis" 『生物資源経済研究』No.23, 25-40.

Gaurav, T., Cole, S., and Tobacman, J. [2011] "Mareting complex financial products in emerging markets: Evidence from rainfall insurance in India" *Journal of Marketing Research*, 48 (SPL), S150-S162.

Gine, X., Karlan, D., and Ngaita, M. [2014] "Social networks, financial literacy and index insurance" In M. Lundberg and F. Mulaj eds., *Enhancing financial capability and behavior in low- and middle-income countries*, Washington: World Bank, 195-208.

Gine, X., Townsend, R., and Vickery, J. [2008] "Patterns of rainfall insurance participation in rural India", *World Bank economic review*, 22(3), 539-566.

Morduch, J. [2006] "Micro-insurance: the next revolution?" In A. Banerjee, R. Benabou and D. Muookherjee eds., *Understanding Poverty*, Oxford: Oxford University Pres.

Paxson, C. [1992] "Using Weather Variability to Estimate the Resoponse of Savings to Transitory Income in Thailand" *American Economic Review*, 82(1), 15-33.

Plattau, J. P., de Bock, O., and Gelade, W. [2017] "The Demand for Microinsurance: A Literature Review" *World Development*, 94, 139-156.

Townsend, R. [1993] "Risk and Insurance in Village India" *Econometrica*, 62(3), 539-591.

Udry, C. [1994] "Risk and Insurance in Rural Credit Market: An Empirical Investigation in Northern Nigeria" *Review of Economic Studies*, 61(3), 495-526.

Yagura, K. [2005] "Why illness causes more serious economic damage than crop failure in rural Cambodia" *Development and Change*, 36, 759-783.

📖 学生に読むことをお勧めしたい参考文献

Micro Insurance Network [2021] *The Landscape of Microinsurance 2021.*（入手先：http://www.microinsurancenetwork.org/resources/the-landscape-of-microinsurance-2021）

奥野正寛編著［2008］『ミクロ経済学』東京大学出版会，第6章.

神取道宏［2014］『ミクロ経済学の力』日本評論社，第8章.

230 |

第13章

農業新技術の選択

第3章で説明したように，経済発展にともない農業セクターのGDPに占めるウエイトは低下してゆきますが，そのことは同時に農業の重要性も低下することを意味するものではありません。農業成長（農業生産性の向上）は発展途上国における近代的産業の発展を促進する効果があるという農業発展パラダイムの視点からは，生産性を向上させる技術進歩の役割は大きいといえるでしょう。

また，表13－1に示したように，発展途上国における低所得層の多くが農村部に居住していることを考慮すると，農業の技術進歩は貧困削減政策としても効果が期待できます。実際，農村の貧困人口が多いサハラ以南のアフリカでは，農業投資による貧困削減への効果は，それ以外の投資による貧困削減効果に比べて4.25倍大きいと推計されています（Christiaensen et al.［2011］）。

表13－1 農村の貧困人口（多次元貧困人口，2020年）

地域	国の数	貧困人口の割合（%）	貧困人口に占める農村人口の割合（%）
サハラ以南のアフリカ	41	55.0	83.5
アラブ諸国	11	15.8	81.5
ラテン・アメリカ	21	7.2	67.5
ヨーロッパ・中央アジア	13	1.0	81.8
南アジア	8	29.2	87.7
東アジア・太平洋	12	5.4	78.5
途上国全体	106	22.0	84.2

（注）ここでの貧困率は，OPHIと国連開発計画により開発された多次元貧困指数（MPI）により計算されたものです。国の数は算出対象となった国数を示しています。
出所：OPHI and UNDP［2020］より筆者作成。

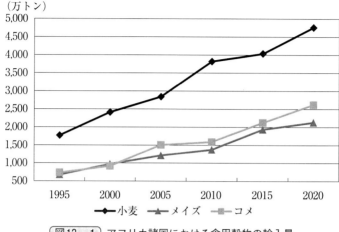

（万トン）

図13-1 アフリカ諸国における食用穀物の輸入量

出所：Fao Stat のデータより筆者作成。

　これに加え，資源を輸出し高い経済成長を達成する一方で，食用穀物の輸入が増加しているアフリカ諸国では（図13 - 1），主食となる食用穀物を海外からの輸入に依存することへの不安から，高収量が期待できる新技術の普及による国内自給率の向上が重要な政策目標となっており，**食料の安全保障**という視点からも農業の技術進歩が必要と考えられているのです。

　このように，高収量・高収益を達成する可能性のある農業新技術の普及は，近代的産業の発展，貧困削減，そして，食料の安全保障という政策目標を達成するための有効な政策手段といえます。しかし，新しい技術が創生され普及活動が行われても，生産性向上が期待できる新しい技術を農民が採用するとは限りませんし，採用するとしても時間を要することが多いのです。たとえば，1960 年代から始まった小麦，コメ，メイズなどの**近代品種**（MV）の普及事業により，1998 年までに途上国の主な耕地の63％で MV が使用されるようになりましたが（Pingali [2012]），サハラ以南のアフリカでは，2005 年の時点でも，小麦で70％まで増加したものの，メイズでは45％，コメでは26％と，依然低いままです（戸堂 [2021]，Binswanger and McCalla [2010]）。

　したがって，このような新技術の普及を促進するために農家による技術選択

行動を理解し新技術普及の障害を取り除くことは，実践的にも大きな意義があります。

　なぜ，高収量と高収益が期待できる新しい技術を農民が採用しない，あるいは，採用に時間を要するのかという問いについては，1960年代中頃から80年代中頃までの「第一世代の**緑の革命**」の時期に，多くの研究者が解明に取り組みました。その後，アジアやラテン・アメリカでMVの普及が進んだこともあり，この問題への関心が薄れました。しかし，近年，新たな経済学的手法の開発，人間の非合理的行動への関心の高まりなどの学問的な潮流変化により，農家の技術選択行動に関する諸仮説を再検討し新しい理論を創生する必要性が認識されています。これに加え，サハラ以南のアフリカ諸国における近代的農業技術普及に関連した実務サイドからの要請などもあり，農業新技術の採用に関する研究に，再び注目が集まっているのです。

　この章では，Feder et al.［1985］，Foster and Rosenzweig［2010］，および，不破［2014］を参考に，最近の研究成果も踏まえながら，農業新技術の採用を妨げる要因について説明します。

　以下では，1節で，合理的な農家による新技術の採用を妨げる諸要因（経営規模，**信用制約**，教育と経験，労働力賦存，危険回避的性向など）と新技術の採用との関係について説明します。2節では，農家にとって不透明な新技術の普及に果たす学習効果の役割について述べます。そして，3節では，農家は必ずしも合理的でないがゆえに新技術を採用しようとしない，という新しい視点からの議論について解説します。

1　農業新技術の採用を妨げる要因
　　―農民の合理的行動を前提に

1）経営規模，信用制約
　多くの実証研究では，経営規模が大きいほど新技術を採用する頻度が高いという結果が示されていますが（Feder et al.［1985］，III-A），これは，以下のように解釈できます。

　新技術を採用して，高収量・高収益を達成するには，十分な用水管理と肥培管理が不可欠です。そのためには，灌漑施設の整備，種子・肥料・農薬など経常投入財の潤沢な供給が必要となります。また，灌漑施設が整備され MV を採用すると，今まで年1回しか収穫できなかったところでも，二期作，三期作が可能になりますので，多くの労働力が必要になります。さらに，収穫から次の作付けまでの期間が短くなるので耕耘作業の時間を短縮するためにトラクターなどの機械を使うようになります。したがって，新技術の採用には，通常，より多くの費用がかかるのです。

　経営規模が大きい農家は，ふつう，小規模農家に比べ自己資金も豊富でしょうし，農地などの資産規模も大きいので，融資を受ける際の担保力もあります。また，後述のように，新技術の採用は，従来の慣行的農法を使うより大きなリスクをともなう可能性がありますが，資産規模の大きな農家ほど，新技術を採用して大きな損失を被るリスクを負担する能力を有しているでしょう。

2) 教育と経験

　農家の教育水準，および，農業の経験についても，その年数が高いほど新技術を採用する傾向にあるという実証研究の結果が多く報告されています（Foster and Rosenzweig [2010]）。この点も，次のように解釈できます。

　それまで培った経験と能力，および，新しい知識を理解する認知能力・学識などが高いほど，新しい技術を理解するのは容易でしょう。また，教育水準が高いほど所得が高く，新技術を採用する資金力とリスクを負担する能力を持つと考えられます。

　ただ，教育水準が高いほど新しい技術を理解するのに有利であるというなら，教育水準と農業の経験は代替的な関係にあることになります。しかし，農業の経験が1年長いと高収量品種採用による収益は増加し，その増加率は初等教育を受けた農民の方が，教育を受けない農民より18％高かったというインドの事例は（Rosenzweig [1995]），教育が経験による学習効果を高める機能を持ち，両者は補完関係にあることを示しています。

3) 労働力の賦存

一般に，新技術は慣行的な技術より労働集約的です。たとえば，コメの場合，高収量品種の栽培には，灌漑，施肥・除草，田植え，収穫などの作業過程における労働需要が格段に増加します。したがって，他の条件が同じなら，家族労働力が不足していると高収量品種の栽培には不利となります（Feder et al.［1985］）。

4) 危険回避

期待効用理論に従えば，危険回避的な農家の場合，高収益が期待される一方で不作の場合のリスクも大きい新技術は採用せず，低収益でもリスクの小さい**慣行的技術**を採用する可能性があります。この点は，図 13 − 2 を利用して説明できます。

ここで，Q_i^j はある農産物の収益，j は採用する技術（MV 技術を採用する場合には $j = M$，**慣行的技術**の場合には $j = T$），i は収穫量（平年作なら $i = n$，不作なら $i = b$）をそれぞれ示します。つまり，Q_n^M は **MV 技術**を採用して平年作だった

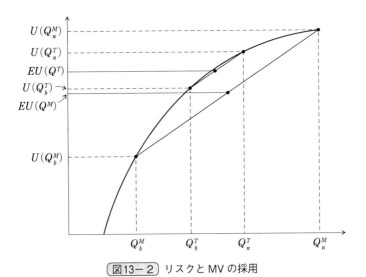

（図13− 2）リスクと MV の採用

出所：筆者作成。

場合の収益を表しています。MV は平年作であれば高い収益を達成するが，不作の場合には**慣行的技術**を使用する場合よりも収益が低いと仮定します。この時，MV 技術を採用した場合の期待効用は $EU(Q^M)$ となり，**慣行的技術**を採用した場合の期待効用 $EU(Q^T)$ より小さくなります。

　新技術採用によるリスクの程度の予測値や農家の危険回避度を測定することが困難であったこともあり，このような理論的推測を支持する分析結果は限られていました（Feder et al. [1985]）。しかし，新しい計量経済学的手法を取り入れた，より最近の研究では，**危険回避度**の低い農家（所得水準が高い，あるいは，安定的な所得源泉を持つ）ほど，新技術を採用する傾向が強いなど，農家の**危険回避度**と新技術の採用の負の関係を示唆する証拠が示されています（Foster and Rosenzweig [2010]）。

　以上の他，生産物，肥料，信用などの生産要素市場へのアクセスの悪さ（Feder et al. [1985]），新技術を採用した場合の収益を農家が的確に予測していない可能性があること（Foster and Rosenzweig [2010]）なども，新技術の採用を妨げる要因であることが指摘されています。

2　農業新技術と学習過程

　ここではまず，農家による新しい技術の学習過程の理論について説明しておきましょう（Foster and Rosenzweig [1995]）。

　一般に，途上国における農業新技術は，技術の「**陰伏性**（tacitness）」と「**環境依存性**（circumstantial sensitivity）」によって特徴づけられます（バーダン・ウドリー [2001]，第12章）。生産技術が，一式の生産要素（農業の場合は種子，肥料，労働投入，土地，水など）の投入量によっては体現できない場合，"陰伏的"であるといいます。これらの陰伏的な生産技術は，同じ一組の生産要素を使用しても，個々の農民が生産する環境（気象条件，土壌条件など）によってその成果（生産量・質）は異なります。これを，"環境依存性"と呼びます。

　Foster and Rosenzweig [2010] は，以上のような特質を持つ新しい技術に

関する情報が生産者の行動に影響を与え，その情報がより大きな成果を生むとき，"新技術を学習する"と定義しています。この学習には，「**経験による学習**（learning by doing）」と「**他人からの学習**（learning from others）」の2種類があります。

　たとえば，農家が普及所から高収益が期待できるという MV 技術を採用することを勧められたとしましょう。もし，農家がこの技術に興味を抱き，実験圃場での生産結果を基礎にして作成されたマニュアルどおりに種子を播き，肥料を散布しても，自分の圃場でマニュアルどおりの成果が得られるかは不透明です。マニュアルより多く肥料を散布しても収量は下がるかもしれないし，少なくても多くの収量を達成できるかもしれません。そのような場合，農家は自ら自分の圃場で試作しその経験から学ぶか，他の農家が新技術を使用した経験から学ぶことにより，自分に適した具体的技術をいずれかの方法で学習しようとするでしょう。

　この点を，図 13−3 を使って説明しましょう。

　今，農家は生産要素（たとえば，種子や肥料など）の最適な投入水準 $\theta*$ を正確には知らないけれど，最大の成果（収穫量）を得るための生産要素投入水準の目標値が大体この辺りだろうという，おおまかな目安となる確率分布を想定している（おおまかな予測を立てている）とします。

　経験による学習の場合，農家は新技術の試行回数を増やしてゆくことによって，自分の圃場において最大の成果が期待できる生産要素投入水準の目標値（θ^i）の確率分布のバラツキを小さくしていく，つまり予測の精度を高めていきます（図では，確率密度関数が f_0 から f_1, f_2 へシフトすることで表しています）。そして，試行により入手した情報によって投入量の期待値は真の最適投入量に近づきます（図では，要素投入量の目標水準の期待値が，$E(\theta^0)$ から，$E(\theta^1)$，$E(\theta^2)$ へとシフトし，真の最適投入量 $\theta*$ に近づくことにより示されています）。このとき，限界収益逓減（投入要素を増やすと利潤は増加するが追加的な増加に対しての追加的な利潤は減少する）ならば，投入量の期待値が確率分布のバラツキを小さくし，真の最適投入量に近づくにつれて，期待利潤は次第に大きくなってゆきます。なお，経験による学習では自身の実験の結果のみを観察するので，バラツキが小さく

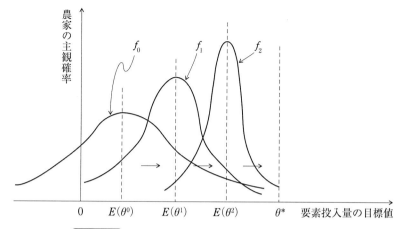

（図13－3）新技術の学習過程と最適な要素投入への収斂

(注) f_0：新技術を採用した場合の要素投入量目標値 θ^0 の確率分布（試行前）
　　 f_1：1回の新技術試行後における要素投入量目標値 θ^1 の確率分布
　　 f_2：2回の新技術試行後における要素投入量目標値 θ^2 の確率分布
　　 $E(\theta^0)$：θ^0 の期待値，$E(\theta^1)$：θ^1 の期待値，$E(\theta^2)$：θ^2 の期待値
　　 θ^*：真の最適要素投入量
出所：筆者作成。

なってゆくスピードは他人からも学習できる場合より遅くなります。

　一方，**他人からの学習**の場合，近隣の農家も同様に新技術を試行しており，その結果についての情報を互いに利用できるとするなら，これらの追加的な情報は生産要素投入量の期待値のバラツキを小さくし，真の最適投入量に近づくスピードを早めることになります。その結果，自己学習の場合に比べ，期待利潤を増加させるスピードも早めることになるでしょう。無論，近隣の農家との**社会的相互依存関係**が弱く情報交換ができなければ，このスピードは遅くなります。

　農家が学習により自らにとって最適に近い新技術の要素投入量を体得したとして，その収益性が慣行的な技術による収益より低ければ，この技術は採用されません。他方で，最適に近い新技術の収益性が慣行的技術のそれより高いのであれば，新技術を採用することになります。

　しかし，新技術が採用される場合でも，新技術普及のスピードは近隣農家と

の**社会的相互依存関係**に依存します。近隣農家の情報を利用できる可能性がある場合は，比較的早いスピードで新技術は普及するでしょうが，そうでない場合には，個人による経験的学習と同様，新技術普及のスピードは遅いと考えられます。たとえば，近隣にすでに新技術を採用し成果をあげている先進的な農家がおり，彼または彼女が，他の近隣農家が自分の技術を観察し学習することで利益を得られることを知っている場合や，**社会的相互依存関係**が確立していて，新技術の情報供与に対する他の農家からの返礼や社会的名声・信望が高まるなど相互に恩恵が見込めるならば，先進的な農家は新技術に関する情報を公開することを拒みはしないでしょう。以上が，農業新技術の学習過程に関する理論的仮説です。

　では，農家は，実際に新技術の学習過程を経て，新しい技術を採用し自分に適した技術を確立するのか，あるいは，新技術ではなく慣行的な技術を採用するかをどのように判断するのでしょうか。

　他人からの学習と新技術の採用との関係に関する仮説を検証した研究は数多くありますが，代表的な研究としては，ガーナのパイナップル生産農家，および，モザンビークのヒマワリ生産農家を対象にした事例研究などがあります(Foster and Rosenzweig [2010])。これらの研究では，農家が他人（特に，篤農家など）からの学習によって新しい技術を習得していることを，新技術に関する情報についての詳細な客観的データを収集することにより明らかにし，理論仮説の妥当性を裏付けています。

3　農民の合理的行動仮説の再検討

　すでに述べたように，農家による新技術の採用を妨げる理由の一つは，農家自身が，伝統的な経済学で仮定されてきた，不確実性下の合理的行動仮説とは異なる原理にもとづいて行動していることにあるのかもしれません。

　ここでは，第12章で説明した**曖昧さ回避**，**損失回避性**，および**現在バイアス**を取り上げ，これらを仮定した場合に，農家は新技術の採用を躊躇することを仮想的な事例を使って説明し，このような仮説を裏付ける実証的証拠を紹介

します。

1）曖昧さ回避

　農業新技術を採用した場合の収益の不確実性は，収益の変動が慣行的な技術を採用するよりも大きくなるというリスクと，収益の曖昧さから生じます。

　1 節 4）での説明は，前者のタイプの不確実性によるリスクを回避する農家の行動を，期待効用理論の立場から説明したものでした。しかし，そもそも，気象条件や病虫害が発生する確率が事前にはわからず，また，新技術の場合は過去の情報も乏しく，これら外生的条件と収量との関係を予測することが困難であるため，農家は収益が発生する確率を予測することができないかもしれません。そうであれば，将来の収益は農家にとって曖昧とならざるを得ません。

　その場合，農家は 2 つのタイプの不確実性と向き合って，新技術採用の可否を判断しなければならないでしょう。

　仮に，新技術の採用による収益変動の増大を回避するためではなく，新技術の採用による収益が曖昧で，それを回避するために新技術の採用を躊躇するのであれば，農家の危険回避度と新技術の採用との間に有意な関係が認められなかったこともうなずけます（Feder et al.［1985］）。

　では，**曖昧さ回避性向**と新技術の採用との関係を検証するにはどのような方法を用いるのでしょう。一つの方法は，農家の**曖昧さ回避性向**を実験的手法によって測り，その測度と新技術採用・不採用の判断との関係を計量経済学的に分析することです。

　曖昧さ回避性向の測度をどのように測るのかを，説明の簡単化のために最も単純な実験の方法で説明しておきましょう。表 13 - 2 が，その実験を説明するものです。

　表 13 - 2 の選択 A は確実に 1,000 円がもらえるというもので，選択 B はくじ引きによりもらえる金額が異なるというものです。被験者には，A を選択するか B を選択するかの 2 択問題を 11 ラウンド（11 回）答えてもらいます。A を選択すると確実に 1,000 円がもらえ，B を選択するとつぼの中に入った番号付きのボールを無作為に取り出し，もし，番号が 1 ～ 5 であれば 2,000 円を

表13-2 曖昧さ回避性向測定のための実験

ラウンド	選択A	選択B	
		ボール1～5	ボール6～10
1	1,000 円	2,000 円	1,000 円
2	1,000 円	2,000 円	800 円
3	1,000 円	2,000 円	650 円
4	1,000 円	2,000 円	500 円
5	1,000 円	2,000 円	400 円
6	1,000 円	2,000 円	350 円
7	1,000 円	2,000 円	300 円
8	1,000 円	2,000 円	250 円
9	1,000 円	2,000 円	200 円
10	1,000 円	2,000 円	100 円
11	1,000 円	2,000 円	0 円

出所：Ward and Singh［2015］を参考に筆者作成。

もらえ，6～10であれば右の列に書かれた金額がもらえるというくじ引きをすることになります。

その選択Bのくじ引きには2種類あります。最初は，Bを選択する場合のつぼに入っているボールの数（左側が当たるボールの数と右側が当たるボールの数）は，被験者に知らされません。つまり，選択Bの左側が当たるか右側を引き当てるかが曖昧なケースです。この場合，被験者は2,000円が当たる確率を知らないことになります。次に，選択Bの左側が当たるボールの数と右側が当たるボールの数が知らされている，つまり，くじに当たる確率がわかっているケースです。

いずれの場合でも，ラウンド番号が小さいほどBを選択する場合の期待効用が大きいので，ラウンド番号が上昇してゆくにつれBの評価は低下してゆき，被験者が合理的であれば，どこかのラウンドでBからAにスイッチすると予想されます。

このスイッチしたラウンド（スイッチング・ポイント：SP）について，くじを引き当てる確率が曖昧な場合のSP^Aと，わかっている場合のSP^Uとを被験者ごとに比較し，SP^A/SP^Uの値が小さいほど**曖昧さ回避性向**が強いと考えるのです。これは，くじを引き当てる確率がわからないという曖昧さを回避したい

人の方が，SP^A の値がより小さくなる（つまり，より早いラウンドで選択 B から A にスイッチする）と想定するためです。

　このような**曖昧さ回避性向**の測度を用いた実証研究は，作物の種類や先進国か途上国かによって，異なる結果を示しています。米国の**遺伝子組み換え作物**についての実験では，**曖昧さ回避性向**が強いほど技術の導入が遅くなることを示していますが，途上国における稲作の新技術を対象にした研究は，**曖昧さ回避性向**が新技術の採用を妨げるという仮説を支持していません（Ward and Sigh [2015]）。

2）損失回避性

　危険回避的性向だけでなく，**プロスペクト理論**の特性の一つである損失回避性向についても，リスクが大きい新技術の採用を妨げている可能性があります。**損失回避性向**は，新技術の採用による損失を，利益よりもより大きく評価するという性質です（新技術の採用による利益から得られる満足感よりも，損失を被ることによる苦痛のほうが大きいという性向です）。

　MV 技術などの新技術は，通常，**慣行的技術**より多くの生産要素（肥料・労働など）を投入する必要があるので，費用がかかります。しかも，収量がある程度予測できる前に，その費用を支出してしまわなければならないので，もし新技術を採用しても収量が事後的に低いと，**慣行的技術**を使う場合に比べ損失を被る（赤字になる）可能性が高いでしょう。

　図 13 - 4 のように，損失を被る可能性がある場合，**損失回避性向**が高い（損失をより大きく評価する）農家は V^I の価値関数を持ち，そうでない場合は V^{II} の価値関数を持つとします（両者の利益に対する評価は同じと仮定します）。この時，損失回避性の高い農家が新技術を採用した場合の期待価値 $E(V^I)$ は，そうでない場合の期待価値 $E(V^{II})$ より低くなり（$E(V^I) < E(V^{II})$），他の条件が同じなら新技術を採用する可能性は低くなるといえます。

　損失回避性向が農家の新技術採用についての意思決定におよぼす影響を検証するには，**曖昧さ回避性向**の場合と同様に，その測度を測る必要があります。その計測の方法は，やや高度な数学的な知識と複雑な実験手法を使用するた

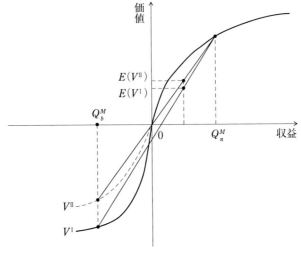

（図13－4）損失回避性と新技術の採用

（注）Q_n^M, Q_b^Mは，図13－2と同じく，MV 技術を採用した場合の，平年作，不作の際の収益を示す。
出所：筆者作成。

め，本書の水準を超えますので省略しますが，方法論に興味のある学生の皆さんは，高篠他 [2014] およびそこで紹介された文献を参考にしてください。

　損失回避性向の測度を用いた実証研究には，先進国における**遺伝子組み換え技術**や途上国における**干ばつ耐性品種**の導入を対象にした研究がありますが，いずれも，損失回避性向の高さが新技術の採用を妨げる傾向があるという結論でほぼ一致しています。

3）現在バイアス

　第 12 章で紹介したように，人々の**時間選好**に関連して**現在バイアス**があるとは，将来のある時点（t 期）での小さな利益（x）より，その時点から k 期将来の利益（$x + \alpha$）の方が大きいということを理解していながら，現時点では，現時点（0 期）での小さな利益（x）の方が，将来（k 期）の利益（$x + \alpha$）より大きいと評価してしまうことです（$\alpha > 0$ です）。

　MV 技術を例にとると，現在バイアスの存在が MV 技術の利用を妨げる理由

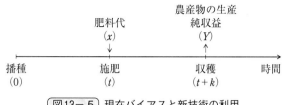

（図13－5）現在バイアスと新技術の利用

出所：筆者作成。

について，以下のように説明できます。

　今，農家は，**MV技術**を採用すると期待収益が上昇することを知っているとします。しかし，MV技術を使い高収益を達成するには，肥料などの生産要素を慣行的技術より多く使用するので，より多くの費用を必要とします。

　農家は**MV技術**の方が高収益を期待できるので，MVの種子を播種したとします。この時点では，将来，肥料を投入すべき時期にお金を払ってこれらの生産要素を購入し投入した方が，費用の増加を補って余りあるほど収穫時の純利益が大きいと予想されるので，施肥の時期に肥料を購入しようと考えていたとしましょう。しかし，いざ，施肥の時期になってみると，収穫時の利益より目先の消費を優先させ，肥料購入のために取っておいた資金を消費財の購入に充ててしまいます。

　以上のことを，理解を深めるために図13－5を使って説明すると，以下のようになります。

　ここで，$x(i, j)$ を肥料支払代金，$Y(i, j)$ を施肥による農産物販売純収益の増加分，d_0 を播種時点での**時間選好率**，d_t を施肥時点での**時間選好率**とします。そして，

　$x(0, t)$：播種時点における肥料代，

　$x(t, t)$：施肥時点における肥料代，

　$Y(0, t + k)$：播種時点における純収益，

　$Y(t, t + k)$：施肥時点における純収益，

とします。

時間選好に**現在バイアス**がない場合，$x(0, t) < \frac{1}{1+d_0} \cdot Y(0, t + k)$ かつ $x(t, t) < \frac{1}{1+d_0} \cdot Y(t, t + k)$ で，施肥の時期がきたら予定通りに肥料を購入します。一方で，時間選好に**現在バイアス**があると，$x(0, t) < \frac{1}{1+d_0} \cdot Y(0, t + k)$，$x(t, t) > \frac{1}{1+d_0} \cdot Y(t, t + k)$ が成立することになり，播種の時点では肥料の購入を上回る将来の利益を予想していても，いざ施肥の時期になると，肥料購入費の価値が収穫時の純利益よりも大きくなってしまうため，肥料を購入しないという判断をしてしまうのです。施肥をしないと MV を使っても収量・収益性は低く，**慣行的技術**を使った方が有利であるなら，次年度から農家は **MV 技術**を採用しないか，使っても高収益は得られないことになってしまいます。

このような現在バイアスが農家による新技術の受容行動に影響することを示した文献は多いのですが，ケニアのメイズ農家を対象にした Duflo et al.［2011］の研究は，しばしば引用される代表的な論文の一つです（不破［2014］参照）。

4　まとめ

1) 新しい農業技術の普及は，近代産業の発展，農村の貧困削減，および，**食料の安全保障**といった重要な政策目標を達成するための有用な政策手段となり得るが，農家が新技術の採用を躊躇することも多く，従来から，その要因について数多くの研究が行われてきた。
2) 農家が新技術を採用することを妨げる要因としては，農家の合理的行動を妨げるという視点から，経営規模の零細さ，**信用制約**，農民の教育水準の低さ，新技術を使用した経験の短さ，農家の危険回避的性向などが指摘されている。このうち，経営規模と教育・経験については，多くの実証研究が支持している。
3) 農業の新技術には，**陰伏性**と**環境依存性**という特性があり，このような特性を持つ新技術を有効に使用するには技術の学習が必要である。技術の学習方法には，自己の経験による学習と他人から学習するという方法がある。自分で学習する場合，試行錯誤でより自分に適した技術を探すので，適正

技術を見つけるのに時間がかかる。一方，他人から学習する場合には，他人から新技術に関する情報をより多く入手可能なので，新技術の普及は促進される。ただし，新技術普及の速さは，**社会的相互依存関係**の強さにも影響される。

4) 農家の合理的行動仮説を再検討する立場から，①**曖昧さ回避性向**，損失回避性向が強いほど新技術採用の可能性は低くなる，②現在バイアスが存在すると新技術の利用を躊躇する可能性が高い，という仮説が検討される。**曖昧さ回避性向**の場合を除き，実証研究はこれらの仮説を支持している。

引用文献

Bardhan, P., and Udry, C.［1999］*Development Microeconomics*, Oxford New York: Oxford University Press.（バーダン・プラナブ，ウドリー・クリストファー／福井清一・不破信彦・松下敬一郎訳［2001］『開発のミクロ経済学』東洋経済新報社）

Binswanger, H., and McCalla, A.［2010］"The Changing Context and Prospects for Agricultural and Rural Development in Africa" In P. Pingali, and R. Evenson, eds., *Handbook of Agricultural Economics*, Elsevier, Amsterdam, 3571-3712.

Christansen, L., Demeny, L., and Kuhl, J.［2011］"The（evolving）role of agriculture in poverty reduction-An empirical perspective" *Journal of Development Economics*, 96, 239-254.

Duflo, E., Kremer, M., and Robinson, J.［2011］"Nudging Farmers to Use Fertilizer: Theory and experimental evidence from Kenya" *American Economic Review*, 101, 2350-2390.

Feder, G., Just, R., and Zilberman, D.［1985］"Adoption of Agricultural Innovations in Developing Countries: A Survey" *Economic Development and Cultural Change*, 33, 255-298.

Foster, A. D., and Rosenzweig, M. R.［1995］"Learning by Doing and Learning from Others: Human Capital and Technical Change in Agriculture" *Journal of Political Economy*, 103(6), 1176-1209.

Foster, A. D., and Rosenzweig, M. R.［2010］"Microeconomics of Technology Adoption" *Yale University Economic Development Center Discussion Paper*, No.984.

Oxford Poverty and Human Development Initiative（OPHI）and United Nations Development Programme（UNDP）［2020］*Charting pathways out of multidimensional poverty: Achieving the SDGs*.

Pingali, P. L.［2012］"Green Revolution: Impacts, limits, and the path ahead" *PNAS*, 109(31), 12302-12308.

Rosenzweig, M. R. [1995] "Why Are There Returns to Schooling?" *AEA Papers and Proceedings*, 85(2), 153-158.

Ward, P. S., and Singh, V. [2015] "Using Field Experiments to Elicit Risk and Ambiguity Preferences: Behavioral Factors and the Adoption of New Agricultural Technologies in Rural India" *The Journal of Development Studies*, 51(6), 707-724.

高篠仁奈，福井清一，ムリョ・ジャンクン・ハンドヨ [2014]「中部ジャワにおける分益小作制度の存立要因：フィールド実験による検証」，福井清一編著『新興アジアの貧困削減と制度』勁草書房，23-42.

戸堂康之 [2021]『開発経済学入門　第2版』新世社，228-229.

不破信彦 [2014]「発展途上国における農民の技術革新・技術選択：サーベイ」，福井清一編著『新興アジアの貧困削減と制度』勁草書房，230-247.

📖 学生に読むことをお勧めしたい参考文献

荏開津典生・鈴木宜弘 [2020]『農業経済学　第5版』岩波書店，第10章.

バーダン・プラナブ，ウドリー・クリストファー／福井清一・不破信彦・松下敬一郎訳 [2001]『開発のミクロ経済学』東洋経済新報社，第12章.

速水佑次郎 [1986]『農業経済論』岩波書店，第4章.

不破信彦 [2014]「発展途上国における農民の技術革新・技術選択：サーベイ」，福井清一編著『新興アジアの貧困削減と制度』勁草書房，第10章.

—— 第14章 ——

環境・資源の保全

近年，自然災害の頻度が増加してきており，これらの現象と地球温暖化との関係が指摘されています。

地球温暖化は，**温室効果ガス**排出量の急速な増加によるところが大きいといわれていますが，温室効果ガス排出量の増加は各国の経済成長と密接な関係があり，急速に発展する途上国も，排出量増加の責任を回避することができない状況となっています（表14－1）。

経済発展は貧困を削減し人々の生活水準の向上に貢献する効果をもたらしますが，一方で，地球温暖化のみならず，森林・水・草地など**自然資源**の劣化，工場の汚染物質排出・自動車の排気ガスによる水質汚濁，大気汚染など，環境や自然資源の劣化とも無関係ではありません。

ここではまず，経済発展と環境や**自然資源**の劣化との関係を示す具体的な例をいくつか紹介しておきましょう。

表14－1 国別二酸化炭素排出量シェア（％，2019年）

国名	排出量	国名	排出量
中国	28.3	インドネシア	1.7
アメリカ	13.9	カナダ	1.7
EU-27	7.3	韓国	1.6
インド	6.4	南アフリカ	1.3
ロシア	5.9	ブラジル	1.2
日本	2.8	OECD 諸国	32.2
イラン	2.1	非 OECD 諸国	64.3

出所：IEA［2021］をもとに筆者作成。

　所得水準が低く，農林水産業に依存する割合が大きな段階では，所得水準の
向上を図るために農林水産業における生産に必要な，森林，草地，水，漁業資
源などの共有資源に対する需要は増大し，その結果として過剰利用により資源
の劣化が生じやすい傾向にあります。

　インドネシアは，近年，急速に油椰子の生産を増加させてきており，現在で
は世界第一位の生産国であり輸出国となっています。油椰子農園の多くは，ス
マトラ島やカリマンタンの国有地であった熱帯雨林や泥炭地を民間会社が政府
から使用権を買い取り開拓し造成されたもので，農園面積の拡大にともない，
熱帯雨林・泥炭地が消失しています。スマトラ島では，1985 年から 2016 年の
間に自然林が 1,490 万ヘクタール消失し，森林面積が 4 割に減少してしまいま
した[1]。

　スマトラやカリマンタンにおける熱帯雨林の消失は，単なる森林破壊による
影響に留まりません。もともと泥炭地であった土地に油椰子農園を造成する
と，乾燥化によって火災が発生しやすくなります。火災は種々の**煙霧被害**（健
康被害，農業被害，交通被害）を引き起こし，甚大な被害をもたらしていますし，
地球温暖化の原因にもなります（甲山［2018］）。また，熱帯雨林に生息してい
た多様な生物が死滅し，貴重な**生物多様性の保全**も脅かされています。

　草地についても，同様の現象がみられます。経済発展や市場経済化にともな
い，家畜を放牧飼育するために利用してきた**共有草地**が劣化し，地域によって
は砂漠化が起こっています。その一例が，モンゴル人民共和国です（以下，モ
ンゴル）。

　モンゴルは，人口密度が低く日本の 4 倍もの国土面積を保有し，古くから広
大な牧野を利用した牧畜を主たる生業とする地域でした。モンゴル人民共和国
となってからは旧ソ連邦と密接な関係を維持し，1990 年までは社会主義的な
経済システムを選択し，旧ソ連邦崩壊後の 1991 年から市場経済化を推し進め
てきました。モンゴルにおける牧畜は，「遊牧」により特徴づけられます。**遊
牧**とは，家畜の一群を保有する家族や集団が，共有放牧地を移動しながら生活
する生業・生活様式です（湊［2017］, p.6）。

　モンゴルでは，市場経済化の過程で家畜の私有化が進展し，それが牧民の増

頭意欲を刺激することにより家畜飼養頭数が急速に増加しています。市場経済化以前の年平均飼養頭数は2,350万頭であったものが，2015年には5,500万頭を超えるまでに増加しました（湊［2017］, pp.53, 156）。これに加えて，牧民の定住化と家畜の集落や河川への集中化が進み（吉原［2013］），過放牧が進行しているといわれています。その結果，草地の劣化が進み，草原の**生物多様性**が劣化し畜産物の生産性の低下が懸念されています。

　森林や草地以外の共有資源としては水資源があります。特に，水は農業にとっては不可欠で，農業への依存度が高い途上国では非常に重要な生産資源です。産業化が進展していない低所得国の場合には，所得水準の向上のために農産物の生産増加によらざるを得ないので，その生産性を向上させるために水を大量に使用するようになり，しばしば，水資源枯渇の問題が深刻になります。

　インドでは，1960年代後半頃から，食料問題や農村の貧困削減を目的に「緑の革命」を推進するようになりました。高収量品種の普及を図るために，主食であるコメや小麦を市場価格より高い価格で農民から購入する一方で，農民が新技術を採用するよう，補助金事業や新品種の普及事業などを実施しました。コメや小麦の新技術により高い生産性を達成するには水の供給が不可欠で，穀倉地帯と呼ばれるパンジャブ州とハリヤーナ州では，多くの農民が管井戸灌漑を行ったため，過剰に地下水が汲み上げられました。その結果，地下水資源が枯渇したり，地下水の水位が上昇したりすることによる**塩類土壌**の問題が深刻化し，生産性の向上が停滞するという事態に至ったのです（藤田［2008］）。

　以上のように，低所得段階では，農林水産業に関連した共有資源の劣化が問題になります。他方，産業化が進展した中所得国では，工業化や都市化にともなう，大気汚染や水質汚染が大きな社会問題となります。

　その典型的な例が中国です。1980年以降の中国の経済成長は目覚ましく，つい最近まで年平均10％以上の高い経済成長率を達成してきました。その原動力となったのが製造業部門による工業製品の大量生産とその輸出です。工業生産を増大するには化石燃料の大量使用が必要で，それが硫黄酸化物・窒素酸化物などを発生させ大気汚染を引き起こしています。また，経済発展にともない自動車使用台数が激増したことも，このような物質による大気汚染を深刻化

させたもう一つの要因といえるでしょう。硫黄酸化物や窒素酸化物による大気汚染は人体に有害で，環境保全技術の普及により排出量は減少傾向にあるというものの，依然として問題は深刻です。近年では，PM2.5（直径 2.5 マイクロメートル以下の粒子状浮遊物質）による呼吸器・心臓疾患などの健康被害が問題になっています。

　硫黄酸化物や窒素酸化物はまた，酸性雨被害をもたらします。竹歳 [2018] によると，2016 年には，中国国内での観測 474 都市のうち 38.8％で酸性雨が観測されたとのことです。

　さらに，工業化・都市化による工場排水や生活排水が増加したにもかかわらず，排水処理施設が未整備であったため，汚染物質の垂れ流しによる水質汚染なども深刻になりました。農業における化学肥料・農薬の使用，畜産農家による家畜糞尿の垂れ流しなども，一つの原因だといわれています。特に，三河と呼ばれる，淮河・海河・遼河，および，三湖と呼ばれる，太湖・でん池・巣湖において汚染が深刻で，海河などでは，水質検査の結果，人体に触れることが適当でない箇所の割合が 41％を占めるとのことです（竹歳 [2018]，pp.227-228）。

　これに加え，経済発展にともなう電力産業，鉄鋼業などによる化石燃料の大量燃焼は温室効果ガスの大量排出をもたらし，2007 年からは，中国が世界一の二酸化炭素排出国となっています。また，近年，経済が停滞している中国に代わり世界経済の牽引役が期待されるインドも，世界第 3 位の二酸化炭素排出大国となっています（竹歳 [2018]，表 14 - 1 参照）。

　以上のように，経済発展にともない途上国の環境や自然資源は劣化する傾向にありますが，日本や EU のように，経済発展の過程で問題となった水質汚染や大気汚染の問題を克服した先進国も多いです。

　先進国における経験にもとづき，次のような経験法則が提唱されています。経済発展の初期の段階では，経済成長が優先され，工業化にともなう水質汚染や大気汚染など環境劣化が進み，森林などの自然資源も劣化します。しかし，経済が発展すると工業部門からサービス部門の比重が大きくなる一方，人々の所得水準が向上し環境意識が高まり，政府も環境保全政策を講じるようになります。また，経済発展にともない科学技術が進歩し，環境保全技術が開発され

ます。その結果，環境や自然資源の劣化は抑制されるようになり，やがて環境
や自然資源の劣化が低下する，というもので，環境劣化指標と一国の所得水準
との間に逆Ｕ字の関係が存在することから，「**環境クズネッツ曲線**」と呼ばれ
ています。

　環境指標と所得水準との関係については，多くの実証研究が行われてきて
いますが，大きく分類すると，所得水準の上昇にともない一貫して低下する
パターン，公害型環境汚染のように逆Ｕ字型の変化をするパターン，および，
二酸化炭素排出量のように一貫して上昇するパターンの３つが確認されていま
す。図14－1は，このうち，第二と第三のパターンを図で示したものです。

　図14－1上図は，森林・草地などの**自然資源**，硫黄酸化物，窒素酸化物，
大気中の粒子状物質，重金属などの河川汚染物質の場合で，逆Ｕ字型が当て

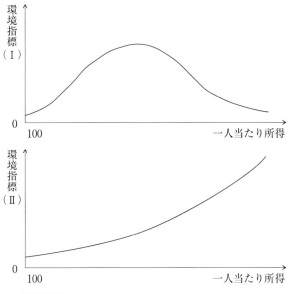

(図14－1) 一人当たり所得水準と環境変化のパターン

（注）環境指標（Ⅰ）には，硫黄酸化物，窒素酸化物，河川・湖等の重
　　　金属濃度，生物化学的酸素需要量，PM.2.5 のような浮遊粒子物質，
　　　森林非被覆度，草地砂漠化の指標などが含まれる。環境指標（Ⅱ）
　　　には，二酸化炭素排出量，生物多様性喪失指標などが含まれる。
出所：World Bank［1992］, Shafik［1994］, および，赤尾［2002］を参
　　　考に筆者作成。

はまることを，図14－1下図は，国民一人当たり二酸化炭素排出量や生物多様性喪失指標の場合で，所得水準の上昇にともない常に上昇し続けることを示しています。

　以上のような，経済発展にともなう環境汚染，**自然資源**の劣化，地球温暖化ガスの排出量増加といった問題が生じる根本的要因は，経済学では，人間の経済的誘因・**限定合理性**，および，環境や共有資源の財の特質に起因するものと考えられています。そこでこの章では，環境・**共有資源**の劣化が経済発展の過程で起こる根本的要因とメカニズムについて解説します。

　以下では，まず，環境や共有資源の財としての特質について説明した後，環境・資源劣化の根本的要因である，人々の「**フリー・ライダー的行動**」，「**外部性**」，「**取引費用**」について解説します。次に，**共有資源**の過剰利用とフリー・ライダー的行動，および，**外部性**がどのように環境や**共有資源**の劣化をもたらすのかについて，草地の共同利用による牧畜の仮想事例を用いて説明した後，工場による化学物質の排出と周辺住民への環境汚染の仮想事例を援用し，環境や**共有資源**の保全は取引費用が大きい場合に失敗するということを，「**コースの定理**」にもとづき説明します。そして最後に，温暖化ガスの排出を抑制するための国際交渉の難しさと，その要因について解説します。

1　フリー・ライダー問題と"コモンズ"の悲劇

　経済学的な視点から見ると，市場で対価を支払って購入した私的財の場合，購入した人はその財やサービスを独占的に使用する権利を持ちます。しかし，環境や共有資源などは，私たちが市場で購入する食料・衣料のような財や種々のサービス（私的財）とは異なった性質を有しています。

　この点を説明するために，集落などの組織が共同で管理する入会林を考えてみましょう。入会林はそれを管理する組織構成メンバーが共有しているので，基本的に，そのメンバーが入会林を利用することから排除することはできません。また，組織のメンバーが同時に利用することも可能です。ただし，あまりにも多くのメンバーが同時に利用すると混雑し，入会林から得られる一人一人

の便益が低下してしまう可能性があります。このような性質，つまり，所有権を持つ組織の構成メンバーのみが使用権を有し，基本的に個々のメンバーが使用することを排除できず（**排除不可能性**），メンバーが同時に使用することは容認されているが（**非競合性**），多くのメンバーが使用しすぎると混雑現象が起きるような財を「**コモンズ**」（**共有資源**）と呼びます。私たちを取り巻く生活環境も，このような性質を有しており，経済学的には**コモンズ**と見なすことができるのです。

　環境や**共有資源**の劣化をもたらす一つの要因は，**排除不可能性**と**非競合性**を持つ財を利用する人々の利己的な行動が過剰利用を生み，**混雑現象**が生じてしまうことにあります。

　この点を簡単なモデルを使って説明しましょう。

　今，多くの牧夫が共有している誰のものでもない牧草地があり，牧夫たちはこの共有地に自分の牛を放牧し飼育しているケースを考えます。

　各牧夫が共有する牧草地の牧草という資源を，適度に限度を守って利用する場合には，牧草が再生し引き続き牛を放牧し育成することができます。しかし，各牧夫が皆，他の牧夫は適度に限度を守ると予測し自らの利益を最大にするよう放牧頭数を増やしすぎると，牧草が過剰に食い尽くされ再生しなくなってしまいます。つまり，他の牧夫の協力的な行動を前提に，すべての牧夫が自分は利己的に振舞うという行動を取る（フリー・ライダー的行動を取る）ことによって，すべての牧夫が適度な頭数の牛を放牧するという協力的な行動を取った場合より劣悪な状況に陥ってしまう可能性があるのです。

　理解を助けるために仮想的な数値例を用いて説明しましょう。

　10 人の牧夫が，それぞれ 50 頭の牛を共有地に放牧し飼養しているものとします。牧夫は牛を 1 年間飼育し市場で販売することにより，一頭当たり 10 万円の利益を得ることができます。また，全体で牛 1 頭の放牧頭数を増やすと，牛が食べられる牧草の量が減少し体重が減り市場価値が下がるので，すべての牛一頭当たり 1,000 円の損失が出るものとします。

　この時，ある牧夫が，他の牧夫は放牧頭数を維持することを前提に，もう 1 頭牛を追加放牧したとしましょう。この時，追加放牧した 1 頭の牛の販売利益

から50頭分の利益の減少分を引くと，

 99,000円−（1,000円×50頭）= 49,000円

となります。この牧夫が利益を最大化することを目的としているなら，たとえ一頭当たりの損失が出るにしても追加的な販売利益を得られるために，追加放牧することを選択します。

 ここで，この牧夫と同様に，他の牧夫も牛の放牧頭数を増やすことにより利益を増加させることができるので，利益最大化を目的としているなら，放牧頭数を増加させようという誘因が働くはずです。

 では，すべての牧夫が放牧頭数を1頭ずつ増やすことを選択した場合，牧草地を利用する牧夫全体の利益はどうなるでしょうか。仮に，牛の放牧頭数を増やしても牧草地全体の牧草生産力が低下しないとした場合，全部で10頭の牛が追加放牧されるため，すべての牛一頭当たり（1,000円×10頭＝）10,000円の損失が出ることになります。つまり，個々の牧夫の50頭分の損失は，50頭×10,000円 = 500,000円です。一方，追加放牧された牛1頭分の販売利益は，100,000円−10,000円 = 90,000円となり，差し引き41万円の損失が生じます。

 このように，牧夫がフリー・ライダー的に共有資源を過剰使用することにより，協調的に牧草地を使用した場合にくらべ，多くの利益を失ってしまうことがあり得るのです。

 この数値例は，牛の放牧頭数を増やしても牧草地全体の牧草生産力が低下しないとした場合の例でしたが，現実には，**過放牧**は草地の生産性や牧草の質を劣化させますし（吉原［2013］），最悪の場合には草地の砂漠化が進行することになります。この最悪のケースが，Hardin［1968］によって紹介された「**コモンズの悲劇**」の事例だったのです。

 では，**コモンズの悲劇**を引き起こさないためには，どのような対策が考えられるでしょうか。**共有資源を保全**するために，まずは，共同で利用する人々による共同行動が必要です。**利他性**，他の利用者への協調性を引き出す**社会関係資本**の蓄積，公平性の重視など，他者の利益を考慮する**社会的選好**が，利己的・経済的な誘因を抑制するほど強い場合には，利用者が自主的に共有資源を適

度に使うための規則を作り，利用者がそれに従うことによって，共有資源の保全が可能となります。典型的な例は，日本の伝統的な入会地慣行です。しかし，利己的・経済的誘因が**社会的選好**を上回る場合，**共有資源**の自主的な保全は困難であり，**共有資源**を利用する人々に対して法的強制力を有する第三者（政府，地方自治体などの公的組織）が**共有資源**の利用規則を制定し実行させる必要があります。ただ，発展途上国の場合には，法制度や司法制度が未確立で，役人の行政能力が不十分であることが多く，公的な資源管理が成功する可能性は低いといえるでしょう。

2　外部性・取引費用と環境汚染

　環境や**共有資源**の劣化の根本的要因の一つは，これらを使用する際の**外部性**にあると考えられています。

　経済主体の活動が金銭的支払いを通さずに，他の経済主体に影響をおよぼすとき，外部性があるといいます。たとえば，よく紹介されるのが，蜂蜜を生産する養蜂業者は，近隣の果樹農家が栽培している果樹から蜜蜂が花の蜜を採集し恩恵を得る一方，蜜蜂は果樹に受粉させる働きをすることで果樹農家も恩恵を得るという例です。この場合，養蜂業者も果樹農家も，相手への影響に関心を持たないため金銭的支払いを通すことなく互いに経済的利益を得ているので，正の**外部性**があると呼びます。そして，このような他者の経済行動によって受ける利益を「**外部経済**」といいます。

　逆に，負の**外部性**の例としては，製紙・メッキ・鉄鋼・石油精製などの工場による人体に有害な汚染物質（重金属，硫黄酸化物など）の排出と周辺住民の健康被害のケースがあります。この場合，工場側は生産活動を行うことにより汚染物質を排出するのですから，それによって利益を得ることになります。一方，工場周辺の住民は，工場からの補償もないまま健康被害という損失を被ることになります。したがって，住民側は，金銭的支払いを受けずに工場の経済活動から損害を被っていることになり，この損失を「**外部不経済**」と呼びます。

　以上の例からもわかるように，私的利益のみに関心のある経済主体は外部性

のある行動が生み出す社会的影響には関心が無く，他者に損失が生じても利益を最大化するまで行動し続けるかもしれません。この場合，特に，負の**外部性**があるケースでは，**外部不経済**を生む行動を行う側の利益が**外部不経済**の影響を受ける側の損失より小さければ，社会的に最善の状態が達成できないことになります。

　外部性が存在する状況で，社会的に最善の状態を実現するための方策としては，**外部経済・不経済**を生み出す側と，その影響を受ける側との間で交渉を行うことが考えられます。しかし，この交渉には**取引費用**がかかります。

　取引費用とは，財やサービスの取引に際して，取引の当事者が払わなければならない，金銭的・非金銭的費用の総称で，取引相手を探す探索費用，条件を擦り合わせるための交渉費用，必要な情報を収集するための情報収集費用，一旦契約が締結された後にその契約を履行させるための履行強制費用などが含まれます。取引費用が無視できるほど小さいなら，生活環境，景観，公害，騒音のような外部性のある財・サービスの供給を社会的に見て最適な水準に設定することは可能です。

　この点について，以下のような単純化されたモデルを使って説明しておきましょう。

　ここでは，汚染物質（たとえば，硫黄酸化物，窒素酸化物）を排出する工場と周辺住民を想定します。工場は収益を最大にすることを目的に生産活動を行っており，生産量を増やせば利益も増えるが汚染物質もより多く排出するものとします。そして，追加的な生産による利益は生産量を増やしてゆけばゆくほど減少すると仮定し，生産量と追加的な利益との関係を「**私的限界収入**」と呼ぶことにします。

　一方，工場生産によって排出される汚染物質は，周辺住民に悪臭被害や呼吸器系の健康被害をおよぼすと同時に，それらに対応するための追加的な費用は逓増するものと仮定し，生産量（汚染物質排出量）と住民が被る損失との間の関係を，「**社会的限界費用**」と呼ぶことにします。

　図 14 − 2 の R と S とは，それぞれ，**私的限界収入**と**社会的限界費用**を図示したものです。ここで，横軸は，工場で生産する生産物の生産量，縦軸は，**私**

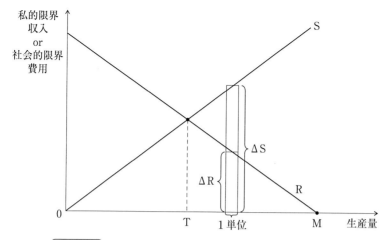

（図14－2）汚染物質排出の交渉による最適化：コースの定理

出所：筆者作成。

的限界収入あるいは**社会的限界費用**です。

　工場は私的利益を最大化することを目的に活動していますので，もし，周辺住民との間で交渉が行われなければ，**私的限界収入**がゼロとなる点（M）まで生産します。一方，社会的に最適な生産水準は，工場の総収益（**私的限界収入**曲線の下部の面積）から住民の損害（**社会的限界費用**曲線の下部で表される面積）を差し引いた面積が最大になる点（T）です。したがって，工場と周辺住民との間で交渉が行われなければ，社会的に最適な状態は達成されないことになります。

　では，取引費用が無視できるほど小さいと仮定し，両者の間で交渉が行われた場合はどうでしょうか。

　たとえば，今，汚染する権利が認められており工場がM点まで生産しているとして，住民側が工場側に，生産を一単位減らす代わりに，一単位減らしたことによる利益の減少分を補填するための補償金を支払うという提案をしたとしましょう。工場側は利益も不利益も被らないので，この提案を受け入れ交渉は成立します。図14－2のように，生産を1単位減らした際の住民側の補償金支払い額（工場の**私的限界収入**の減少分に相当：ΔR）は，生産量減少による**社**

会的限界費用の減少分（つまりは，住民が被る損失の減少分：ΔS）より小さいので，住民側は純利益を得ることができます。このような交渉は，生産量の減少による社会的限界費用の減少分（ΔS）が補償金（ΔR）より小さくならない限り続けられ，やがて，T 点に生産量が減少するまで継続されます。

　しかし，住民側には，T 点を過ぎてさらに交渉を行う誘因は存在しません。なぜなら，T 点を過ぎると，補償金の支払い額が**社会的限界費用**の減少額より大きくなってしまうからです。

　以上のように，**取引費用**が無視できるほど小さい場合には，外部性の出し手と受け手の交渉により社会的に最適な状態が達成できるのです。このケースでは，汚染する権利が認められると仮定していましたが，住民側に環境を維持する権利が与えられている場合にも，両者の交渉により社会的に最適な状態が達成できることが証明できます。このような命題を，発案者の名を取って**コースの定理**と呼びます。

　しかし，現実には，環境などの**外部性**が存在するような資源を効率的に利用するための取引費用は非常に大きく，このことが，**環境・自然資源**の保全を難しくする根本的要因の一つといえるのです。

　以上の議論から，**外部性**の出し手と受け手が直接交渉をして，社会的に最適な環境・資源の利用を達成するのは困難だということがわかります。この場合，政府や自治体のような法的強制力を有する第三者機関による政策介入が必要になります。

　政策手段についての詳細な議論は環境経済学のテキストに譲りますが，汚染物質の排出源に対して税金を賦課する（**ピグー税**），汚染源に対して汚染物質の排出抑制に対する補助金を与える（**ピグー補助金**），汚染物質の排出枠を排出源に与え排出権市場を設立し排出権の取引を行う（**排出権市場制度**），公的機関が汚染物質の排出を直接規制する（**直接規制**）などが提案されています（政策の長所・短所については，たとえば，栗山・馬奈木［2016，第 3 章］などを参照）。

　ただし，これらは，政府の行政が比較的効率的で，司法制度が機能し，汚職や賄賂も少ないなどの前提条件が整っている先進国を念頭に置いた政策提案であり，政府の行政能力に問題があり，司法制度が十分機能せず，汚職・賄賂が

横行するような発展途上国の場合についても適用可能なのかについては疑問な
しとしません。

3　地球温暖化対策と発展途上国

　1節・2節では，ローカルで国境を越えない範囲での環境・資源の保全につ
いて解説しました。しかし，現在私たちが直面している問題は，国境を越えて
影響をおよぼすものも多くなっています。そのような**環境・自然資源**の問題と
しては，**温室効果ガス**の排出による**地球温暖化**以外に，フロンガスによる**オゾ
ン層の破壊**，硫黄酸化物や窒素酸化物の排出による**酸性雨被害**，漁業資源の減
少などがあります。ここでは，多くの人々への影響が最も大きく，現実的な課
題と考えられる地球温暖化の問題に焦点を当て，温暖化対策のための国際交渉
の現状と，地球環境という一種の共有資源を適切に管理することの難しさにつ
いて，1節・2節で紹介した**環境・自然資源**の保全を困難にする根本的要因に
関する議論を踏まえ説明します。

　気候変動に関する政府間パネル (IPCC)[2] は，2007 年の時点で，地球温暖
化はもはや疑う余地がなく，今後加速化するであろうと断定しましたが，この
問題の深刻さは，すでにそれ以前から認識されており，1992 年には地球温暖
化に対する「**気候変動枠組み条約**」が国連で採択されています。

　この段階では具体的な**温室効果ガス**の削減案等について決められていません
でしたが，その後，条約の締結に関わった国々によって構成される「**締約国会
議** (COP)」が開催され，1997 年に京都で開催された第 3 回の会議 (COP3) では，
先進国にとって拘束力のある温室効果ガス削減目標 (2008 年～ 2012 年) を規定
した「**京都議定書**」に合意しました。しかし，この時点では，途上国は条約の
締結に参加せず，米国やカナダは議定書に署名していませんでした。

　途上国が参加しなかったのは，地球環境劣化の責任は先進国にあり，貧困削
減に不可欠な経済成長に影響をおよぼさないで**温室効果ガス**を排出削減するた
めには資金と技術が不足している，という理由からです。

　京都議定書では，先進国の**温室効果ガス**削減目標が高く設定されていたの

で，目標を達成するために，先進国が**温室効果ガス**削減のための事業を途上国で実施した場合，それによって達成された削減量は，事業を実施した国の削減実績として認められるという「**クリーン開発メカニズム**」の枠組が導入されました。

　しかし，21世紀に入ってからの発展途上国の経済発展は目覚ましく，図14－3に示されているように，近年では途上国の**温室効果ガス**排出量の割合が先進国のそれを上回り，さらに増加する傾向にあります。このような状況では，途上国が参加しない条約による**温室効果ガス**排出削減効果は限定的であるといわざるをえません。

　2010年にメキシコのカンクンで開催されたCOP16では，**京都議定書**の第二約束期間（2013年～2020年）における削減目標が提示され，中国やインドも**温室効果ガス**排出削減目標を自主的に設定することを約束したのですが，先進国と異なり，GDP1ドル当たりでの設定がされています（中国は2005年時点から2020年までに40～45％削減，インドは20～25％削減）。しかし，この間の両国のGDP成長率は300％～700％であったことから，絶対的な温室効果ガスはむし

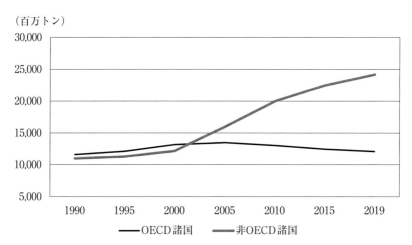

（百万トン）

（図14－3）OECD諸国・非OECD諸国別二酸化炭素排出量の推移（1990～2019年）

（注）OECD諸国には，経済規模の大きな先進国がほぼすべて含まれている。一方，非OECD諸国には，シンガポールなどごく一部の先進国も含まれている。
出所：IEA［2021］をもとに筆者作成。

ろ大幅に増加し，目標は達成されなかったものと推測されます。さらに，韓国，インドネシア，メキシコ，南アフリカなどの比較的排出量の大きな国々も自主的に削減することを約束しましたが，従来以下に削減するという曖昧な表現となっていますし，途上国の削減目標は先進国からの国際協力を前提にしたものなのです（IEA［2017］）。

　その後，2015年にパリで開催されたCOP21では，発展途上国を含むすべての参加国が**温室効果ガス**を削減することで合意に達し（**パリ協定**），2020年以降の，具体的な削減目標が提示されることになりました。

　パリ協定は，米国やカナダなど，以前には参加しなかった先進国も協定に署名し，途上国が拘束力のある協定に参加したという点で画期的といえますが，さらなる経済発展が必要な途上国が，排出削減に効果のある締約をするかは不透明であり，経済の化石燃料依存度が高い米国が，政権によっては協定から離脱しうることを考慮すると，今後の見通しは楽観できません。

　以上が，**温室効果ガス**排出量削減のための国際交渉の概要ですが，すでに豊かさを享受している先進国と，今後も豊かさを追い求めねばならない途上国の間の利害の対立，米国，カナダ，オーストラリアなど環境より経済を重視する新大陸国とEU先進国のように環境問題への関心度が高い国々との意見の対立など，温暖化を阻止するために有効な協定が締結されるには，多くの困難が予想されます。

　地球環境も，地球上のすべての生物が享受する一種の**共有資源**と見なすことができ，したがって，各国の生産活動が外部性を持つ場合，自国の利益を優先して生産活動を行うことにより，**共有資源**である地球環境が劣化してしまうことを，1・2節で展開した枠組みにより説明できます。

　今，国を一つの政策決定主体とみなし，国は生産者や国民の意向を総合して政策決定を行うとしましょう。そして，生産過程で排出される**温室効果ガス**は国境を超え地球全体の温暖化を促進する効果を持つと仮定します。

　各国は，**温室効果ガス**の排出削減のための交渉に参加し，**温室効果ガス**の排出量を削減できる装置を設置して排出量を削減する（C）という拘束力のある約束をするか，または，設置しない（D）かの選択をしなければならない状況

にあるとします。排出削減装置の費用や装置の設置費用，あるいは，費用を負担しなければならない産業による政府批判の政治的費用を M とし，他の国が装置を設置しないために**温室効果ガス**の排出によって国民が被る損失を，一国当たり E とします。

　各国の生産活動による利益 R は一定と仮定すると，**温室効果ガス**削減装置を設置した場合（C）としない場合（D）における自国の純利益は，以下のように表すことができ，各国は，他国の行動を戦略的に予測しながら純利益を最大にするような選択をすると仮定します。

　　C を選択した場合：$R - (M + k_i E)$

　　D を選択した場合：$R - (k_i + 1) E$

　ここで，k_i は，i 番目の国以外で排出削減装置を設置しない国の数を示し，各国は，装置を設置しない（温室効果ガス削減に協力しない）国の数 k_i を所与として純利益を最大化するための選択をすると考えます。

　もし，すべての国において，$E < M$ なら，D を選択した方が利益は大きいので，いずれの国も排出削減装置を設置せず，温室効果ガス削減のための交渉は失敗に終わり地球温暖化は阻止できないことになります。逆に，$E > M$ なら，すべての国が C を選択し，地球温暖化が阻止されることになります。

　では，先進国と途上国の間で，E と M の大小関係が異なる場合はどうでしょうか。先進国でも EU 諸国は，技術水準も高く資金も比較的豊富なので温室効果ガス削減の費用 M は小さい一方，国民の環境問題に対する関心が高いので E は大きくなり，$E > M$ が成立しやすいと考えられます。これに対して，途上国は技術水準が低く資金も不足しているので M が大きい一方，国民の関心は環境よりも所得水準の向上により大きな比重があるので E は小さく，$E < M$ が成立しやすいと考えられます。

　同じ先進国でも米国などの新大陸先進国の場合はどうでしょうか。米国の場合，エネルギー産業（石炭，火力発電など）やエネルギーを大量に消費する製造業（金属，石油精製産業など）にとって，**温室効果ガス**の排出量削減による費用負担の増加は収益を低下させるため，このような産業は政府を批判し政治的費

用を高めるでしょう。このような費用が温暖化によって国民が被る費用 E を上回れば，政府は国際協定に参加しないという判断をすることになります。

　このように，各国の利害が相反する場合には，**温室効果ガスを削減すべき**という総論には賛成し交渉に参加しても，**温室効果ガス**排出量を十分に削減することを国際交渉の場で約束することが困難な国が存在する一方，積極的に高い排出削減量を約束する国とが混在しており，実質的な効果が期待できる国際協定の締結には困難が予想されます。

4　まとめ

1) 近代的産業の発展や都市化にともない，**環境・自然資源**の劣化が進む傾向がある。多くの場合，さらに経済が発展すると，このような**環境・自然資源**の劣化は低下するが，**温室効果ガス**の排出量や**生物多様性**崩壊の指標は上昇し続ける傾向にある。

2) **環境・自然資源**は限られた経済主体が保有する**共有資源**で，**非排除性**，**非競合性**という特質を持つ。このため，これらを共有する経済主体の**フリー・ライダー的行動**により混雑現象が起き，資源の過剰利用が起きてしまう可能性がある。経済主体の社会的選好が利己的行動への誘因を上回る場合には，**フリー・ライダー的行動**を自主的に抑制することが可能となる。そうでない場合に，**共有資源**の過剰利用を抑制するには，政府や公的機関による環境・資源の利用規則の制定と履行強制が必要になるが，実現するには，途上国における行政能力の問題や司法制度の未確立など，多くの課題を克服する必要がある。

3) **環境・自然資源**の保全を困難にする，もう一つの要因は，**外部性**と高い取引費用の存在である。**外部性**が存在しても，取引費用が無視できるほど低ければ，**外部性**の出し手と受け手の間の交渉により，社会的に最適な共有資源の利用が可能であるが，現実には**取引費用**が高いため実現は困難である。先進国では，政府など第三者機関による各種環境・資源政策の実施が提案されているが，政府の行政能力や司法制度に問題があり，汚職・賄賂

が横行するような発展途上国の場合について適用するには困難が予想される。

4) **地球温暖化**も，地球環境という**共有資源の劣化**と捉えることができる。地球規模の共有資源を保全するため，**温室効果ガス**削減のための国際交渉が行われてきたが，十分な成果をあげられたとはいえない。その根本的な要因は，各国の**フリー・ライダー的行動**と，交渉参加国間，特に，先進国と発展途上国間の利害が一致しない点に求められる。国民の環境意識が高まり経済成長より環境を重視する傾向にある多くの先進国では**温室効果ガス**排出量の削減による利得の方が，削減しないことによる経済成長の利益を上回る一方，途上国はその逆の状況にあるため，効果的な**温室効果ガス**の排出量削減協定の締結が難しい。

【注】

1） WWF ジャパン；https://www.wwf.or.jp/activities/basicinfo/42.html.（2022 年 12 月 27 日閲覧）
2） **IPCC** は，人為的に生じた気候変動とその影響を科学的に評価し，対策を考えるために，世界気象機関，および，国連環境計画によって設立された国際的な組織です。

引用文献

Hardin, G.［1968］"Tragedy of the Commons" *Science*, 162, 1243-1248.

International Energy Agency（IEA）［2021］*Greenhouse Gas Emissions from Energy, Highlights*.

Shafik, N.［1994］"Economic Development and Environmental Quality: An Econometric Analysis" *Oxford Economic Papers*, 46, 757-773.

World Bank［1992］*World Development Report 1992: Development Environment*.

赤尾健一［2002］「持続可能な発展と環境クズネッツ曲線」，中村愼一郎編著『廃棄物経済学をめざして』早稲田大学出版部，52-78.

栗山浩一・馬奈木俊介［2020］『環境経済をつかむ　第 4 版』有斐閣.

甲山治［2018］「熱帯泥炭地域社会における大規模火災，その問題解決に挑む」，*Newsletter*, No.4，総合地球環境学研究所.

コース・ロナルド［1992］「社会的費用の問題」，宮沢健一・後藤晃・藤垣芳文訳『企業・市場・法』東洋経済新報社，第 5 章.

竹蔵一紀［2018］「経済発展と多様化する環境問題」，梶谷懐・藤井大輔編『現代中国経済論　第 2 版』ミネルヴァ書房，第 11 章.

藤田幸一［2008］「インドにおける農政・貿易政策決定メカニズム」，農林水産省『平成 19 年度アジア地域食料農業情報調査分析検討事業実施報告書』，64-68.

湊邦生［2017］『遊牧の経済学』晃洋書房.

吉原佑［2013］「モンゴル草原における過放牧の生態系への影響と草原再生手法の提案」『日草誌』59(3)，212-216.

📖 学生に読むことをお勧めしたい参考文献

環境省［2017］『平成 29 年度版　環境白書・循環型社会白書・生物多様性白書』第 1 部.

栗山浩一・馬奈木俊介［2020］『環境をつかむ　第 4 版』有斐閣.

世界銀行／田村勝省・小松由紀子訳［2010］『世界開発報告　2010　開発と気候変動』一灯社.

バーダン・プラナブ，ウドリー・クリストファー／福井清一・不破信彦・松下敬一郎訳［2001］『開発のミクロ経済学』東洋経済新報社，第 13 章.

コラム Column　インドの大気汚染

　第 14 章では，中国の二酸化炭素排出量が世界一となっていると述べましたが，大気汚染に関しては，その中国を抜いてインドの汚染がはるかに深刻です。WHO のデータによると，PM2.5 の濃度で測った大気汚染の程度が高い世界の都市トップ 100 のうち 63 都市がインドの都市だということです（トップ 10 については，表参照）。

　表に記載された都市の PM2.5 濃度は，90 μg/m³ 以上で，人体に有害とされる

表　世界の都市における PM2.5 の濃度

都市名	国	PM2.5 濃度 ($\mu g/m^3$)
ラホール	パキスタン	124
カブール	アフガニスタン	120
北京	中国	112
ハブール	インド	111
アグラ	インド	110
ノイダ	インド	105
デリー	インド	105
ムザファルプル	インド	101
ガーズィヤーバード	インド	101
グレイター　ノイダ	インド	94.5

出所：WHO, Global Ambient Air Quality Database 2022.

$10\,\mu g/m^3$ をはるかに超えています。

日系企業の社員の中には，インドでの駐在や出張を嫌がる人も多く，デリーの大気汚染は1日20本ずつタバコを吸うのに等しい影響がある（朝日新聞デジタル，2021年11月30日）などの報道からも，その深刻さがわかりますし，Ranset Planetary Health という学術誌によると，インドでは年間170万人が大気汚染で亡くなっているそうです。

写真 インドにおける大気汚染

出所：WHO：htto://www.searo.who.int/india/topics/air.pollution/en/

この原因としては，コストの低い石炭を工業用や発電のためのエネルギー資源として使っていること，都市における交通量の多さとディーゼル・エンジン車の使用，薪炭・牛糞などの燃料としての利用，農家による野焼き，および，道路などのインフラが未整備であることなどが指摘されています。このうち，薪炭・牛糞などの燃料としての利用と農家による野焼きなどは，大気汚染が深刻化する以前から行われてきた慣行であり，経済発展にともなう化石燃料の大量使用と都市化が，大気汚染の深刻化を推し進める根本的な要因であると考えられます。

インド政府も，大気汚染の原因と深刻さを認識しており，工場や発電所における汚染物質の排出規制，都市における交通規制，汚染物質の排出を抑制する技術（燃料を天然ガスやLNG，バイオ燃料への転換，EV自動車の普及など）の普及を促進しようとしています。しかし，環境保全対策を実施するための予算が不足していること，対策を実行するための行政管理能力が不十分であること，および，人々の大気汚染に対する関心が依然として低いことなどが原因で，計画に実行が追いついていないのが実情です。

日本の高度経済成長期（1950年代後半〜1970年代）にも，水質汚染・大気汚染が深刻になりましたが，高所得国となった段階で，この問題への国民の強い関心が政府を動かし，多くの犠牲を払いながらも環境汚染を抑制することができました。しかし，現代のインドは，いまだ下位中所得国であり，政府の財政力，行政能力，国民の環境意識の芽生えなどの点で，大気汚染の問題を克服する条件が十分に整っておらず，本文で紹介した逆U字型環境クズネッツ曲線の上昇局面にあるといえるのかもしれません。

索　引

サ

《著者紹介》（アルファベット順）

福井清一（ふくい・せいいち）担当：第1章共同執筆，第5章，第8章共同執筆，第10章，
　　　　　　　　　　　　　　　　　第12 〜 14 章
　京都大学，神戸大学名誉教授
　京都大学　博士（農学）

【主要著書】

福井清一編著［2014］『新興アジアの貧困削減と制度』勁草書房.

Islam, M. A., and Fukui, S.［2018］"The influence of share tenancy contracts on the cost efficiency of rice production during the Bangladeshi wet season" *Economics Bulletin*, 38(3), 2431-2443.

Wakamatsu, H., Fukui, S., and Miwa, K.［2019］"Heterogenous Preferences for Micro Health Insurance Attributes in Rural Cambodia: Latent Class Analysis" *Economics Bulletin*, 39(4), 2963-2975.

三輪加奈（みわ・かな）担当：第1章共同執筆，第2章，第4章，第6章，第9章
　長崎大学経済学部　准教授
　神戸大学　博士（経済学）

【主要著書】

Miwa, K., Han, P. and Fukui, S.［2010］"Does Child Labour Have a Negative Impact on Child Education and Health? A Case Study in Rural Cambodia" *Oxford Development Studies*, 38(3), 357-382.

三輪加奈・福井清一［2019］「貯蓄を基礎としたマイクロ・ファイナンス事業参加の決定要因と影響評価―カンボジア農村の事例―」，『農林業問題研究』第55巻第3号，107-118.

三輪加奈［2019］「母親の非農業部門への就業が子どもの健康に与える影響―カンボジア農村を事例としたパネルデータ分析―」，『農業経済研究』第91巻第1号，83-88.

高篠仁奈（たかしの・にな）担当：第3章，第7章，第8章共同執筆，第11章
　立命館大学政策科学部　准教授
　神戸大学　博士（経済学）

【主要著書】

高篠仁奈［2018］「途上国農村研究におけるフィールド実験の課題：国内農村研究への応用に向けて」，『農林業問題研究』第54巻第1号，15-23.

高篠仁奈［2022］「食・農業とサスティナビリティ」，周瑋生編著『SDGs 時代のサスティナビリティ学』，法律文化社，第5章，49-60.

Parvin, G. A., Takashino, N., Islam, M. S., Rahman, M. H., Abedin, M. A., & Ahsan, R.［2022］"Disaster-induced damage to primary schools and subsequent knowledge gain: Case study of the Cyclone Aila-Affected community in Bangladesh." *International Journal of Disaster Risk Reduction*, 72, 102838.

（検印省略）

2019 年 4 月 20 日　初版発行
2023 年 4 月 20 日　改訂版発行　　　　　　　　　略称—開発経済

開発経済を学ぶ［改訂版］

著　者　福井清一・三輪加奈・高篠仁奈
発行者　塚 田 尚 寛

発行所　東京都文京区　　株式会社　創 成 社
　　　　春日 2 － 13 － 1

電　話 03（3868）3867　　Ｆ Ａ Ｘ 03（5802）6802
出版部 03（3868）3857　　Ｆ Ａ Ｘ 03（5802）6801
http://www.books-sosei.com　振　替 00150-9-191261

定価はカバーに表示してあります。

©2019, 2023 Seiichi Fukui　　組版：ワードトップ　印刷：エーヴィスシステムズ
ISBN978-4-7944-3242-1　C3033　製本：エーヴィスシステムズ
Printed in Japan　　　　　　落丁・乱丁本はお取り替えいたします。

──────── 経済学選書 ────────

開 発 経 済 を 学 ぶ	福 井 清 一 三 輪 加 奈 高 篠 仁 奈	著	2,900 円
環 境 経 済 学 入 門 講 義	浜 本 光 紹	著	1,900 円
環 境 学 へ の 誘 い	浜 本 光 紹 獨 協 大 学 環 境 共 生 研 究 所	監修 編	3,000 円
復興から学ぶ市民参加型のまちづくり ─ 中間支援とネットワーキング ─	風 見 正 三 佐 々 木 秀 之	編著	2,000 円
地 方 創 生 ─ これから何をなすべきか ─	橋 本 行 史	編著	2,500 円
地 方 創 生 の 理 論 と 実 践 ─ 地 域 活 性 化 シ ス テ ム 論 ─	橋 本 行 史	編著	2,300 円
地域経済活性化とふるさと納税制度	安 田 信 之 助	編著	2,000 円
日 本 経 済 の 再 生 と 国 家 戦 略 特 区	安 田 信 之 助	編著	2,000 円
地 域 発 展 の 経 済 政 策 ─ 日 本 経 済 再 生 へ む け て ─	安 田 信 之 助	編著	3,200 円
テ キ ス ト ブ ッ ク 地 方 財 政	篠 原 正 博 大 澤 俊 一 山 下 耕 治	編著	2,500 円
財 政 学	望 月 正 光 篠 原 正 博 栗 林 隆 半 谷 俊 彦	編著	3,100 円
新 ・ 福 祉 の 総 合 政 策	駒 村 康 平	編著	3,200 円
入 門 経 済 学	飯 田 幸 裕 岩 田 幸 訓	著	1,700 円
マ ク ロ 経 済 学 の エ ッ セ ン ス	大 野 裕 之	著	2,000 円
国 際 公 共 経 済 学 ─ 国 際 公 共 財 の 理 論 と 実 際 ─	飯 田 幸 裕 大 野 裕 之 寺 崎 克 志	著	2,000 円
国 際 経 済 学 の 基 礎 「100 項 目」	多 和 田 眞 近 藤 健 児	編著	2,500 円
フ ァ ー ス ト ス テ ッ プ 経 済 数 学	近 藤 健 児	著	1,600 円

(本体価格)

──────── 創 成 社 ────────